L'UNIVERS

DÉLIVRÉ,

NARRATION EPIQUE.

Prix , broché . . . . 6 fr.
— Franc de port par la poste. . . . 7

Raphael inv.

L'UNIVERS DÉLIVRÉ,

NARRATION ÉPIQUE

EN XXV LIVRES;

PAR P. C. V. BOISTE,

Auteur des DICTIONNAIRES Universel de la Langue Françoise, et
de Géographie Ancienne et Moderne.

NOUVELLE ÉDITION.

AVEC FIGURES.

Consolation ; Espérance !

A PARIS,

Chez LEFEVRE, Libraire, rue Hautefeuille, n° 16.

1809.

PRÉFACE.

Extrait de Rollin (Hist. Anc. t. III, in-8°, p. 31 à 32).

« La doctrine des Sabéens (en Perse) étoit
» qu'il y a deux principes, l'un qui est la cause
» de tout le bien, l'autre qui est la cause de
» tout le mal. Le premier est représenté par
» la lumière et l'autre par les ténèbres, comme
» leurs propres symboles : ils nomment le Dieu
» bon *Ormuzd*, et le mauvais *Ahraman*. Le
» premier est appelé par les Grecs *Oromasdes*,
» et le dernier *Arimanius*.

» Les uns croyoient que l'un et l'autre étoient
» de toute éternité ; les autres *que le Dieu bon*
» *seulement étoit éternel et que l'autre avoit*
» *été créé.* Mais ils convenoient tous en ceci,
» *qu'il y auroit une opposition continuelle*
» *entre ces deux Dieux jusques à la fin du*
» *monde ; qu'alors le bon prévaudroit sur le*
» *mauvais, et qu'après cela chacun auroit son*
» *propre monde, savoir : le bon, son monde*
» *avec tous les gens de bien qui lui seroient*

» *unis ; et le mauvais aussi son monde avec*
» *tous les méchans qui le suivroient* (1). »

Tel est le sujet de cet ouvrage dont l'auteur s'est efforcé de rendre la lecture plus facile, par des corrections et des suppressions considérables.

« (1) Il n'est pas nécessaire d'avertir le Lecteur que ces » dogmes, quoiqu'altérés en plusieurs points, ont en gé-» néral une grande conformité avec les Saintes Ecritures. »

ROLLIN.

TABLE DES LIVRES.

TABLE.

L'UNIVERS DÉLIVRÉ.

LIVRE PREMIER.

L'ÉTERNEL.

AU milieu de l'espace que parcourent des astres inconnus aux mortels réside le Très-Haut, ame et moteur de l'Univers. Ni l'albâtre, ni le porphyre ne sont dignes d'entrer dans la merveilleuse architecture de son temple ; une matière plus pure, essence des élémens, forme de vastes enceintes autour d'un sanctuaire dont aucun art ne pourroit esquisser les religieuses beautés : ce temple est le centre de l'Univers.

Sur les frontières de ce divin séjour, une substance éthérée représente le globe terrestre, les élémens, les trois règnes de la Nature. Plus près du sanctuaire, des vapeurs célestes présentent la forme matérielle des Génies qui doivent, sur la terre, servir d'agens à l'Eternel pour faire le bonheur des humains.

Parmi ces intelligences est l'Ange protecteur et conservateur que les mortels nomment Nature, et qui, sous les ordres du Très-Haut, conduit le globe, y commande aux élémens.

Sa substance est le pur Ether ; la lumière la plus douce brille dans ses yeux, forme autour de son front une auréole brillante ; le zéphir est son haleine ; de légers météores s'arrondissent en boucles ondoyantes sur son beau visage et sur son sein : sa voix mélodieuse remplit l'espace d'une ravissante harmonie : les fleurs qui décorent la terre, les êtres qui animent les bocages ou sillonnent le cristal des eaux, sont peints sur sa robe diaprée. L'Ordre enchanteur, la Vertu mère des vrais Plaisirs, les Anges bienfaisans protecteurs des mortels résident près d'elle dans ce séjour peuplé des miriades d'ames qui, d'après les incompréhensibles décrets du Très-Haut, doivent sous ses lois, animer la matière sur les globes épars dans l'immensité, loin du temple de l'Eternel. Un bruit céleste, parvenu jusques à la Terre étonnée lui apprend que l'Orgueil égara des légions d'intelligences chassées des cieux ; mais elle ignore les premières destinées de celles qui sont exilées à sa surface.

L'olympe des poëtes étinceloit de flammes éblouissantes ; l'être suppliant qui eût osé pénétrer sous les premiers portiques, y auroit été consumé ; le séjour du Très-Haut est rempli d'une douce lumière qui pénètre de volupté. Des Génies armés d'épées flambloyantes n'en défendent point l'entrée ; la douce Bienveillance, assise sous les premiers portiques, tend la main à l'ame timide qui, poursuivie sur la terre par les agens d'Ahrimane, le Génie du mal, vient, soutenue par la Religion, se réfugier dans les bras de l'Eternel.

L'Ennui siégeoit dans l'Olympe auprès des Faux-dieux souvent obligés de revêtir une forme humaine pour connoître le bonheur: ils puisoient dans d'éternelles jouissances une éternelle et fatigante volupté; pour abréger l'éternité pesante, ils étoient réduits à prendre un rôle dans les scènes du monde ; dégoûtées des charmes immuables des Déesses, ils cherchoient le plaisir dans les bras d'une mortelle : le Très-Haut jouit de sa propre existence, de ses perfections, de sa beauté ; l'éternité du bonheur est sa vie ! une délicieuse contemplation de lui-même et de ses œuvres remplit tous ses instans. Les Anges qui l'entourent dans le sanctuaire participent à sa félicité ; souvent il leur développe les merveilles de l'Univers ; alors, empressés autour de lui, tous attendent en silence les paroles qui vont les charmer.

Ces discours de l'Eternel inspirant aux Génies un enthousiasme divin, ils célèbrent ses louanges dans un concert dont les sons remplissent les cieux d'une ravissante harmonie. Ils chantent tour-à-tour :

« L'Univers est une pensée de l'Eternel ! » Suprême architecte des mondes, il a posé son » trône sur la voûte des cieux : il y domine » l'espace et l'éternité ! »

« Sa volonté fait sa toute-puissance ; les » soleils sortirent à sa voix du néant ! il a dit » aux astres : *soyez !* et ils existent ! »

« L'Eternel commande dans l'immensité : les » astres relégués vers les confins de l'espace » entendent et suivent sa voix ! »

« Sa main a pesé les corps célestes avant de » les semer dans l'espace ; son bras puissant » leur imprime le mouvement ! »

« Il leur assigna des places dans les cieux ; » et prescrivant à chacun une marche certaine, » il lui défend d'en précipiter ou d'en retarder » le cours ! »

« Il a tracé le plan de leurs innombrables
» orbites qui s'entrelacent sans se confondre,
» et correspondant au même centre, se meuvent
» autour de lui ! »

« Aucun obstacle ne s'oppose à leur marche
» régulière : ils parleront éternellement de la
» puissance et de la gloire du Très-Haut à
» toutes les Intelligences ; ils traceront éter-
» nellement le nom de JEHOVAH sur la voûte
» des cieux ! »

« Deux mouvemens oppposés, les éloignant
» et les rapprochant sans cesse, retiennent ces
» astres dans leurs orbites et s'opposent à ce
» que leur choc n'occasionne un épouvantable
» cahos, à ce qu'ils ne s'égarent dans les dé-
» serts de l'immensité ! »

« S'il retiroit son bras, les astres s'arrêteroient
» immobiles dans l'espace, attendant qu'il leur
» rendît le mouvement ! »

« Ses regards ont allumé ces éternels flam-
» beaux ; l'Univers doit à notre souverain le
» présent de la lumière ! »

« L'Eternel voulut faire participer à sa féli-
» cité des Intelligences capables d'admirer ses
» ouvrages : il voulut, et nous existâmes ! »

« Le soleil brille dans les mers antiques de
» ténèbres et les remplit de ses feux ; ils s'é-
» lancent par torrens intarissables de sa masse
» embrâsée. D'autres soleils épars dans le vide
» versent des torrens de lumière sur des astres
» relégués aux confins de l'immensité ! »

« Le souffle du Très-Haut peut les éteindre !
» S'il cessoit d'arrêter sur eux ses regards, nous

» les verrions pâlir : les ténèbres enseveliroient
» l'Univers ! »

« Les soleils, leur brillant et nombreux cor-
» tége perdent leur éclat en approchant du
» brillant séjour de l'Eternel ; ils ne sont plus
» que comme ces légers tourbillons de pous-
» siére qui s'agitent dans les rayons de l'astre
» du jour ! »

« Leurs feux, réfléchis par les planétes, se
» croisent, se confondent dans l'étendue, se
» réunissent sur les globes habités qu'ils éclai-
» rent et qu'ils vivifient ! »

« Les élémens agités par ces feux créateurs
» composent sur la terre la chaîne des êtres
» qui l'embellissent ! »

« L'Eternel a formé le noyau de ce globe
» d'un matière impénétrable à l'océan qui le
» recouvre : il ne peut, se précipitant au centre,
» en laisser la surface entièrement aride ! »

« Un mouvement universel ébranle chaque
» jour d'un pôle à l'autre cette masse immense
» d'ondes amoncelées dans l'abyme, et s'oppose
» à leur corruption ! »

« La main du Très-Haut a pesé les montagnes
» qui s'élévent à la surface du globe ; il a dit :
» *son équilibre n'en sera pas troublé !* »

« Son doigt a creusé le lit des fleuves ; il
» les conduit à l'océan par une pente insen-
» sible, à travers les contrées verdoyantes ;
» ils y versent le tribut des ondes qui rem-
» plissent ses abymes et ne les comblent jamais ! »

« D'autres fleuves inconnus aux mortels

» roulent leurs ondes sous la surface du globe :
» ils déposent l'excédent de ses eaux dans des
» réservoirs immenses que la main du Très-Haut
» a creusés sous la base des montagnes, dans
» les entrailles de la terre ! »

« Ces ondes jaillissantes du sein de la terre,
» ces vapeurs teintes par le Crépuscule ou
» l'Aurore, retombent en pluie fécondante ;
» échauffées par les feux de l'astre du jour,
» elles font fermenter sur le globe cette masse
» inerte de laquelle naissent, à laquelle re-
» tournent tous les êtres créés ! »

« La terre aux premiers jours du printemps,
» se soulève, se gerce de toutes parts ; elle se
» couvre d'une couche riante de verdure sur
» laquelle brillent les plantes ornées de mille
» fleurs, et bientôt chargées de fruits délicieux !»

« Des êtres sans nombre vivent de ses présens :
» depuis l'homme, le premier dans l'ordre des
» intelligences unies à la matière, jusqu'au foible
» insecte qui échappe à ses regards, tous at-
» tendent et reçoivent leur nourriture de l'E-
» ternel : il ouvre sa main, ils sont comblés
» de bienfaits ; s'il la tenoit fermée, tous pé-
» riroient ! »

« Depuis l'énorme léviathan (1) qui bondit
» à l'aspect de la lumière sur les plaines de
» l'océan, jusques aux vers brillans dont les
» masses couvrent ses flots d'un voile lumineux,
» tous ont reçu de lui leur substance, leurs
» formes, leur instinct ! »

---

(1) La baleine.

« Sa main a dessiné les formes élégantes et
» nuancé les couleurs de tous ces êtres, depuis
» la mousse jusques au cèdre altier ; depuis la
» coquille élégante sur laquelle se promènent
» les Génies des eaux, jusques aux lépas qui
» étincellent parmi les grains de sable du ri-
» vage ; depuis l'oiseau, brillant émule des
» pierreries, jusques au paon qui en ombrage
» sa tête ; depuis le quadrupède caché sous
» la feuille d'une plante, jusques au mons-
» trueux éléphant ! »

« L'Eternel a dit : Je pourrois créer des êtres
» animés qui se reproduiroient eux-mêmes ;
» il vaut mieux qu'ils doivent l'immortalité
» de leurs espèces à des sexes différens réunis
» par la tendresse : il sourit à cette pensée ;
» l'Amour et les Plaisirs n'ont cessé de peupler
» la terre ! »

« L'air, la terre, les ondes fourmillent d'ani-
» maux dont les formes variées à l'infini, mais
» toujours constantes dans leurs espèces impé-
» rissables, attesteront à jamais la puissance et
» la fécondité de son génie créateur ! »

« Les corps décomposés servent à la forma-
» tion d'autres corps : tous à la voix du Très-
» Haut sortent de cette matière animée, tous
» y rentrent ; elle est la mère du monde sans
» cesse renaissant de ses ruines ! »

« Les regards du Très-Haut suivent le plus
» foible atome dans toutes les métamorphoses
» de la matière ; il veille à ce qu'aucun d'eux
» ne s'égare ou ne se détruise ! »

« Rien ne périt dans l'Univers : l'Eternel
» aime a reproduire les êtres, pour multiplier

» les heureux ! tout y concourt à former les
» plus ravissantes harmonies ; tout y contribue
» à la perfection de l'Univers ! »

« Si l'Eternel retiroit son esprit créateur, la
» terre et tous les astres retomberoient en pous-
» siére ; s'il envoyoit de nouveau le souffle de
» la vie, l'Univers renaîtroit du néant ! »

« Aussi tous les êtres célébrent-ils à l'envie
» ses louanges, tous travaillent-ils avec ardeur
» à l'exécution de ses vastes desseins ; depuis
» les soleils qui parcourent l'immensité, jusqu'au
» foible insecte. La présence de cet astre et le
» bruissement de l'insecte le rappellent égale-
» ment à l'homme au sein des déserts ; la vue
» d'un être animé, celle d'une fleur remet sous
» ses yeux l'une des pensées du Très-Haut ! »

« Mais les mortels ne peuvent connoître de
» son existence suprême que ce qu'il veut leur
» en apprendre par ses œuvres ; ils ne peuvent
» s'élever par la contemplation au-dessus des
» mondes pour saisir, dans l'immensité de l'es-
» pace et des temps, le tableau de ses créa-
» tions ! »

« Comment pourroient-ils chanter l'Univers,
» s'ils ne sont inspirés par le souffle divin ? ils
» ne peuvent avoir de pensées sublimes que
» celles qui leur viennent des cieux ! Pourroient-
» ils connoître l'auteur de l'Univers ? le Très-
» Haut est le souverain des Intelligences ! »

« Pourquoi les mortels chercheroient-ils à
» pénétrer son essence ? pour eux cette recherche
» seroit vaine ! c'est assez que chaque jour ses
» ouvrages leur démontrent son pouvoir et leur
» fasse éprouver sa bonté ! Heureux ! et mille

» fois heureux les mortels qui mettront en lui
» leur confiance; il sera toujours pour eux l'au-
» teur de la vrai félicité! »

Quel trouble vient suspendre le sublime concert? le Génie de l'ordre qui maintient l'harmonie des mondes, s'approche du céleste séjour;
l'inquiétude est peinte dans ses traits divins:
un péril imminent menaceroit-il l'Univers?

« Être des êtres, s'écrie-t-il! toi qui créas
» les mondes, use de ta puissance pour les con-
» server! l'Ange à qui, dans tes impénétrables
» décrets, tu permis la rébellion, Ahrimane,
» s'est élancé de l'abyme où tu l'avois précipité!
» tu es le Génie du bien, l'auteur et le conser-
» vateur de l'Univers; il veut être le Génie du
» mal, le père de la Destruction et de la Dou-
» leur. Ta gloire est de régner sur ce qui est;
» la sienne seroit de dominer le néant! tu te
» plais à entendre l'harmonie des corps cé-
» lestes et la voix reconnoissante des êtres
» qui les habitent; les cris de ces êtres expi-
» rans sous les ruines des mondes boulversés,
» l'horrible fracas des astres égarés, se heurtant
» l'un contre l'autre, roulant dans l'abyme en
» immenses débris, formeroient pour cet Ange
» des ténèbres un délicieux concert! »

« Je l'ai vu se plonger dans les ténèbres du
» chaos pour exécuter son projet audacieux;
» Il ose plus!.... mais te le dire seroit t'offenser!...
» Il se prépare du moins à lutter avec toi de
» puissance: les Anges protecteurs des mondes
» invoquent ton appui. »

Il dit: un silence solennel règne dans le céleste séjour: les Intelligences cessent de répéter

sur les harpes divines l'harmonie des mondes qu'ils craignent de voir ébranlés , tant est grande la puissance des Génies qui participèrent de l'essence du Très-Haut, lorsqu'il leur permet de l'exercer pour punir ou récompenser les mortels.

LIVRE II.

LE GÉNIE DU MAL.

AU sein de l'océan des ténèbres est un amas de sombres vapeurs entre-mêlées de feux : ces vapeurs, ces flammes disposées par une main puissante, ont pris des formes d'une effrayante beauté : elles offrent l'aspect d'un antre dont aucun art humain ne pourroit peindre les horreurs. Image du chaos, il n'offre de régulier que le mot Néant et le spectre de la Mort : autour d'elle s'empressent la Misère qui dégrade l'homme, la Guerre, la Peste, la Famine qui déciment les nations, le sombre Désespoir se frappant lui-même.

Dans les ténébreuses profondeurs de cet antre se dressent les spectres de tous les scélérats, fléaux des mortels. A la lueur des flammes qui jaillissent du sol embrâsé, se dessinent sur les vapeurs, toutes les scènes de dévastation et de ruines, ces grands désordres, ces redoutables désastres, ces bouleversemens de la Nature qui menacent la terre de sa destruction : elles y sont réprésentées avec les couleurs livides de la mort.

Dans ce séjour, portion de l'abyme de l'ancien chaos, réside Ahrimane, avant sa rébellion le plus puissant entre les célestes Intelligences, à présent le redoutable Génie du mal, adoré par des mortels sous le nom de Baal, redouté sous celui de Satan : énorgueilli des faveurs de l'Eternel, il voulut être son égal dans les cieux ; l'Eternel l'a dompté, il ose se constituer son rival. L'Eternel est l'auteur de l'Univers, Ahrimane veut être celui de sa destruction : l'Eternel est le père des Intelligences, Ahrimane devient leur redoutable ennemi : l'Eternel a pour premiers agens la Nature, le Plaisir; Ahrimane a la Douleur et la Mort. Lorsque, pour faire des malheureux, il revêt une substance matérielle, des contrastes choquans, des traits heurtés, des formes dures, incohérentes, un mélange révoltant du sublime et de l'ignoble composent son visage : l'œil qui oseroit le fixer y reconnoîtroit le Génie de la férocité, un être puissant et lâche, au-dessus de l'homme, et loin au-dessous d'une céleste Intelligence ; un être dégradé qui aime tout ce qu'il y a de hideux, déteste tout ce qu'il y a de beau. Sur son front d'airain siégent l'audacieuse Impudence et l'inflexible Opiniâtreté : des cheveux roides, hérissés se dressent brusquement au niveau de ce front plat, étroit et sillonné de rides, comme un roc taillé à pic et surmonté de touffes de ronces : ce front est terminé vers sa base par deux proéminences osseuses, signes certains d'un génie capable de concevoir et d'exécuter de vastes plans de destruction ; elles sont en partie recouvertes par des sourcils larges, noirs et épais, mis en mouvement par la rage qui les crispe en les hérissant. Tels que les antres volcaniques dont la bouche étincelle sur les flancs d'une montagne, à travers les forêts qui l'enveloppent, les yeux menaçans d'Ahrimane brillent d'une flamme ardente au-dessous de ses paupières qui peuvent à peine contenir ses prunelles rayonnantes d'éclairs : elles semblent vouloir s'élancer de leur orbite pour embrâser les mondes.

Ces yeux dont l'éclat épouvante la terre, sont séparés par des replis que froncent la méditation du crime et le sentiment de son odieuse existence. L'Ambition et l'Orgueil ont sculpté son nez proéminent, dur, immobile et recourbé comme le bec du vautour : l'une de ses lèvres est relevée par le mépris de tout et de lui-même ; l'autre pend, repliée par les passions les plus honteuses, sur un menton qui s'avance projeté par la rage menaçante, comme celui d'un meurtrier féroce frappant le coup de la mort: Ses joues, d'une forme plus régulière, ont seules conservé quelque chose de noble et de fort, signe autrefois de son origine céleste et maintenant de sa puissance pour le mal.

Cette tête d'une imposante et terrible majesté, se meut sur un col droit et robuste, gonflé par l'esprit de domination et la conscience de sa force : tantôt il la redresse menaçante vers le ciel, comme s'il se sentoit digne d'y commander ; les éclairs de ses yeux en courroux remplissent l'espace d'une effrayante et lugubre clarté ; les flammes sortent en tourbillons de sa bouche écumante ; sa voix, plus forte que celle de l'aquilon et du tonnerre, épouvante la Nature ; ses cris précèdent et se confondent avec ces bruits, ces mugissemens étranges, ces murmures sourds et lointains qui préludent aux grands bouleversemens du globe : tantôt il rabaisse sur sa poitrine cette tête superbe, comme si, fléchissant sous la main d'un être supérieur, il avoit honte de sa foiblesse ; son énorme chevelure l'enveloppe de ténébres, comme les sombres cyprès enveloppent un rocher informe.

S'il veut s'élancer dans l'immensité pour y jeter le désordre, ses ailes frappent au loin l'espace; et refoulant sur les astres les vapeurs épaisses qui le soutiennent, elles recouvrent leurs globes éclatans d'une dense obscurité; leurs masses ténébreuses sont tout-à-coup entrecoupées par les torches ardentes qu'il secoue dans sa colère : le Soleil et la Lune s'arrêtent et pâlissent à son aspect! ses bras atteignent d'un astre à l'autre : lorsqu'il traverse leurs orbites, ils chancellent ébranlés par ses mouvemens; de longues traces de ténèbres et de feu marquent sa route; les mortels croient voir une comète menaçante! Si, pour le malheur des humains, il pose ses pieds sur la terre, elle tremble; son axe fléchit, prêt à quitter son orbite! mais pour y exercer ses ravages, il est obligé de réduire sa monstrueuse stature à des formes moins gigantesques; alors il apparoît spectre hideux et colossal sur la cime des volcans, au milieu des vapeurs de l'océan bouleversé; il frappe du pied le globe, il l'agite, et les nations sont muettes, épouvantées de son courroux; les échos de l'abyme répètent sa voix; les montagnes en sont renversées! les ouragans se hâtent de bouleverser le globe pour lui rendre son aspect moins odieux: la Peste le couvre de cadavres; la Famine disperse dans les champs les peuples réduits à vivre d'herbes amères; le Génie des batailles heurte des armées l'une contre l'autre pour que les cris de rage, les soupirs des mourans et des morts étouffant les bruits harmonieux de la Nature, forment aux oreilles d'Ahrimane un agréable concert, pour que les cadavres et le sang en recouvrent la verdure, pour

que leurs émanations remplacent les doux parfums des fleurs, pour que des lacs de sang baignent ses pieds.

Les tonnerres grondent, les foudres éclatent
autour de sa tête, et d'autres tonnerres roulans
en longs bourdonnemens dans les entrailles du
globe, marquent le choc de chacun de ses pieds.
Les monts s'affaissent, les rochers s'éboulent et
leurs masses heurtées l'une contre l'autre, s'élévent en tourbillons de poussière : de noirs
abymes sont les traces de ses pas : les eaux des
fleuves s'y précipitent en mugissant : le globe
ébranlé chancelle. S'il s'avance sur l'océan, l'océan
lui abandonne ses plaines ; des gouffres s'y creusent ; les vagues soulevées frappant les nues, forment une enceinte de montagnes mobiles qui
courbent devant lui leurs têtes respectueuses et
refluent en furie sur la terre qu'elles inondent.

Ahrimane craint de s'avilir en apparoissant
aux mortels dans toute la majestueuse hideur de
ses formes ; mais les infortunés ne connoissent
que trop son affreux cortége. A sa suite s'empressent la Mort dont le squelette est entouré
d'une robe noire parsemée de larmes ; l'Esclavage aux épaules ensanglantées, aux pieds à
demi-rongés par les fers qu'il traîne après lui ; la
Peste entourée d'une vapeur mortelle ; la Famine dont les os produisent dans sa marche un
cliquetis affreux, et les entrailles desséchées un
horrible bruissement ; la Guerre pressant dans
ses mains des chairs palpitantes pour en exprimer le sang ; la Tyrannie ombrageuse, armée
d'un sceptre à pointes acérées dont elle frappe
tout ce qui l'entoure ; le Fanatisme, les yeux
couverts d'un épais bandeau, étouffant dans ses
bras ses propres enfans. Ce cortége est grossi

par les ames féroces des scélérats qui doivent faire verser tant de larmes et de sang. Ahrimane domine ce cortége, comme l'imposant Athos domine les monts qui l'entourent : mais il l'emporte davantage encore sur eux par la méchanceté.

Cet Ange redoutable veut gouverner seul ou détruire l'Univers : il médite depuis des siècles d'ambitieux et vastes projets ; long-temps il ne sait auquel se fixer ; tous sont imparfaits ; et si l'un d'eux lui promet quelque succès, les moyens d'exécution échappent à son intelligence ; bien différent de l'Eternel qui conçut et créa.

Tantôt absorbé dans ses noires pensées, il ne distingue aucun des objets qui l'entourent ; tantôt il cherche à distraire son esprit fatigué par ses longues et stériles méditations, en contemplant les affreux ornemens de son séjour. Comment pourroient-ils ne pas l'intéresser ? ce sont les images fidelles de toutes les horreurs qu'il exercera sur les malheureux mortels, s'il ne parvient pas à détruire leur race odieuse : les êtres n'y gardent pas la même attitude ; tout par un art infernal y prend un corps, tout se meut, tout y paroît d'une effrayante réalité.

Ce ne sont d'abord que des portions de peuples qui jonchent de cadavres les frontières de leurs contrées ; d'autres tableaux représentent les calamités qui accablent les nations mûries pour leur ruine. L'Ambition, le Fanatisme les arment l'une contre l'autre : la guerre s'allume par toute la terre ; les agens d'Ahrimane marchent à leur tête, et de quelque côté que tourne la victoire, l'espèce humaine est toujours la victime.

Plus les scènes de destruction s'étendent, et plus long-temps Ahrimane est captivé par le plaisir de les contempler : la vue du sang l'inspire ou le console de la stérilité de ses pensées dans la recherche des moyens de destruction de l'Univers.

Plus souvent aussi ces images, tout horribles qu'elles sont, n'obtiennent de lui que des regards fugitifs. De quel intérêt peuvent être pour lui des désastres qui ne doivent entraîner la perte que de quelques générations de mortels, mais n'en détruiront pas l'espèce ?

Après des siècles de sombres méditations, Satan arrête ses plans destructeurs, il dit :

« Qu'y a-t-il de prodigieux dans cet Univers,
» pour que celui qui s'en dit le conservateur
» prétende en retirer tant de gloire (1)? Les
» élémens existans nécessairement, par leur
» propre nature et de toute éternité, mus par
» leur propre impulsion, se sont réunis ; ils ont
» formé des globes de feux ou des masses inertes,
» errantes dans l'espace, au risque de se briser
» en se heurtant l'une contre l'autre. Parmi ces
» globules de poussière, il en est un dont la
» surface, mise en fermentation par le feu et
» l'eau dont elle étoit pénétrée, s'est couverte
» d'une mousse verdâtre dans laquelle on voit
» se remuer quelques êtres : nés de la corrup-
» tion, ils sont nourris, détruits et recréés par
» elle (2); entre eux, les hommes se font re-
» marquer par leurs formes. Souvent, en par-

____

(1) Système des matérialistes.
(2) Erreurs de plusieurs physiciens, même modernes, réfutées par Muller, Spallanzani, etc.

3

» courant l'espace , je m'approchai de ce point
» et j'entendis, dans le vague des airs, le bruis-
» sement de ces favoris de mon rival ; je les vis
» errans dans cette étroite enceinte , se nourrir,
» jouer avec des parcelles de matière : qu'ils
» m'inspirèrent de pitié !

» Que la destruction de ce globe est facile !
» si les élémens se séparent, il est anéanti :
» si l'astre qui lui envoie ses feux s'en appro-
» che, il est incendié ; s'il s'en éloigne, des
» glaces éternelles le recouvrent. Déjà la Lune,
» antique séjour d'êtres animés, chéris de mon
» rival, est dépleuplée : retenue captive dans
» l'orbite de la terre qu'elle revêt des pâles clartés
» de la Mort, elle n'est plus qu'une masse in-
» forme hérissée de rocs (1) : le même sort at-
» tend ce globule que son créateur a choisi parmi
» les grains de poussière pour la remplacer : en-
» core quelques siècles, il ne sera plus qu'une
» masse de matière inerte, réfléchissant dans
» l'espace une inutile clarté.

» Je pourrois de mon souffle ou du mouve-
» ment de mes ailes éteindre ces flambeaux. Je
» pourrois broyer tous ces astres dans mes mains,
» et, dispersant au loin leurs débris, en obscur-
» cir les cieux ! mais qu'ai-je besoin d'employer
» ma toute-puissance pour détruire cet Univers ?
» les forces opposées l'une à l'autre qui tien-
» nent les astres suspendus doivent cesser ; et
» les mers de l'espace dans lequel nagent ces
» myriades de globules, n'offrir qu'un épou-
» vantable abyme dans lequel ils s'éteignent et
» s'égarent. Plusieurs de ces soleils perdent de

____

(1) Aspect de la Lune.

» leur éclat (1); des taches ténébreuses, d'im-
» menses abymes, des masses grossières de sco-
» ries informes, des vapeurs émanées de leur
» sein que le feu dévore, souillent leurs surfaces,
» en ternissent la splendeur : déjà quelques-uns
» errent obscurs, invisibles dans les cieux : tous
» un jour ne rouleront plus , autour du centre
» occupé par mon ennemi, qu'une poussière
» ténébreuse qui l'enveloppera d'une épaisse
» obscurité : mon temple seul brillera de flam-
» mes éternelles.

» Ne pourrois-je exécuter de plus vastes
» plans, tirer du néant d'autres mondes pour
» jouir du spectacle de leur destruction ? n'ai-je
» pas comme mon rival la toute-puissance ,
» l'éternité ? Mais quelle gloire de régner sur
» l'inerte matière ? que m'importe qu'il existe
» dans l'espace une poussière lumineuse ? sa clarté
» ne parvient pas jusques à mon séjour ; tous
» ces globes ne s'opposent point à ma route :
» que m'importe si quelques-uns d'entre eux
» sont peuplés d'êtres destinés à célébrer les
» louanges de cet ennemi! leurs voix ne peuvent
» venir fatiguer mes oreilles. Foible intelligence
» dont la vile matière occupe toutes les pen-
» sées; c'est toi que je veux attaquer et vaincre!
» c'est ton Univers que je veux détruire ! j'éta-
» blirai mon trône sur les débris des mondes ! je
» dominerai le Néant ! »

---

(1) La surface du Soleil est entre-mêlée d'ombres et de
lumière ; le Soleil est comme une mer agitée des flots ,
et hérissée par la fluctuation des ondes.

Il y a , dit-on , dans le Soleil des volcans ou bouches à
feu qui vomissent des flammes. Herschell a découvert que
le Soleil étoit un corps planétaire semblable à la terre.

Il dit, et s'enfonce dans la région des ténèbres,
vers des masses informes, restes du chaos rejetés après la création dans un coin de l'espace,
comme l'écume de bronze que le statuaire
éloigne des lieux où sont rassemblés ses chefs-
d'œuvres. Ahrimane commande; l'affreux chaos
obéit à sa voix! ses masses se meuvent, se rassemblent et l'entourent de leurs monstrueuses
difformités! il les pétrit de ses mains puissantes;
et, projet insensé qui ne pouvoit être conçu
que par un Génie supérieur égaré par la haine,
il en compose des astres nouveaux que son souffle
pénètre des feux de l'Enfer : son bras leur imprime un mouvement impétueux pour les précipiter sur le séjour de l'Eternel et l'anéantir :
tous s'élancent vers le but; Ahrimane triomphant s'écrie :

« Puissances de l'Enfer, et vous tous Anges
» redoutables qui osâtes lutter avec moi contre
» l'Eternel, sortez de l'abyme ! venez assister à
» mon triomphe! de cet astre qui domine l'Uni-
» vers, admirez mon ouvrage. »

Il dit : sa voix a tonné jusqu'au fond de l'infernal abyme; ses affreux habitans s'élancent du
Ténare ébranlé par leurs frénétiques transports :
ils traversent l'espace et se reposant sur cet astre,
ils l'enveloppent de ténèbres qui ternissent à jamais son éclat; depuis ce jour il ne paroît plus que
comme un amas de vapeurs épaisses (1) entre-
coupées par quelques traits d'une flamme livide,
échappée de la bouche d'Ahrimane : tous s'empressent autour de leur souverain.

« Voyez, s'écrie-t-il, ces masses embrâsées

---

(1) **Aspect** d'une étoile nébuleuse.

» qui se précipitent sur le séjour de mon rival,
» et qu'elles vont détruire ! c'est cette main qui
» les a pétries ; c'est ce bras qui leur imprima le
» mouvement ! Les astres arrachés de leurs or-
» bites vont se heurter l'un contre l'autre et re-
» tombent avec fracas dans l'abyme ! ces flam-
» beaux qui vous poursuivent d'une fatiguante
» clarté s'éteignent ! les ténèbres sont votre
» atmosphère ; les déserts de l'immensité mon
» empire : j'ai reproduit le Néant ! »

Il dit : les Génies infernaux suivent avec une
inquiète curiosité la course rapide de ces masses
incendiées : parties de l'abyme, elles se sont
élancées vers les sources de la lumière ; elles
le disputeroient en éclat aux soleils même, si
les œuvres du Génie de la destruction pouvoient
égaler celles du Tout-Puissant : elles traînent
au loin après elles de longues zones de feu.

A leur passage, les étoiles pâlissent, vacillent
et semblent prêtes à se détacher de la voûte des
Cieux : la Terre et la Lune qui l'accompagne
n'osant commencer leur carrière, restent immobiles sous le disque du soleil ; lui-même perd
son éclat : les astres sont troublés dans leur orbite : l'harmonie céleste est rompue : l'Univers
est ébranlé ; les suprêmes Intelligences qui le
gouvernent frémissent épouvantées de ce désordre.

Toutes ces masses ont approché du centre
qu'elles doivent anéantir : ô prodige ! à peine
ont-elles abordé les limites du pur éther, source
de lumière et de mouvement, qui enveloppe le
céleste séjour, elles s'arrêtent, immobiles, et
prenant une marche rétrograde, elles se soumettent aux lois qui régissent l'Univers.

L'Eternel auroit pu les arrêter plutôt ; mais

il a voulu rendre les Cieux et l'Enfer témoins
de son triomphe. Son bras imprime un mouvement régulier à ces masses et leur trace des
orbites, courbes immenses, qui se développent
dans les profondeurs inconnues de l'espace : il
ordonne à des Génies de les faire concourir à
l'embellissement de l'Univers.

Ces Anges de lumière, prenant un vol rapide, s'élancent avec elles au-delà des limites
du firmament : elles n'obéissent pas aux lois
que l'homme croit imposer à la Nature; portions d'un autre système céleste, elles ne font
qu'apparoître sur les limites de notre monde et
parcourent durant les siècles un immense orbite
autour d'un autre centre. L'homme qui borne
l'Univers à ce qu'il voit, étonné de leurs courses,
les croit étrangères, inutiles dans le système
céleste; elles ramènent dans leurs orbites les
planètes que la matière éthérée (1) dirige vers
le Soleil dont elles deviendroient la proie; pour-
voyeurs célestes, elles servent d'alimens aux
soleils épuisés par une longue émission de lumière; et les vapeurs qui les entourent remplacent les fluides absorbés dans les grandes com-
positions des corps, sur les astres habités; elles
en purifient les atmosphères et leur rendent un
éternel printemps en relevant leur axe incliné (2) : ces astres sont dans les cieux d'éternels
monumens du triomphe de Jéhovah.

Ahrimane vaincu s'éloigne : son cortége épouvanté de la marche menaçante de ces astres

____

(1) Voyez Delaplace.
(2) Opinion de plusieurs astronomes sur les effets pos-
sibles des comètes.

nouveaux, se cache sous ses ailes sombres et fuit vers les Enfers, entraînant avec eux leur chef humilié.

Ahrimane est offensé ; mais son orgueil n'est pas dompté : son cœur inflexible trouve dans sa défaite des motifs puissans de consolation et d'espérance. « Un triomphe trop prompt, s'écrie-
» t-il, eût terminé trop tôt cette lutte qui doit
» tenir éternellement l'Univers tremblant sous
» mes lois, et remplir délicieusement tous les
» instans de mon éternité : d'autres et plus rians
» projets roulent ici ; (sa main frappe son front)
» et cette première tentative promet un plus heu-
» reux succès ! n'est-elle pas un triomphe ?
» comme mon rival, j'ai créé des corps célestes
» qui m'assurent le partage de l'empire des cieux !
» Désordre ! ô mon agent fidelle ! tu as vu quel
» trouble ces masses ont causé dans cet amas de
» globes embrâsés; ce trouble, aye soin de l'entre-
» tenir ! Que ces corps égarés par toi incendient,
» submergent la terre, où l'emmènent captive
» dans les régions glacées de l'espace : que ces
» longues zones de feux dont je les emprégnai
» soient les sinistres présages des grands bou-
» leversemens de la Nature ; que leur aspect
» frappe de terreur l'ame des mortels ! que je
» les voie tous prosternés sur le limon qui les
» nourrit, fléchir sous le poid de mon bras, et
» trembler dans l'attente des coups dont je
» vais les frapper ! que ces corps errans au ha-
» sard dans l'espace, soient d'éternels monu-
» mens de mes glorieux essais et de mes triom-
» phes ! qu'ils promènent à jamais mon nom
» et ma gloire dans l'immensité ! «

LIVRE III.

LE HASARD.

Ahrimane s'éloigne de son cortége ; il s'égare dans les déserts de l'immensité, loin des lieux témoins de sa défaite, loin de ceux d'où il pourroit entendre les chants des célestes Intelligences qui célèbrent sur des harpes retentissantes le triomphe de l'Eternel. Las d'errer dans ces déserts, il cherche un point de repos pour y méditer, dans le calme de la retraite, de nouveaux projets : il se pose sur une masse obscure, perdue comme inutile hors des limites des mondes. Tout y est informe, irrégulier, même à ses yeux ; sa présence ne fait qu'en redoubler l'horreur par le mélange des feux qui jaillissent de ses prunelles ardentes, avec les ténèbres dont cette masse est entourée. Il s'assied sur les monts qui s'élèvent de ce chaos ; il y reste absorbé par les rêveries, et relevant enfin sa tête altière, en secouant l'énorme chevelure qui l'enveloppe comme la sombre forêt de cèdres qui entoure le Liban, il s'étonne de voir devant lui deux Déités également belles, mais dont les charmes sont différens. Il reconnoît les filles de l'Imagination et de l'Avenir : elles habitent l'astre informe sur lequel Ahrimane s'est arrêté.

L'une est la décevante et crédule Espérance : sa démarche est gaie, pétulante et légère ; elle sourit au cortége des Chimères séduisantes qui l'entourent : la joie brille dans ses yeux : sœur, amante, ennemie du Bonheur, elle a la tête avancée, la bouche entr'ouverte, les bras étendus pour saisir cet être fantastique, seul objet de toutes ses affections, de toutes ses pensées : le Bonheur marche à reculons devant elle, et l'attire par des gestes séducteurs en lui montrant les Jeux, les Plaisirs qui dansent autour de lui : pour le poursuivre, l'Espérance jette et foule aux pieds les dons que lui prodigue la Fortune ; mais les pas du Bonheur sont si rapides que rarement elle peut l'atteindre, encore moins le retenir et le fixer près d'elle.

L'autre Déité, sa sœur, est la triste et plaintive Mélancolie : sa robe est parsemée de larmes, son visage pâle ; ses formes sont maigres, quoiqu'élégantes : elle fuit la riante Espérance, les Plaisirs bruyans qui veulent l'entraîner à la poursuite du Bonheur et la mêler à leurs jeux ; elle écarte l'inconstante Fortune qui lui offre ses trésors. Un crêpe noir couvre son front et répand une teinte lugubre sur tous les objets ; le nom de la Mort est tracé dans son tissu : sa démarche est lente, sa tête penchée, ses regards sont continuellement effrayés par des fantômes hideux qui fuient et se succèdent à ses yeux : rarement elle verse des pleurs ; une seule larme brille sur le bord de ses paupières : elle ne profère aucune plainte, mais il lui échappe de profonds soupirs ; elle fuit la douce Consolation et renferme le Chagrin dans son sein qu'il dévore.

Elle est toujours entourée par les Songes, ces légers enfans du Sommeil et de la Nuit, qui confondent les lieux, rapprochent les formes les plus incohérentes pour en composer des images bizarres ; ils se plaisent à lui représenter les objets qu'elle regrette ou redoute, pour accroître sa douleur.

Les yeux étincelans d'Ahrimane ont glacé de terreur la timide Espérance : elle se cache derrière la Mélancolie moins épouvantée de sa présence, parce qu'elle contemple souvent des images sombres ; mais des larmes plus abondantes et plus amères roulent dans ses yeux lorsqu'elle lit dans les regards de cet Ange rebelle le présage de toutes les fureurs qu'il exercera sur les malheureux humains. Bientôt ces deux sœurs reprennent leurs occupations accoutumées : elles sont suivies du cortége nombreux des ames inquiètes qui chercheront à lire dans les Destinées, ajoutant, par leurs sinistres prédictions, les maux à venir à ceux qui les tourmentent ; comme si souffrir dans le présent n'étoit point un sort assez rigoureux. Ces ombres curieuses, aux visages alongés, aux regards perçans dans le temps qui n'est pas, apportent toute leur attention à reconnoître leurs futurs destins dans les scènes bizarres et multipliées à l'infini qu'exécutent devant elles, à la voix de l'Espérance ou de la Mélancolie, une multitude innombrable d'êtres fantastiques, revêtus par l'Imagination de formes humaines, imitant toutes les scènes qui se passeront sur la terre.

Les scènes riantes sont odieuses pour Ahrimane, et le rire de l'avide Espérance qui les contemple, l'importune : les soupirs de la Mélancolie l'attirent ; il examine les scènes de désolation et de mort qu'elle montre, en détournant les yeux, à ces ames avides de l'avenir : elles représentent les malheurs qui accableront une nation abrutie par la corruption de ses mœurs.

Ahrimane en suivant les pas de la Mélancolie, arrive dans le sanctuaire de cet étrange séjour où réside un être plus étrange encore, le stupide Hasard, que l'Imagination en délire créa, qu'elle adore comme auteur de l'Univers. Ahrimane reconnoît auprès de lui l'Athéisme, l'un de ses agens ; courtisan orgueilleux et trompeur, il persuade au Hasard qu'il est le Tout-Puissant. A côté de lui sont des Chimères ; l'une est la Richesse, l'autre est la Gloire, une autre l'Immortalité : toutes ont un buste pétri de charmes irrésistibles ; mais leur corps aërien se perd dans les vapeurs qui les soutiennent : elles sont toujours entourées d'un cortége nombreux d'ames qui les adorent ; car même parmi les plus sages mortels, il n'en sera pas un qui n'aspire au bonheur de la possession de l'une de ces fantastiques beautés.

Les traits indécis du Hasard étonnent Ahrimane : tout-à-coup inspiré par les discours de l'Athéisme qui le nomme créateur et souverain de l'Univers, il conçoit l'idée de faire concourir cet être à ses projets de domination ou de ruine. Ce n'est plus cet Ange orgueilleux qui vouloit élever son trône sur les débris du trône de l'Éternel : étrange effet de la haine et de la soif de la vengeance ! pour abaisser un rival dont il pourroit sans honte reconnoître la toute-puissance, il veut élever au-dessus de ce rival, au-dessus de lui-même un être qu'il méprise et dont l'existence n'avoit pas jusqu'alors occupé sa pensée : mais le Hasard peut former un nouvel et plus brillant Univers dont il s'em-

parera, pour l'opposer à l'Univers de l'Eternel:
l'Espérance dont l'ame ardente se repaît de
ces mondes nouveaux, excite l'attention du
Hasard, encourage Ahrimane: inspiré par l'A-
théisme, il dit:

(1) « Toi qui créas tout ce qui est; toi qui
» par des combinaisons variées à l'infini, peux
» former d'autres mondes dont la seule idée
» est au-dessus de toute conception, souffriras-
» tu que les Intelligences qui te doivent la pen-
» sée désertent tes autels pour se prosterner
» devant un usurpateur? Combien n'es-tu pas
» plus puissant que lui? l'Eternel n'a pu que
» réaliser les produits de ses méditations, et
» toi, sans que ton génie se soit fatigué pour
» concevoir un plan, parmi la multitude de
» chances innombrables dans le mouvement de
» la matiére qui n'eussent amené que des mondes
» informes, tu as, comme en te jouant, fixé
» l'ordre merveilleux qui règle l'Univers: tu es
» plus qu'un Dieu! aucun des êtres qui l'habite
» peut-il méconnoître tes lois? Ce n'est pas
» que tu doives attacher un grand prix aux
» hommages de ces éphémères que ton caprice
» créa, que ton caprice peut anéantir, mais
» ces hommages, ils les offrent à ton rival! vas
» lui reprendre le sceptre de l'Univers, et s'il
» te le refuse, forme des mondes plus étonnans!
» que tous les êtres désertent ces astres usurpés
» par lui; qu'ils te demandent la faveur de jouir,
» sous tes lois, de la suprême félicité! rends-
» leur ce premier séjour odieux, et le joug de
» l'Eternel insupportable! Fais rentrer dans le
» chaos, immense atelier de tes chefs-d'œuvres,

(1) Système des matérialistes.

» ces masses que ton ennemi prétend soustraire
» pour jamais à tes caprices ! humilie ton rival
» par le spectacle de ton triomphe ! étonne-le
» par le nombre de tes prodiges ! qu'il voie les
» sphères nombreuses des astres qu'il régit, et
» de celui qu'il habite, entraînées par les astres
» nouveaux que tu auras créés, marcher à leur
» suite, obscurcis par leur éclat ! qu'il tremble
» sur son trône chancelant avec ses mondes en-
» traînés par les tiens ! qu'il sente toute ta puis-
» sance ! Remplis l'espace de tes nouveaux
» chefs-d'œuvres ! que rien de ce qui est ne
» puisse à l'avenir méconnoître tes lois ! »

Il dit et la trompeuse Espérance montre aux
yeux du Hasard le sceptre de l'Univers : en vain
la timide Mélancolie lui représente sa foiblesse ;
Ahrimane, d'un regard foudroyant, l'attère,
et le Hasard, porté sur les ailes de l'Imagination, soutenu par l'Espérance et les Chimères,
se rend, guidé par l'Athéisme, au séjour de
l'Eternel pour le faire rentrer sous ses lois.

Il y est admis avec son cortége par des Anges
étonnés de l'aspect de cet être bizarre dont ils ne
soupçonnoient pas même l'existence ; ils l'in-
troduisent dans les premières sphères, auprès
de l'un des Génies ministres de l'Eternel. Cet
honneur inattendu l'enhardit ; inspiré par l'A-
théisme, il dit au Génie : « Je suis le Hasard,
» auteur de l'Univers ; écoute attentivement mes
» paroles et charge-toi de les redire à celui que
» tu crois être ton souverain ! dis-lui pour moi :

« Toi dans qui je mettois toute ma gloire,
» chef-d'œuvre de mes caprices, étonnant ré-
» sultat de mes jeux, toi qu'il m'étoit si doux
» de montrer à ma cour comme le plus accompli
» de mes nombreux enfans, méconnois-tu donc

» aujourd'hui ton père et ses bienfaits ? je te
» donnai la toute-puissance, et satisfait d'une
» existence paisible dans mon séjour, je t'aban-
» donnois le soin de régir l'Univers que j'ai
» créé ; je me plaisois à te .voir occupé, dans
» la succession des siècles, à régulariser les pro-
» duits de mes conceptions ; achevant ainsi ce
» que je n'avois fait qu'ébaucher en me jouant,
» ce que je dédaignois de finir ! maintenant tu
» te dis supérieur à moi, toi dont le foible
» génie ne peut s'élever au-dessus de lui-même
» pour imaginer un être plus puissant et plus
» parfait ! tu prétends, fils ingrat et dénaturé,
» m'enchaîner dans les limites étroites de ce que
» tu nommes le possible, moi qui peux m'éle-
» ver autant au-dessus de toi, que tu es au-
» dessus de tout ce qui existe ! Faut-il que j'ac-
» cumule les merveilles d'une seconde création
» au-dessus de cet Univers, pour te faire rentrer
» dans l'obéissance ? il en coûteroit à mon cœur
» paternel de créer d'autres et de plus sublimes
» Intelligences pour te rabaisser, ô mon fils !
» Présides en paix à ces mondes que je t'aban-
» donnes; reconnois-moi (cet hommage ne peut
» t'humilier), reconnois-moi pour ton souve-
» rain et pour ton père ! Crains que je ne forme
» un autre Univers plus vaste et plus étonnant,
» qui entraîneroit à sa suite, satellite obscur,
» le centre des centres que tu habites, et re-
» culeroit ton séjour vers les confins de l'es-
» pace dont un nouvel Univers occuperoit le
» centre à ta place. »

Il dit, étonné du sublime délire qui lui
dicta ces pensées : les célestes Intelligences murmurent en souriant de mépris ; le ministre de
l'Eternel lui répond :

(1) « Si tu créas l'Univers, interprètes ses lois!
» dis par quelle cause les astres circulant dans
» l'immensité, reparoissent après des siècles
» aux mêmes points de l'espace, sans s'égarer
» ou se heurter l'un contre l'autre! dis com-
» ment ils brillent d'un éternel éclat, sans se
» consumer! Si tu créas les Génies aux sub-
» stances éthérées qui régissent les mondes,
» exposes leur nature, leurs qualités et leurs
» fonctions! Si tu créas les Intelligences qui
» animent la matière, explique le prodige de
» cette union! dis comment un corps composé
» d'élémens peut avoir la pensée!

» Tu ne me comprends pas! je me restreins
» dans les bornes de ton intelligence.

» Est-ce toi qui créas l'homme, ce chef-
» d'œuvre de la Nature? as-tu dessiné ces formes
» élégantes, cette noble attitude? est-ce toi qui
» plaças sur son front cette majesté du roi de
» la terre? ta main hardie, en traçant le profil
» de son visage, esquissa-t-elle du même trait
» son caractère, ses vices et ses vertus (2)? Le
» feu qui brille dans ses yeux, celui qui em-
» brase son cœur est-il émané de ton sein?
» L'homme te doit-il les sens qui le mettent
» en rapport avec tout ce qui est dans la Nature,
» et lui donnent tant et de si douces jouissances?
» te doit-il sa compagne, ce modèle de per-
» fection, de grâces et de beautés? est-ce toi
» qui as pétri d'irrésistibles appas ce buste
» élégant, le plus beau de tous ceux des êtres
» animés?

---

(1) Réfutation des systèmes des matérialistes.
(2) Voyez les *Traités de Physiognomonie*.

» L'homme a-t-il reçu de toi l'intelligence
qui lui fait embrasser et comparer tant d'ob-
» jets ? te doit-il son imagination qui parcourt
» l'Univers ? te doit-il cette vaste mémoire qui
» en retient l'image ? Est-ce toi qui plaças dans
» son cœur ce sentiment intime du bien et du
» mal, cette voix secrète, conseillère prudente
» qui doit le conduire à l'éternelle félicité ?
» oserois-tu te charger de son bonheur, vou-
» droit-il te le confier ? Est-ce toi qui attachas
» les remords sur ses pas lorsqu'il s'écarte de
» la vertu, et lui fais trouver son châtiment
» dans les suites de ses crimes ? Te doit-il ces
» idées de vertu, de bonheur ? te doit-il la vie,
» l'espace, l'éternité ? Mes paroles surpassent
» encore ton intelligence ; tu n'as pas ces idées ;
» rabaisse-toi donc à l'inerte matière !

» Est-ce ta main qui créas le globe sublu-
» naire ? est-ce toi qui posas des limites entre
» les élémens ? empêches-tu les feux qui péné-
» trent la terre, de dissiper les fluides qui la
» vivifient ; les eaux d'éteindre ces feux ? Tes
» regards ont-ils allumé les célestes flambeaux ?
» As-tu creusé le grand abyme des eaux ? lui
» posas-tu des bornes éternelles que leur masse,
» toujours agitée, ne peut franchir ? Ton œil
» a-t-il parcouru le sein de cet abyme ? con-
» nois-tu les merveilles animées qui l'habitent ?
» ton œil a-t-il pénétré dans la magnifique mai-
» son habitée par l'humble coquillage ? es-tu
» l'architecte qui conçut et modela ses coupes
» hardies ? es-tu le peintre qui le revêtit de
» de ses brillantes couleurs ?

» Les êtres animés qui peuplent le globe te
» doivent, dis-tu, leur existence ! les végétaux
» aux formes indicibles, aux couleurs diverse-

» ment ménagées , sont ton ouvrage ! c'est ta
» main qui traça les nuances qui séparent l'a-
» nimal de la plante , et les plantes de la ma-
» tière inanimée (1)! pourquoi, dans la des-
» truction et la reproduction successive de tous
» ces êtres , leurs élémens ne s'égarent, ne se
» confondent-ils pas ? vis-tu jamais une fleur
» ornée des ailes du papillon, l'animal embelli
» des brillantes plumes d'un oiseau, et les pierres
» produire des fruits et du feuillage ? pourquoi
» des formes si constantes dans les mêmes es-
» pèces ? pourquoi les arbres ne s'élèvent-ils
» jamais jusqu'aux nues ; pourquoi les herbes
» n'atteignent-elles jamais la cime des forêts ?
» pourquoi les animaux ont-ils toujours les
» mêmes goûts, les mêmes caractères, malgré
» la longue série de leurs nombreuses généra-
» tions ? Dans les plus petits insectes comme
» dans le plus grand des animaux, dans un
» atome comme dans un globe, le plus vaste
» génie peut-il concevoir une meilleure forme,
» un meilleur ordre de choses ? reconnois-tu
» dans ces règles invariables qui les dirigent les
» résultats de tes jeux ? Tu ne devois pas adopter
» pour la conservation et la reproduction de
» ces êtres des lois immuables ! pourquoi cir-
» conscrire leurs facultés ? pourquoi ne pas les
» abandonner aux irrégularités de tes caprices ?

____

(1) La chaîne des êtres n'est qu'une comparaison très-
ingénieuse , mais inexacte ; les chaînons sont à chaque
instant rompus , isolés , et les êtres qui forment ces prétendus passages entre les trois règnes de la nature appartiennent essentiellement à l'un ou a l'autre de ces règnes.
Voyez l'étonnant ouvrage de Muller , littéralement traduit
et inséré en entier dans l'Encyclopédie par Bruguières.

» l'Univers auroit sans cesse changé de face à
» tes yeux ; ces changemens continuels auroient
» flatté ton inconstance ! ou si tu voulois t'amu-
» ser sans cesse à créer, qu'étoit-il besoin de
» faire concourir la Nature toute entière à l'en-
» tretien, à la conservation des êtres ? il falloit
» les abandonner à eux-mêmes ; et si tous ces
» êtres eussent péri, tu aurois consacré tes loisirs
» éternels au plaisir de les renouveler ! Tel n'a
» point été ton caprice : tu veux rentrer dans
» tes droits ! dispose donc encore à ton gré de
» la matière ! crée un nouvel Univers ! Il ne
» t'est pas nécessaire d'agiter de nouveau cette
» matière ; imagines un autre plan : concevoir
» et créer sont la preuve de la toute-puissance !
» Tu hésites ! je ne te demande plus un autre
» Univers ! je ne te demande pas un mortel
» dont le génie plus vaste, l'imagination plus
» étendue saisissant les rapports entre les objets
» les plus éloignés, reculent les limites des scien-
» ces humaines, ajoutent au nombre des pensées !
» crée un de ces éphémères, victime du souffle
» des Zéphirs, et l'Eternel, descendant de son
» trône, t'abandonne l'empire ! »

Le Génie dit, et les célestes Intelligences lui
applaudissent.

LIVRE IV.

LES MONDES.

LE Hasard (1) a reçu de l'Eternel la faculté de créer : encouragé par l'Espérance qui lui promet l'empire de l'Univers, conseillé par l'Athéisme, son père et son adorateur, inspiré par l'Imagination et les Chimères qui lui offrent mille formes bizarres pour modèles, il agite d'une main inexpérimentée la portion de matière qui lui est abandonnée, pour former des mondes nouveaux. D'abord il la subdivise en portions solides, irrégulières ; il en remplit la partie de l'espace que le Très-Haut lui laissa pour ses essais, et leur imprime le mouvement : toutes se froissent, se brisent, et par ces chocs multipliés, de ce chaos s'élève un fluide subtil, le premier et le plus pur des élémens, ame des mondes, source future de toute intelligence,

—————

(1) Le Hasard est un événement inopiné produit par différentes causes inconnues qui concourent ensemble à ce que l'on faisoit pour un autre motif et pour une autre fin, et ce concours est l'effet de l'ordre invariable établi par cette Providence adorable qui dispose tout avec sagesse et fait que chaque chose vient dans le temps et dans le lieu qu'elle lui a marqué.

Ainsi le Hasard, quoiqu'il paroisse indépendant de tout, est pourtant assujetti aux lois de la Providence et n'existe que par elle. BOECE, liv. 5.

fleuve éternel, intarrissable dans lequel nageront à jamais les systèmes célestes (1).

Des parcelles moins pures composent par leur réunion les soleils et tous les astres qui doivent envoyer la lumière et la chaleur vivifiante sur des parties plus grossières, troisième élément d'où naîtront les planètes, la terre avec les fluides qui l'entoureront, les corps variés à l'infini qu'elle nourrira dans son sein ou qui embelliront sa surface : le fluide subtil doit s'y réunir à des masses de matière épurée, pour former les êtres doués de l'intelligence.

Le Hasard sourit à l'aspect de ce nouvel Univers : mais déjà le mouvement qu'il lui avoit imprimé cause sa ruine. Le torrent de fluide subtil qui traverse dans tous les sens ces particules qui devoient adhérer entre elles pour former des corps, les a dissoutes ; il promène dans l'espace ses flots limonneux, surchargés des débris des mondes liquéfiés.

L'Eternel seul a pu fixer le nombre et la forme des particules qui doivent adhérer entre elles pour composer les corps dont il détermina le volume et les contours ; seul il a pu les unir l'une à l'autre de manière que les fluides leur communiquassent le mouvement sans les dissoudre.

Le Hasard, fier d'avoir pu tenter une création, espère un plus heureux succès en remédiant aux défauts de son premier ouvrage. Il rassemble une portion de matière en une masse

____

(1) Système de Descartes renouvelé des Brahmes (voyez les *Recherches asiatiques*) et commenté par Laplace qui a, pour ainsi dire, plongé le système de Newton dans les tourbillons de Descartes.

solide et l'embrase de tous les feux qu'il peut réunir, pour en faire le foyer qui échauffera l'Univers; puis lançant (1) contre cette masse en fusion d'autres masses plus denses, douées d'un mouvement impétueux, il en détache d'énormes portions qui roulent, astres nouveaux, dans l'immensité : tantôt elles s'y égarent, et les feux qui les animent se dissipant, elles se couvrent d'une couche épaisse de glaces informes, inhabitables : tantôt elles se rapprochent du foyer de la lumière ; le feu les pénètre, des tremblemens épouvantables les ébranlent jusqu'au centre de leurs durs noyaux ; des tonnerres effroyables, des ouragans destructeurs parcourent et ravagent leurs surfaces (2) : le feu qui les dévore en a bientôt fait des masses vitrifiées, transparentes, revêtues de scories informes, de couches épaisses produites par la sueur desséchée (3) de ces matières en fusion et que l'insensé qui les créa croyoit pouvoir destiner pour demeure aux êtres animés.

La main de l'Eternel pouvoit seule retenir les globes habités à la distance nécessaire des foyers lumineux qui les éclairent et les échauffent sans les consumer.

Le Hasard continue ses essais. D'abord rival du Tout-Puissant, il espéroit l'emporter en génie sur le suprême architecte des mondes; maintenant, moins présomptueux, il se borne à vouloir imiter ses chefs-d'œuvres. Il croit avoir reconnu les lois qui régissent l'Univers, et le

---

(1) Système de Buffon.
(2) Système de Whiston.
(3) Nouveau système. *Voyez* la 1re édit. in-18 de Buffon.

prenant pour modèle, il imprime aux masses qu'il a pétries pour en former des astres et des planètes, deux forces dont l'action combinée doit les tenir sans cesse en mouvement (1) : l'une tend à les entraîner dans les profondeurs de l'immensité ; l'autre, à les attirer sans cesse vers le centre de l'orbite qu'elles doivent décrire : mais tantôt ces forces égales entre elles se détruisent mutuellement, et tous les corps célestes restent immuables dans les cieux : tantôt elles sont tour à tour victorieuses ; la force qui les éloigne du centre, les disperse dans l'espace ; celle qui les ramène vers le centre de leur orbite, les y amoncelle les uns sur les autres ; ils enveloppent de leurs masses immobiles le Soleil qui devoit les échauffer et les consume : un vaste incendie dévore ces corps célestes, les vapeurs qui s'en élèvent obscurcissent l'immensité.

L'action continuelle de la toute-puissance du Très-Haut est nécessaire pour maintenir l'équilibre entre les forces qui meuvent les rouages du vaste Univers : il faut que son bras, sans cesse étendu dans les cieux, ou plutôt que sa volonté toujours active rende tour-à-tour à l'une de ces forces la supériorité que l'autre tend à lui ravir : s'il abandonnoit à elle-même la matière en mouvement, elle reproduiroit le chaos (2).

Dans tous ces essais infructueux, le globe terrestre que le Hasard destine aux êtres animés n'offre jamais que confusion et difformités.

---

(1) Système des disciples de Newton, et sa réfutation.
(2) Véritable opinion de Newton.

C'est d'abord un composé de particules de matières denses, pesantes, d'espèces et de formes différentes (1) : agitées pêle-mêle, elles surnagent au-dessus d'un noyau plus dur et recouvert tout entier d'un fluide qui les soutient : elles se réunissent par couches sur ce fluide selon leur degré de pesanteur ; elles forment une voûte solide qui le renferme tout entier, et dont la surface uniforme, continue, sans fleuves, sans mers, sans montagnes et sans vallons, ne peut offrir d'asiles aux êtres animés : bientôt cette voûte desséchée par les feux du Soleil se fend, se brise et s'éboule dans l'abyme, vaste réservoir du fluide sur lequel elle s'étoit formée ; ses immenses débris s'y précipitent et s'y amoncellent sans ordre ; les ondes reparoissent et brillent à l'aspect des cieux.

Après le bouleversement occasionné par la rupture de l'immense coupole terrestre, toutes les ondes, long-temps agitées par les débris qui les frappent et les divisent, remplissent les cavités qu'ils laissèrent entre eux : ici ces eaux forment un océan, partie de l'ancien abyme ; plus loin elles laissent à découvert les masses irrégulières de cette voûte éboulée, continens nouveaux, îles hérissées de rocs, montagnes amoncelées au-dessus de vastes précipices qu'elles menacent de combler en y roulant, lorsqu'elles sont ébranlées par la rotation irrégulière du globe. Cette terre informe qui doit être la demeure des humains ne peut offrir aucune nuance dans les climats ; aucun fleuve ne peut la féconder en roulant sur ses mons-

_____

(1) Système très-obscur de Burnet.

trueuses inégalités : les eaux ne cessant de miner les débris entassés sans ordre, tous s'éboulent et disparoissent sous le redoutable niveau des mers, entraînant avec eux les êtres bizarres dont le Hasard avoit essayé de la peupler.

Le Hasard croyant pouvoir remédier à ce désordre, renouvelle la création de la terre; (1) il ménage au centre du globe un abyme assez vaste pour absorber toutes les eaux superflues qui pourroient recouvrir sa surface; il fait tourner la terre sur son axe, afin qu'elle présente ses hémisphères à l'astre du jour : tout-à-coup les ondes captives dans le centre, recevant de cette rotation une impulsion violente, heurtent et rompent la voûte qui les contenoit; elles s'élancent de leur prison à la surface du globe en éclats; elles s'y répandent avec violence et submergent, avec tous les êtres, ces énormes morceaux des continens rompus et bientôt amoncelés dans l'ancien abyme qu'elles remplissoient.

Dans une autre tentative, le Hasard à suspendu la force de cohésion qui unit entre elles toutes les parties des corps solides; il les délaye dans les eaux du grand abyme; le globe n'est qu'une masse de fluide bourbeux : à sa voix toutes ses parties se rapprochent, s'unissent et se posent les unes sur les autres par couches régulières; les eaux les recouvrent de leur niveau : alors il essaye d'entr'ouvrir cette masse pour y creuser un nouvel abyme qui puisse renfermer l'excédent des ondes et ne laisser que de vastes mers entre les continens (2) : mais ce

---

(1) Système de Woodward.
(2) Système de Whiston.

noyau s'est formé des parties de la matière les plus pesantes et les plus dures; il ne peut plus les séparer sans rompre encore le globe en éclats.

L'Éternel seul a pu pétrir le globe de la terre comme une cire molle; ici creuser le bassin des mers; là faire surgir des montagnes au-dessus des continens, et tracer de son doigt le lit des fleuves qui coulant de leurs points les plus élevés, circulent lentement sur une pente insensible jusques à l'océan qu'ils remplissent sans le combler.

Ainsi, dans les monstrueuses créations du Hasard, tantôt des feux dévorans renfermés au centre de la terre, la consument et la minent; tantôt des ondes glacées la surchargent d'un poids inutile (1) : l'air enfermé mugit dans des cavernes profondes et sans issue : aucune plante, aucun être animé ne pourroit embellir ces masses informes : le Soleil, ou plutôt l'épouvantable amas de scories (2) embrâsées qui le représentent, n'offre à cette terre qu'un disque ténébreux, et l'autre face lance dans l'espace une inutile clarté : les astres roulant sans ordre se choquent, se brisent avec un épouvantable fracas.

Le Hasard renonce alors à la bizarrerie de ses caprices; il s'astreint dans ses travaux à l'ordre le plus rigoureux : toutes les parties qui doivent composer son Univers sont scrupuleusement pesées et mesurées; toutes sont formées sur le même modèle et placées à d'égales distances : mais trop de précision et de régularité rend cette machine céleste immobile; l'excès de sa

----

(1) Système de Buffon.
(2) Système de Delalande.

6

perfection et de l'ordre qui y règne en cause la ruine.

A l'Eternel seul appartient cette prudente intelligence qui saisit entre les deux extrêmes, l'ordre trop régulier et le désordre bizarre, une combinaison de mouvemens capable de produire, animer, maintenir l'Univers; seul il a pu créer les sublimes beautés d'un désordre apparent d'où résultent les plus belles harmonies. Parmi toutes les combinaisons de la matière, il n'en étoit qu'une qui pût produire cet Univers; l'Eternel l'a conçut; il la réalisa; le Hasard ne peut en obtenir que des copies informes; et lors même qu'il approche le plus de son modèle, cette ressemblance apparente ne rend ses ouvrages que plus imparfaits. Ainsi dans les arts comme dans la Nature, rien ne choque plus que les copies ridicules du beau.

Tous les systèmes inventés par l'Athéisme pour disputer à l'Eternel l'honneur de la création, tous ceux que l'orgueil des hommes enfanta pour interpréter les merveilles des mondes et soumettre au niveau de leur foible intelligence les sublimes conceptions du Très-Haut, sont successivement réalisés par le Hasard : ses essais ne produisent jamais qu'un amas de dissonnances et d'horreurs (1). Les forces, les principes mal combinés qui organisent et régissent ses mondes en nécessitent la ruine; ils sont détruits par les causes qui devoient les conserver.

____

(1) Quelqu'extravagans que puissent être les songes d'un malade, un savant les avoit imaginés avant lui. VARRON.

Il n'y a point d'opinion, quelque ridicule qu'elle soit, qui n'ait été défendue par quelque philosophe.
CICÉRO, *de la Divinité*, lib. 2.

Veut-il former des êtres animés pour peupler les mondes ? tous les monstres que l'Imagination en délire se représente, tous les spectres hideux qui obsèdent un esprit égaré par la Fièvre, ceux qui composent le cortége de la Folie, ceux qu'enfante la Peur reçoivent de lui l'existence. L'homme, ou plutôt l'être monstrueux qui doit tenir le premier rang parmi les animaux, réunit toutes leurs facultés, et cette prodigalité de bienfaits en détruit la puissance et l'action ; il est le plus malheureux de tous, par cela seul qu'il est plus favorisé : rien dans la Nature n'est en rapport avec lui : l'énergie de ses sens en empêche l'exercice : ses regards perçans pénètrent le voile enchanteur qui revêt tous les objets animés et recouvre à nos yeux leur structure intérieure qui nous paroîtroit hideuse. L'Eternel seul a pu donner à nos sens le dégré de force nécessaire pour jouir des objets sans en être offensés.

La taille trop élevé de ce prétendu chef-d'œuvre du Hasard, empêche ses mouvemens ; et ni cet homme, ni tous les êtres animés qui devroient jouir de l'intelligence, ne reçoivent ce don précieux de leur insensé créateur : il ne peut leur donner une faculté qu'il n'a pas, que n'a pas la matière. La pensée est essentiellement distincte de cette matière ; elle ne résulte pas de la combinaison de ses parties, de leur mouvement : fille de l'Eternel, ou plutôt sa substance, elle émane de son sein : il put seul en faire aux mortels le don précieux. Le Hasard, auquel il permit d'agiter la matière, n'a aucun empire sur cette pensée ; encore moins peut-il la communiquer aux êtres qu'il a créés : inutilement donne-t-il à la matière le plus grand degré de finesse pour l'amener à la spiritualité, pour attacher à des atomes une ame qui les anime (1), ce fluide, quelque subtil qu'il soit, se réduit toujours à des particules impénétrables qui ne peuvent avoir la pensée (2).

Cependant la folle Espérance sourioit à chacune des tentatives du Hasard; mais inutilement ses regards avides ont-ils cherché dans ces essais un monde plus agréable, son attente a toujours été vaine; et sa sœur, la Mélancolie, trouva quelque soulagement à sa tristesse lorsqu'elle reconnut que de toute les combinaisons de la matière, il n'en est aucune d'où puisse résulter de moindres maux que celle qui constitue l'Univers.

Toutes deux fatiguées de contempler les essais toujours infructueux du Hasard, l'entraînent loin de ce sublime séjour, théâtre de sa honte et du triomphe du Tout-Puissant. Mais si le soin de créer les mondes ou l'incohérence de ses idées rendirent le Hasard insensible aux beautés de ce séjour, elles ont fait une impression ineffaçable sur l'Espérance et la Mélancolie : lorsqu'elles reviennent habiter le globe pour y exercer leur empire sur les cœurs des mortels, elles se plaisent à retracer à leur imagination des images trop vives, quoiqu'imparfaites, du céleste Eden ; elles attirent sans cesse leurs regards avides vers ce divin séjour : elles leur communiquent les sensations du bonheur dont elles y furent pénétrées : l'Espérance occupe déli-

---

(1) Système des matérialistes.
(2) L'électricité, le fluide magnétique n'ont pas la pensée; unissez-les aux produits chimiques les plus subtils, ils n'auront pas encore cette pensée.

cieusement les mortels de l'espoir d'y rentrer : la Mélancolie les fait soupirer plus amèrement dans leur exil terrestre ; ils craignent d'être réduits a n'en jamais sortir ; ou bien cette Déité leur rend désirable la mort qui rompt leurs chaînes et permet à leurs ames de retourner dans le céleste Eden.

Ahrimane errant dans les déserts de l'espace, loin du séjour de l'Eternel dont il n'osoit approcher, y attendoit un autre Univers pour s'en emparer. Long-temps ses yeux ont été fatigués par l'aspect des mondes informes qui sortirent des mains du Hasard ; car même dans ces essais, il ne trouva jamais cette espéce de charme qui résulte, pour un esprit dégradé, de la combinaison d'objets hideux ; il n'y put jouir du spectacle de belles horreurs : enfin il entrevoit le Hasard et son timide cortége fuyant à travers l'espace, entouré d'un nuage de poussière, seul resté de ces mondes que l'Eternel rejette avec leur auteur dans le Néant. La rage et la honte, le désespoir et la terreur agitent Ahrimane : cette tempête qui bouleverse son ame est suivie du calme du découragement et de l'apathie : peu à peu toutes ses passions sont ranimées par l'Orgueil, et les désordres épouvantables que lui ont offert les essais du Hasard lui suggèrent de nouveaux moyens de succés. « Ne pourrois-je, se dit-il, renouveler sur la » terre les bouleversemens qui détruisirent ces » globes éphéméres ? »

Il dit : cette idée ranime dans son cœur la soif de la vengeance et l'espoir de la satisfaire. Il s'agite joyeux et menaçant ; l'expression de son allégresse ébranle les mondes.

L I V R E V.

L'ANGE DE LA LUMIÈRE.

Ahrimane, assuré de son triomphe, s'écrie :
« Que celui qui se dit le Tout-Puissant, que
» le Hasard, son auteur ou son rival, em-
» ployent l'éternité à pétrir et diriger la ma-
» tière ; je ne souillerai pas mes mains pour la
» détruire, je leur en abandonne la possession.
» Que devroit-il y avoir de commun entre eux
» et cette vile matière, s'ils savoient se respec-
» ter ? et que m'importe qu'elle existe, qu'elle
» occupe une partie de l'espace ; le reste n'est-il
» pas assez vaste pour ma domination ? n'ai-je
» point, comme eux, mon temple élevé dans
» l'abyme, au-dessus des empires infernaux
» qu'ils ne peuvent envahir ? c'est la race odieuse
» des mortels, cette race que mon ennemi ché-
» rit le plus, que je dois anéantir ! ce sera dé-
» truire pour lui l'Univers : ses plans n'auront plus
» d'ensemble : il avoit tout fait pour l'homme ;
» sans l'homme, le globe sublunaire et tous
» les êtres qui l'habitent deviennent inutiles :
» les anneaux épars de cette chaîne brisée par
» ma main puissante ne peuvent plus être réunis :
» tous les rapports sont rompus ; toutes les
» harmonies sont détruites ; la création n'a plus
» de but ! Inutilement les astres éclaireront-ils
» la terre ; inutilement la Nature la déco-
» rera-t-elle de fleurs et de verdure, lorsqu'il

» n'y aura plus d'êtres qui jouissent de ses dons,
» de ses beautés. Elle ne sera qu'une immense
» solitude dont l'aspect rappelera sans cesse à
» mon rival la perte de ses favoris. J'aurai
» troublé son éternelle félicité! on fait plus que
» d'assassiner un père en tuant ses enfans! Je
» me promènerai triomphant sur ce globe dé-
» vasté; j'y conduirai mes sujets étonnés de ma
» victoire! Stupide Hasard! parmi les ébauches
» informes de tes mondes, mon esprit a saisi
» des moyens infaillibles de destruction de la
» terre! il appartient à mon génie de réaliser
» tes idées incohérentes!

» Anges de la lumière et des eaux, esclaves
» de l'Eternel, vous serez mes agens! combien
» il me sera doux de voir ceux même qui
» doivent, sous ses lois, embellir et conserver
» la terre, en causer la ruine! combien il me
» sera doux de voir le chaos qu'il ravit à ma
» domination, reproduit par les Génies chargés
» de maintenir l'ordre dans l'Univers! »

Il dit, et d'un vol rapide, s'élance vers le
disque du Soleil. Ce n'est pas sans terreur qu'il
approche de cet astre qu'il croit un océan de
flammes dévorantes. O surprise! à mesure qu'il
s'avance, cet éclat diminue; cette chaleur si
vive perd de sa force : dans son orgueil il pense
que l'Ange de la lumière adoucit son éclat pour
ne point lutter avec lui de splendeur. Il se pose
sur ce disque; son étonnement redouble : il
croyoit avoir à franchir un océan de matières
fondues, bouillonnantes et recouvertes de scories
rouges de feux; il parcourt d'immenses déserts
sur un sol immobile comme celui de la terre (1).

____

(1) Aspect du soleil d'après les observations d'Herschell.

Cet orgueilleux Ahrimane qui croyoit d'un coup-d'œil embrasser l'Univers, ignoroit encore que la lumière, fluide subtil d'une prodigieuse rapidité, répandu dans l'atmosphère, recevoit son mouvement de celui du Soleil qui flotte à sa surface (1), la presse, lui communique cette vive impulsion qui vient aboutir sur tous les corps et réagissant sur eux, frappe les yeux des êtres animés, leur rend les objets visibles. Devenu plus audacieux par l'absence des périls qu'il redoutoit, Ahrimane s'avance vers des masses d'une lumière douce, nuancée de mille couleurs et dont les mouvemens, la combinaison lui présentent des formes riantes, des perspectives enchantées.

Lorsque l'Imagination active fixe ses regards sur les nuages éclairés par les derniers rayons de l'astre du jour, elle y voit de vastes mers de feu, des rives embellies de tout l'éclat de l'aurore, des montagnes dont les cimes élancées au-dessus des nuages s'embrâsent des feux du crépuscule : elle y voit des pyramides d'argent posées sur des bases d'azur, des autels étincelans de l'éclat des métaux et supportés par des globes de rubis, des tours, des temples, des édifices de diamans. Les masses aëriennes prennent à ses regards les formes du lion majestueux, du pesant éléphant et de l'homme lui-même s'avançant, géant hardi, vers les confins de l'horizon : ainsi des flammes étherées, par leurs formes et leurs teintes diverses, composent

---

(1) La lumière et la chaleur ne sont que le résultat d'un mouvement imprimé par la rotation du soleil, à un fluide qui environne la terre. LAMARCK.

le temple du Soleil et ses brillans ornemens : rien n'y prend un corps; ce ne sont que des brillantes illusions.

Ahrimane entre par des portes d'or étincelant sous les portiques embrâsés de ce temple qui réunit le magnifique ensemble des douze maisons célestes, habitées par l'Ange de la lumière dans sa marche annuelle.

Celle qu'Ahrimane parcourt d'abord a les formes élégantes, les couleurs et les charmes de la Nature aux premiers beaux jours du printemps. Les colonnes éthérées semblent être des arbres couronnés d'une verdure brillante : leurs cimes mobiles se courbant en voûtes hardies forment de longs portiques dont les parvis sont parsemés de primevères, de marguerites et de violettes : des nuages légers versent sur elles une pluie dont les filets argentés traversent en traits de feu les vapeurs qui remplissent l'atmosphère. Dans ce séjour habitent le Printemps, l'aimable Iris et les Génies aëriens dont l'invisible mais auguste présence inspire aux ames sensibles une voluptueuse mélancolie dans les bocages solitaires.

Ahrimane dédaigne ces rians objets : il précipite ses pas vers une masse de brouillards légers qui forment des enceintes d'albâtre couronnées par des nuages plus blancs que la neige. Le disque du Soleil roulant sur la cime de ces nuées éblouissantes, en fait couler des torrens de feu. Il se voit entouré par les Génies gais et pétulans qui président aux vendanges : ils dansent légèrement sur les plaines éthérées autour du riant Automne qui leur présente, pour les exciter, des grappes de raisins, des couronnes de pampres entremêlées de fruits. Leur importune gaieté force Ahrimane à pénétrer sous des voûtes silencieuses dont les formes nues et pour ainsi dire immobiles mais imposantes, lui inspirent une froide admiration. Des murs de glaces fumantes et limpides comme le cristal soutiennent de larges ceintres de la même matière : le disque du Soleil paroît, à l'extrémité de ces voûtes, nager dans des masses de vapeurs ; il est obscur comme celui de la lune lorsqu'elle se repose sur l'horizon, avant de s'élancer dans les cieux (1). Bientôt la lumière plus vive donne tour-à-tour à ces murs de glaces la couleur de l'albâtre, de l'azur et du saphir : l'image du Soleil est mille et mille fois répétée par des festons, des guirlandes et des obélisques de cristal épars dans cet édifice : l'atmosphère est remplie de particules brillantes d'une neige légère dont les tourbillons plus condensés forment un voile épais sur lequel son disque trois fois répété semble être les foyers de trois fournaises brillant à travers les flots de fumée qui s'en échappent. L'astre s'abaisse et sur son orbe à demi-caché repose un cône de lumière, monument élevé par l'Aurore sur la tombe instantanée de l'astre du jour.

Dans cette partie du temple habitent les Fantômes gigantesques qui se promènent sur les rives de mers vaporeuses, dans la sombre profondeur de brumes épaisses qui ajoutent au volume, à l'horreur de leurs monstrueuses statures.

L'Aurore boréale remplit cette maison du Soleil de ses merveilleux prestiges (2) : elle y déroule

---

(1) Aspect d'un coucher du Soleil dans le Nord.
(2) Ils sont ici décrits d'après nature.

son écharpe rougeâtre et l'agite au loin jusqu'à l'extrémité de l'horizon, comme pour inviter la terre à contempler ses brillantes perspectives ; bientôt elle la recourbe en ceintre éclatant, surmonté de ténèbres. De cet arc qui repose sur le pôle et s'arrondit dans les cieux jaillissent par intervalle des faisceaux de lumière : il paroît hérissé de jets étincelans ; enfin il s'embrâse et semble un pont de feu jeté sur un fleuve de ténèbres : sur ce pont voltigent des fantômes lumineux ; au-dessous se développe la perspective d'une campagne immense couverte de moissons incendiées.

Ce prestige évanoui, l'Enchanteresse déploie dans les airs des drapeaux ensanglantés sous lesquels se pressent des armées de spectres dont la marche rapide embrâse le firmament. Ces géans de feu se livrent d'horribles combats sur un champ de nuages : ils secouent des torches ardentes ; leurs chevelures éparses se hérissent comme les flammes excitées par les vents ; ils roulent l'un contre l'autre des tonnes de feu ; ils se lancent des massues, des brandons enflammés, des traits étincelans comme la foudre ; puis brandissant dans les airs leurs épées flamboyantes, ils se portent des coups terribles, et leurs troncs mutilés, vomissans des flammes, bondissent sur les flancs des montagnes aëriennes : sur le champ de bataille couvert de leurs énormes cadavres, l'Aurore fait tomber une pluie de feu qui les consume. L'aspect de ces combats aëriens jettera l'épouvante dans le cœur des mortels qui croiront y voir le présage de la ruine des nations : d'autres moins timides et non moins superstitieux, reconnoîtront dans ces fantômes les ombres des sauvages guerriers qui rempliront les contrées hyperboréennes de leurs querelles sanglantes et de leur vaine renommée (1).

Tous les spectres ont disparu, dissipés par les flammes; l'incendie s'apaise, et les météores élèvent à la hâte, sur le théâtre de ces merveilles, le temple de l'Aurore-boréale : sa coupole légère est soutenue par des colonnes d'émeraude et de lapis : ils dressent son élégant pavillon sous les premiers portiques; ils rassemblent devant elle, sur une plaine d'azur, ses nombreux troupeaux plus blancs que la neige éblouissante. La Lune jalouse cherche inutilement à lutter avec cette magicienne d'éclat et de beauté; les météores recouvrent son disque de flots lumineux; il pâlit; elle se hâte de rentrer sous le noir manteau de la Nuit.

Ces édifices aëriens s'évanouissent frappés par les premiers rayons de l'astre du jour; il n'y a plus que de légers météores qui voltigent sur les lieux où le temple étoit construit, et lancent encore quelques feux dans l'espace. Ainsi le magnifique palais d'Armide, élevé par le pouvoir de ses enchantemens, disparoissoit au contact de sa baguette magique.

Ahrimane, en admirant malgré lui ces merveilles, s'étonne d'errer si long-temps inaperçu dans ce temple qu'il avoit cru remplir de la majesté de sa présence : son orgueil en est blessé; le désir de la vengeance apaise son courroux. Il marche vers une partie du palais dont l'architecture plus noble et plus étendue, les couleurs plus vives annoncent la présence de l'Ange

-----

(1) Opinion des peuples du Nord. *Voyez* Ossian.

de la lumière qui en fait le principal ornement. Dès les premiers portiques , des jets
de feu, colonnes étincelantes , surmontées de
pierreries bondissantes sur leurs cimes, jaillissent
à des distances égales du sol formé par les métaux en fusion et parsemé de diamans. Ces
flammes se recourbent en voûte comme les feux
d'une fournaise ; elles se précipitent en cascades
impétueuses à l'entrée du sanctuaire qu'elles
couvrent d'un voile éblouissant ; il dérobe aux
regards le reste du temple et l'Ange qui l'habite : ainsi dans les palais des rois de l'Inde ,
de magnifiques draperies surchargées de pierres
précieuses les soustraient aux yeux du vulgaire.
Sous ces portiques, les éclairs secouent leurs
flambeaux ; les tonnerres bruyans grondent ,
éclatent de toutes parts.

Ahrimane , en entrant sous le péristile du
sanctuaire , pâlit comme le flambeau plongé
dans les rayons du Soleil : sa honte est distraite
par l'espoir de trouver dans celui qui l'habite
un agent capable de seconder ses projets : il
est introduit dans cette enceinte brillante. Des
colonnes d'émeraudes incrustées de topazes soutiennent un dôme de saphir au-dessus d'un trône
du diamant le plus pur : sa splendeur et ses formes
sont relevées par des guirlandes et des festons
de pierreries : sur ce trône est assis l'Ange de
la lumière. Ahrimane chancelle attéré par son
éclat; l'Orgueil le relève, il dit :

« Génie puissant dont les regards animent
» l'Univers, souffriras-tu qu'un agent subalterne
» t'en dispute l'empire ? Tu es le Dieu du feu ,
» le feu est l'ame des mondes ; ses rapides
» effets se propagent en un instant d'un astre
» à l'autre , les remplit de ton active puissance.

» Réuni en masses, il forme ces immenses foyers
» que tu plaças dans le vaste espace pour éclai-
» rer l'Univers dont tu es l'ame et le premier
» ornement. Ces astres que tu tiens suspendus
» dans l'immensité n'ont d'éclat et de mouve-
» ment que celui qu'ils reçoivent de toi : tes
» regards ont allumé les flambeaux célestes qui,
» dans ton absence, répètent ton image aux
» mortels. La Lune ne se lève et parcourt l'ho-
» rizon que pour leur promettre ton retour. La
» Terre te doit son existence (1) ; tes feux unis
» à la matière y forment les métaux et les
» granits, immenses ossemens qui soutiennent
» sa masse prête à se dissoudre par l'action
» des élémens conjurés à sa ruine : moteurs de
» ces élémens, ils les agitent, les réunissent,
» les séparent, organisent les corps ou les dis-
» solvent : comprimés dans la matière, ils aug-
» mentent son volume ; ils y restent immobiles
» jusqu'à ce que, recevant de toi le mouvement,
» ils se dilatent et la consument.

» La plupart des mortels qui l'habitent te
» reconnoissent pour leur Dieu : tes premiers
» regards les voient à genoux sur les mon-
» tagnes, tendant vers toi leurs mains sup-
» pliantes ; ils te conjurent de réchauffer par
» tes regards l'atmosphère glacé qui les enve-
» loppe, de dissiper les ténèbres qui leur ra-
» vissent tout ce qu'ils admiroient : entourés
» de ces ténèbres, ils languissent dans la tristesse
» jusqu'au moment désiré de ton retour : chaque
» matin tu t'élances triomphant de la cime des

____

(1) Système géologique de Laplace, Lavoisier, Fourcroi,
Patrin, etc.

» monts, tu parcours les plaines du ciel, rem-
» plissant l'espace de nouveaux feux, tu illumines
» la terre et rouvres les portes de la vie; tous se
» hâtent de te présenter leur hommage : leur
» gaieté dépend de ta présence; l'ombre d'une
» nue qui recouvre ton disque s'étend sur leur
» ame et l'obscurcit : tu varies sans cesse pour eux
» les riantes perspectives de la terre et des cieux
» décorés de nuages : ils te doivent tout; ils te
» doivent l'Univers.

» Ainsi que ces mortels, tous les êtres animés
» chérissent ta présence; tu allumes en eux
» ces flammes d'amour qui les pénètrent de
» délices. Aussi tous ces êtres t'adorent-ils selon
» leurs facultés : les oiseaux célèbrent à l'envi
» ton lever par des chants mélodieux; ils dé-
» ploient amoureusement leurs ailes pour rece-
» voir tes rayons : les animaux s'étendent sur
» la terre pour présenter tout leur corps à ta
» douce influence; les poissons s'élançant du
» sein des ondes, restent mollement étendus
» à leur surface pour briller de tes feux : chaque
» matin, toutes les fleurs ouvrent leur calice
» pour t'envoyer leur premier parfum; chaque
» brin d'herbe distille une goutte de rosée pour
» orner sa tige de ton image. Les eaux répètent
» sur leur vaste miroir ton disque éblouissant,
» pour briller de ton éclat : tu es l'ame et le
» Dieu de l'Univers.

» Tes regards pénétrant l'océan portent la lu-
» mière et la vie dans ses plus profonds abymes :
» seul tu lui donnes le mouvement : tu es son
» souverain; sans toi ce vaste et sombre océan
» ne seroit qu'une masse immobile.

» Tu remplis de tes beautés l'Univers que tu
» as créé; tu es la cause première, tu es le

» Tout-Puissant, et cependant celui qui se dit
» le conservateur de cet Univers veut t'en dis-
» puter l'empire : une partie des mortels te
» refuse encore ses hommages. C'est à ton
» foyer qu'ils allument leur génie (1) ; les
» ingrats le consacrent à chanter les louanges
» de ton rival ! bientôt aucun d'eux ne se pros-
» ternera devant ton disque étincelant ; ils te
» supposent soumis à ses lois ; ils croient qu'il
» a tracé dans l'espace une route dont tu ne
» peux t'écarter ; comme si, le parcourant à
» ton gré, tu ne pouvois porter sur d'autres
» astres ta bienfaisante influence, comme si
» tu ne pouvois incendier ce globe et les ingrats
» qui désertent tes autels ! Etres orgueilleux,
» quoique foibles comme les éphémères qui se
» jouent dans tes rayons, ils ne te jugent pas
» assez puissant pour les protéger ; ils te pré-
» fèrent l'Eternel : cependant ce rival n'est pour
» eux qu'un être imaginaire ; ils ne peuvent
» s'en faire une idée qu'en lui donnant leurs
» pensées, leurs passions et même leur subs-
» tance : leur Dieu n'est qu'un homme parfait.
» Jouirent-ils jamais de sa présence ? le virent-ils
» jamais ouvrir sa main pour leur distribuer
» ses dons ? et n'es-tu pas pour eux un pro-
» tecteur visible, un père ? Il est temps d'exercer
» ta toute-puissance ! les hommages de ces mor-
» tels ont peu de prix ; mais plus tard l'usur-
» pateur de l'Univers, ennivré par ces louanges
» qui égarent l'ambitieux, voudra t'enchaîner
» dans l'orbite que tu aimes à parcourir. C'est

---

(1) Système absurde de l'Auteur de la *Médecine de
l'esprit.*

» au moment où le tyran des mondes commence
» l'exécution de ses projets que tu dois lui ré-
» sister, si tu ne veux devenir son esclave.

   » Tu pourrois rompre le globe en éclats et
» disperser au loin ses débris dans l'immensité ;
» tu pourrois en retirer tes feux et le changer
» en une masse inerte ; son incendie convient
» mieux à ta gloire ! Que le globe soit réduit
» en cendres ! dis alors à ton rival : « Tu avois des
» milliers d'adorateurs ! où sont-ils ? » Te venger
» de lui sera peu, si tu ne le rends témoin
» des effets de ta vengeance. »

L I V R E　V I.

L'INCENDIE D'UN HÉMISPHÈRE.

Ahrimane employa tour-à-tour la flatterie, la terreur pour égarer l'Ange de la lumière qui résista long-temps aux efforts de sa perfide éloquence ; enfin il allume les feux de la colère dans le cœur de ce ministre du Très-Haut ; l'Ange déployant ses ailes flamboyantes, s'élance avec son cortége d'éclairs et de tonnerres vers le globe terrestre qu'ils vont incendier.

À son approche la Terre chancelle sur son axe ébranlé ; la Lune rougit, prête à se fondre en un torrent de feu ; elle reste immobile, n'osant commencer sa carrière. Les Aquilons anhélans prennent la fuite, abandonnant le ciel à ces vainqueurs qui dispersent, repoussent les nues, les refoulent sur la terre, les sillonnent de leurs traits de feu. Les éclairs se croisent, les tonnerres se répondent d'un pôle à l'autre : le ciel réfléchit l'épouvantable clarté des flammes qui se courbent sous la voûte céleste comme dans une fournaise. Il n'y a plus que de petits nuages noirs qui courent sous la coupole rougeâtre des cieux.

Les abymes murmurent, l'océan mugit ! les mortels au lever de l'astre du jour frémissent en apercevant, au lieu de son disque, des globes de feux amoncelés sur la cime des montagnes fumantes : ils gémissent prosternés sur la terre qui s'agite , s'ébranle sous leurs pieds et semble les repousser de son sein. S'ils osent relever la tête , ils voient les aigles audacieux , errans sous cette immense fournaise , chercher inutilement un nuage dans lequel ils puissent se rafraîchir ; il les voient retomber palpitans , à demi-brûlés sur le sol.

Toutes les nues sont chassées vers l'horizon autour du continent qu'elles ceignent d'un vaste circuit de masses étincelantes : les roulemens sourds et prolongés des tonnerres font retentir ces montagnes aëriennes , sillonnées par des éclairs d'une pâle clarté. Bientôt repoussées par les Autans contre le cortége du vainqueur, ces nuées s'élèvent dans la hauteur des cieux et forment au-dessus de l'hémisphère une voûte rouge de feu : aucun bruit n'indique de quel point partira le choc qui doit la rompre : un calme menaçant joint l'immobilité de la Mort aux symptômes précurseurs de la plus violente fureur des ouragans.

Le coup est frappé par les pas de l'Ange rebelle ; ils impriment à la terre un choc violent, entr'ouvrent son sein, suspendent le cours des fleuves, déracinent et précipitent les rochers dans les abymes. L'atmosphère s'embrâse (1), et n'est plus qu'une masse de flammes dont les épais tourbillons se roulent, se déchirent contre la cime aiguë des rochers qui s'allument comme des fanaux : signes effrayans de l'incendie prêt à dévorer la terre !

Le Vainqueur poursuit sa marche triomphante, et l'océan entier se creuse sous ses pieds :

---

(1) L'air est combustible.

les flammes impétueuses et brillantes se répandent sur les vagues sombres : deux mers
d'eaux et de feux se disputent l'abyme. Toutes
les ondes soulevées contre l'Ange rebelle ne
peuvent l'arrêter : elles frémissent, bouillonnent,
mugissent et fuyent en vapeurs, poursuivies
par les foudres qui les déchirent, les embrâsent.
Inutilement elles se dispersent dans les airs
pour éviter leurs traits, ces traits les atteignent ;
inutilement elles se pressent, se choquent, se
confondent pour éteindre, dans leurs impétueuses circonvolutions, ces foudres dont les
violentes détonnations les dissipent.

Ces ondes fugitives laissent à découvert les
sables de l'abyme parsemés de monceaux d'ossemens des poissons desséchés. L'Ange contemple en souriant ces plaines nouvelles, ces
vallons, ces montagnes conquises : le succès
l'anime : ô terreur ! il s'avance sur le continent !
L'incendie le plus effrayant, le plus rapide s'allume de toutes parts ! ses ailes frappent les montagnes, elles s'évaporent en fumée : d'impétueux tourbillons de flammes roulent en bondissant l'un sur l'autre, s'avancent avec rapidité
sur les plaines, gagnent les collines, pénétrent
sans obstacles dans les plus épaisses forêts, dans
les vallées les plus profondes, ne laissant derrière eux que d'énormes monceaux de cendres
et de charbons embrâsés. En un instant ils
ont parcouru des contrées immenses ; ils s'y
étendent en mers de feu. Une épaisse et noire
fumée borde l'horizon et relève les sublimes
horreurs de l'incendie. Cet océan de flammes
a consumé les mortels avec tous les êtres animés :
ils ont disparu, réduits en cendres, comme
les insectes d'un arbre frappé de la foudre.

L'épouvantable crépitation de la matière incendiée, les détonnations puissantes de la surface du continent, boursouflée, rompue par
les feux, ont rempli l'espace d'un bruit immense :
il avertit du succès Ahrimane qui descend sur
le globe et parcourt triomphant l'hémisphère
en feu ; tout est ardent autour de lui : ces ravages sont trop lents encore ! sa bouche vomit
sur le globe les flammes de l'enfer et les ajoute
aux feux célestes. Ici de son haleine puissante
il attise l'incendie ; là, de ses larges et fortes
ailes, il repousse les flammes qui s'élèvent inutilement dans l'espace, il les replie sur elles-
mêmes, augmente leur violence et les force à
se presser sur la terre pour la fondre, la calciner. Si des chaînes de rochers s'opposent à
leurs progrès, dans sa fureur, oubliant son
orgueil, sa main qui dédaignoit de toucher à
la matière, saisit, ébranle leurs cimes, les arrache
et renverse leurs débris dans les abymes où
le bitume embrâsé bouillonne. Il essaie de
rompre le globe en éclats ! mais si quelques
aspérités se sont affaissées sous sa main, la masse
immuable résiste à ses efforts impuissans : ses
ailes agitées par la colère font bondir autour
de lui des globes embrâsés qui se heurtent, se
brisent et retombent en pluie de feu tout autour
de lui.

Le cortége du Rebelle poursuivant sa marche
triomphante, la terre s'est liquéfiée sous leurs
pas ; des torrens de matière en fusion, parsemés
de flammes roulant sur elles-mêmes, portent
le Vainqueur. Le feu renfermé dans le globe
se dilate ; de violentes secousses ébranlent sa
masse : le sol agité se soulève par ondulations
rapides : la terre a les mouvemens de l'océan.

Les débris du globe rompu par l'explosion des feux souterrains semblent nager à sa surface : la force qui lioit les parties de la matière étant suspendue, la terre n'est plus qu'une mer de cendres rougies que les Autans tantôt dispersent dans les airs, tantôt précipitent dans les flancs entr'ouverts du continent. Leurs tourbillons, en se développant dans l'espace, semblent un instant éteindre l'incendie ; des ténèbres épaisses enveloppent la terre : son sein enfante et vomit mille foudres ; des globes de feu, des flammes en forme de piques, de torches et de brandons y répandent une horrible clarté.

L'Ange de la lumière se voit arrêté dans sa marche triomphante par les tourbillons ténébreux qui l'enveloppent, lui dérobent la vue de ses conquêtes et ternissent sa splendeur. En vain il essaie de les repousser de ses ailes puissantes ; ils retombent sur lui plus impétueux : poursuivi par ces masses de vapeurs, de cendres, il s'élève vers les hautes régions de l'espace afin d'y retrouver son éclat.

O terreur ! ô prodige ! Ahrimane triomphe ! l'une de ces masses auxquelles il imprima le mouvement pour les lancer contre le temple de l'Eternel, à présent comète menaçante, accourt impétueuse, suivie d'un fleuve de feu : elle va frapper et briser la terre en éclats ! Ahrimane tressaille de joie, ses cris annoncent le chaos.... Son espoir est déçu ! impuissante comme la main qui l'a pétrie, elle joint l'horreur de sa présence à l'horreur du désordre et ne l'augmente pas ; mais elle rappelle à l'Ange victorieux le Souverain qu'il offense : il fuit, les Remords plus rapides que lui, l'atteignent : il voudroit se perdre dans l'immensité !

Ahrimane, indigné de sa fuite, s'est enfoncé dans les abymes que les feux ont creusés dans le sein de la terre : il y fomenta long-temps leur ardeur ; il veut qu'ils la consument. Les fluides dilatés tonnent dans ces cavernes profondes : la terre tremble, agitée par les explosions souterraines. D'immenses colonnes de vapeurs s'élèvent de la cime des montagnes, atteignent la voûte des cieux et l'obscurcissent : la surface du continent est éteinte et noire : tous les feux, toutes les flammes se sont concentrées dans son sein qu'ils dévorent.

Ahrimane sort enfin de ces volcans éternels, porté sur une énorme gerbe de feu. Il descend sur le globe, et derrière lui, par la bouche et les flancs entr'ouverts des volcans, se précipitent des torrens d'une matière liquéfiée, transparente, quoiqu'impénétrable, ardente et rapide comme le bronze fondu qui s'échappe de la fournaise : aux tourbillons de cendres et de fumée qui s'élancent en bondissant l'un sur l'autre, et se répandent dans l'atmosphère rempli de ténèbres, se mêlent de hideux fantômes. Il n'y a plus de clarté dans les cieux que celle des nuages arrêtés au-dessus des bouches de ces abymes ; ils réfléchissent le vif éclat du bitume bouillonnant dans leur sein, et paroissent des lacs de sang suspendus dans les airs. Des foudres lancées par une dernière convulsion des volcans le dispersent ; les montagnes restent mornes, silencieuses, paroissant avoir honte de leurs fureurs.

Il n'y a plus de clarté sur la terre que celle des torrens de lave qui roulent sur les pas d'Ahrimane : des masses de rochers paroissent devoir arrêter leurs cours menaçans ; ils les enveloppent, les pénètrent de leurs feux, les soulèvent; leurs masses s'éboulent liquéfiées; ajoutant au volume, à la rapidité des torrens vainqueurs. L'un d'eux a surmonté tous les obstacles : son front élevé semble un immense rempart de métal rouge de feu s'avançant lentement avec une épouvantable majesté, pour conquérir l'hémisphère: il comble les vallons et s'étend, sur le sol bientôt nivelé par ses flots, en un lac de feu recouvert de flammes bleuâtres et crépitantes qui voltigent à sa surface et se déploient en longs voiles rougeâtres sur les vapeurs obscures : ce lac devient la source d'un nouveau fleuve de feu qui descend vers les régions inférieures et les revêt de ses masses embrâsées.

Ce fleuve rencontre-t-il un abyme entr'ouvert par les convulsions du globe, il s'y précipite en cascade étincelante: spectacle sublime qu'Ahrimane lui-même contemple avec admiration ! L'abyme est bientôt comblé, le torrent de laves s'avance vers l'océan : Ahrimane veut le lui faire envahir. Ce rempart ardent, au front toujours également élevé, toujours imprégné des mêmes feux, descend sur le rivage : les vagues se retirent en frémissant ; repoussées par d'autres vagues qui leur succèdent, elles se heurtent contre son flanc embrâsé : une lutte puissante s'engagent entre les deux élémens : un bruit affreux, une épouvantable commotion assourdit, ébranle Ahrimane lui-même et le force à s'écarter du théâtre de ce combat.

Le fleuve de laves s'arrête : tel que l'hydre se dresse et vomit sur le lion qui le combat des flots d'écume empoisonnée, ce torrent s'exhausse, et de sa cime hérissée de débris retombent sur les vagues des roches ardentes qui les déchirent, qu'elles ne peuvent éteindre : bientôt imprégnées de ses feux, elles brillent du même éclat. Et cependant la base du torrent s'étendant sous la mer bouillonnante, se gonfle, se soulève, en avançant toujours sur la plage conquise : elle forme un immense promontoire qui recule les limites de l'océan agité jusques dans ses plus profonds abymes.

Ahrimane est long-temps ravi de l'aspect que lui présentent cette lutte et le continent ravagé par ces volcans : les torrens de matière en fusion qui roulent autour de lui, les cendres rouges de sang qui recouvrent la terre, ce sol mobile hérissé de brandons sur lequel il marche, ces bruits sourds des explosions souterraines qui ébranlent les cavernes dont les voûtes tremblent sous ses pas, tout lui paroît intéressant et sublime; il ne vit rien de semblable aux Enfers! Sa voix toute-puissante y pénètre pour appeler ses agens, leur faire admirer ce spectacle et l'étendue des domaines qu'il a conquis sur la Nature. Déjà tous se sont empressés autour de leur chef; il leur fait parcourir ces plaines de feu; il leur montre les montagnes encore fumantes et la terre à demi-brûlée toute couverte de cendres et de débris; il marche à leur tête sur ces amas de roches rougies, entre des précipices où les laves bouillonnent; il leur montre les lacs, les torrens de matières embrasées.

« Contemplez, s'écrie-t-il, ces éternels mo-
» numens de ma gloire, ces monts altiers qui
» domineront le globe et vomiront sur lui des
» torrens de feu! ce sont ces torches infernales
» qui allumèrent l'incendie.» (Il les secoue dans
son alégresse; la Nature frémit redoutant une

explosion nouvelle). « Ces feux dévoreront la
» terre. Vos regards ont-ils pénétré dans les
» flancs de ces gouffres embrâsés? contemplez
» de plus vastes conquêtes! combien elles me
» sont chères! un agent de mon ennemi, l'Ange
» de la lumière, révolté par moi contre son
» souverain, les a faites pour moi.

» Voyez ces vastes plaines parsemées de
» roches noires, accumulées sans ordre les unes
» sur les autres, images du chaos! promenez
» vos regards sur ces immenses déserts. Jamais,
» quelque soit le nombre des siècles qui s'écou-
» leront depuis ce jour de mon triomphe, la
» Nature n'y pourra rétablir son empire. »

Il dit: quelques-uns des Génies infernaux lui
applaudissent; d'autres murmurent et lui reprochent de leur dérober une proie qu'il leur
avoit promise.

« Non! non! s'écrie-t-il, toute cette terre
» n'est point éternellement soustraite à vos fu-
» reurs; la stupide Nature y répandra ses pré-
» caires bienfaits, et des peuples échappés à la
» tyrannie de leurs frères, viendront s'y réfu-
» gier; ils s'y revêtiront de mes sombres livrées:
» Famine, je les destine dans ma férocité pré-
» voyante à devenir ta proie; je les destine à
» subir éternellement le joug des autres nations
» plus intelligentes qu'eux pour le crime! C'est-
» là, dur Esclavage, que tu viendras faire tes
» innombrables recrues; et vous insatiable Ava-
» rice, ardente Volupté plus avide encore, vous
» porterez des mères délirantes, des pères à
» vendre leurs propres enfans; de nombreux
» troupeaux de mortels, rassemblés par vous
» dans ces déserts, convertis en bêtes de somme,
» iront engraisser de leur sueur, de leur sang, de

» leurs cadavres des contrées fertiles en poisons
» qui se répandront sur toute la terre, et des
» nations insensées se feront une guerre atroce,
» éternelle pour se les arracher. »

La Guerre, l'Esclavage, la Famine et l'Avarice qui avoient murmuré, sourient en entendant cette prédiction terrible. Ahrimane et son cortége s'éloignent pour aller sur un autre hémisphère contempler d'autres horreurs.

LIVRE VII.

L'ANGE DES TEMPÊTES.

AU milieu des vastes contrées de l'hémisphère occidental sont des lacs, immenses océans épars au milieu du continent; séjour préféré de l'Ange des eaux et des Tempêtes. Deux Génies envoyés par Ahrimane pour l'égarer et le faire concourir à la perte des mortels s'arrêtent sur leurs bords : l'un est la perfide Séduction; une douceur insinuante respire dans les traits de cette enchanteresse; elle réunit des formes célestes aux appas d'une femme; de cet heureux mélange naissent ses irrésistibles et dangereux attraits !

Elle a pour compagne l'Imagination non moins puissante; son corps aërien prend toutes les formes; son visage mobile exprime tous les sentimens; ses yeux de feu saisissent tout ce qui se passe dans tous les temps, dans tous les lieux : les siècles accumulés sur les siècles sont devant elle comme un point dans l'éternité : son esprit est une vaste toile sur laquelle sont représentés tous les êtres et leurs innombrables combinaisons. Aucune puissance ne peut lui imposer des chaînes; elle embrasse tout et rien ne peut la contenir : ses ailes rapides la transportent à son gré dans l'espace, et franchissant toutes les limites, elle précipite son vol dans les incommensurables empires de l'immensité. L'Univers est son domaine, elle en dispose et le change à son gré : pétrissant la matière, tantôt elle la subdivise et croit reconnoître dans ses atomes le principe du mouvement et de la pensée ; tantôt elle l'accumule et forme les astres. Elle ravit à l'Éternel le sceptre du monde pour le donner à la matière : tout-à-coup elle détruit cette matière, elle supprime tout ce qui est, elle anéantit l'Éternel, et ne voit plus qu'elle seule ; elle a rêvé l'Univers.

Toujours inquiète, toujours active, toujours féconde, ne pouvant vivre sans créer, cet Univers lui sert de modèle pour former des mondes dont elle écarte toutes les imperfections, qu'elle enrichit de toutes les beautés ; vastes empires, séjours du Bonheur où s'élèvent des palais d'or et de diamans, peuplés de Sylphes, de Gnomes, de Fées toutes-puissantes et d'êtres aériens qui s'enivrent d'une céleste volupté ; mondes imaginaires où tout est perfection et cause de plaisir, et dont la peinture rend odieux aux mortels qu'elle séduit ce monde où tout leur paroît imperfection et cause de douleur. Souveraine de l'imagination de tous les humains, elle conduit les peuples au gré de ses caprices et trop souvent les précipite dans un abyme de maux en leur promettant le bonheur ; elle leur fait mépriser des biens présens et réels pour avoir dans l'avenir, et pour leurs postérités, une gloire inutile, une perfection idéale : les mortels, toujours séduits et toujours trompés par elle, arriveront tous à la tombe après n'avoir joui que d'espérances ou de souvenirs.

Depuis l'instant où l'Imagination vit Ahrimane dans le séjour du Hasard, elle est éprise de ses effrayantes beautés : pour elle, l'Ordre aux formes régulières, la Nature n'ont plus de charmes. Cet

être qui réunit les contrastes les plus heurtés,
est maintenant seul présent à ses yeux ; elle l'admire ; elle tressaillit de joie lorsqu'il fit implorer
son secours par l'un de ses agens : ô honte ! elle
se voue à le servir ! Ahrimane qui connoît sa
toute-puissance, l'envoya près de l'Ange des
Tempêtes et des eaux pour le faire concourir à
la ruine de la terre.

L'Ange des Tempêtes, charmé par les grâces
et la douceur de ces messagers d'Ahrimane, leur
sourit ; ce signe d'admiration et de bienveillance
leur promet le succès.

« Génie puissant ! dit la Séduction éloquente,
» tu es le père et l'architecte du globe sublu-
» naire ; c'est à toi que l'Ange qui conduit l'astre
» du jour et celui qui se dit le conservateur de
» l'Univers y doivent l'exercice de leur puissance.
» Avant que tu eusses resserré les limites de ton
» empire, avant que tes ondes, qui jadis enve-
» loppoient toute la terre, eussent laissé à dé-
» couvert les portions les plus élevées du globe,
» étoit-il d'autres êtres que les ondes et les mer-
» veilles qu'elles nourrissent qui fussent embellis
» des rayons du Soleil, ou l'objet de la vigilance
» de celui qui se dit le Créateur ? Les dépouilles
» de tes innombrables sujets, les parcelles des
» rochers dissoutes et réunies par les eaux en
» masses régulières couvrirent ce noyau de
» couches épaisses qui, s'élevant peu à peu dans
» la marche des siècles, revêtirent les flancs des
» montagnes et formèrent des continens. Tu as
» semé sur ces plaines nouvelles les végétaux
» qui fleurissoient au fond des mers, et de leurs
» débris lentement accumulés tu formas cette
» enveloppe légère qui sert de lit et de tombeau
» aux êtres animés sortis de ton sein : tous sont

» produits par tes eaux, tous en tirent leur
» substance : tous ont pris des formes nouvelles
» pour leur nouveau séjour (1).

» Lorsqu'après une suite innombrable de
» siècles tu auras tari les sources de tes ondes
» converties en matière solide, tu transféreras
« dans un astre nouveau ta cour et ton empire :
» tu y porteras la vie, le Bonheur et la Beauté.
» Alors périront tous ces êtres dont l'Eternel se
» dit le souverain et dont tu es seul le père :
» ce globe ne sera plus qu'un vaste désert hérissé
» de rocs nus, informes et bientôt réduits en
» poussière ; il réfléchira dans l'espace une inutile
» clarté, comme le triste flambeau de la nuit
» que jadis tu embellissais de ta présence, et
» qui, maintenant abandonnée par toi, n'est
» plus qu'une masse desséchée aux formes dures
» et bizarres (2), esclave de la Terre qui l'en-
» traîne à sa suite.

» A présent tes domaines s'étendent encore sur
» la plus grande partie de ce globe que tu pour-
» rois innonder ou dissoudre : tu es le père de
» la Nature ; elle n'est riche que de tes bienfaits :
» tu as la toute-puissance ; souffriras-tu plus
» long-temps que des Génies qui devroient être
» tes esclaves t'en disputent l'empire ? Non ! et
» puisqu'ils osent t'offenser, reprends tes droits !
» recouvres de tes ondes ces plaines que tu leur
» avois abandonnées : ce sera pour toi seul que
» l'astre du jour fournira sa carrière ; ce sera
» de toi seul que pourront s'occuper la Nature
» et l'Eternel. La Nature, cette fille préférée
« qu'il enrichit de tes domaines, qu'il décore

---

(1) Système de Maillet.
(2) Opinions de quelques astronomes sur la Lune.

» de tes dépouilles, rentrera sous tes lois; elle
» ne travaillera plus que pour toi; tu parcoureras
» encore en souverain toute la surface du globe
» revêtu de tes ondes! Ne laisse à découvert,
» comme dans le premier âge du monde, que
» quelques rochers arides, monumens indestruc-
» tibles de tes conquêtes. Les célestes Intelli-
» gences, tes compagnes et tes rivales, ne pour-
» ront plus admirer sur le globe que les prodiges
» de tes mers fourmillant de merveilles, ou les
» sublimes horreurs de l'océan en courroux,
» s'élançant dans les cieux et remplissant l'espace
» de sa clarté, du bruit de ses mugissemens.

» Tu hésites! apprends les forfaits de tes en-
» nemis! entends l'un de ces ingrats audacieux
» qui ose te dire : « Tu ne franchiras pas ces
» limites! » toi qui ne connois de bornes que
» celles de l'espace! Vois l'autre, plus coupable
» encore, porter l'incendie dans tes états! Rap-
» pelle à ta cour les Génies inférieurs qui con-
» duisent d'une rive à l'autre tes troupeaux de
» merveilles animées; ils ne répondront pas à
» ta voix! et comment le pourroient-ils? sur
» l'autre hémisphère le sein de l'océan est des-
» séché, dévoré par le feu. J'ai vu le mons-
» trueux Léviathan et ses émules en force, en
» beauté, anhélans sur le sable brûlant que
» couvroient naguères tes ondes: j'ai vu ces ondes
» dissipées en vapeurs, fuir dans les airs, pour-
» suivies par les flammes qui avoient dévoré
» tous tes sujets : j'ai vu les Génies des ondes
» furieux rompre les voûtes épaisses des ca-
» vernes dans lesquelles ils s'étoient cachés pour
» se soustraire au feu ruisselant à la surface
» de la terre : ils invoquoient en vain leur sou-
» verain absent et dédaigné. Ils laissèrent à nu

» de vastes plages parsemées de monceaux de
» cendres, de plantes brûlées, de poissons et
» de coquillages calcinés ; éternels monumens
» des excès de l'usurpateur. Des torrens de ma-
» tière vitrifiée roulent à présent dans le lit de
» tes fleuves ! un océan de matière en fusion
» remplit le bassin de tes mers. Il est temps
» d'arrêter ces usurpations ! encore quelques mo-
» mens et le conquérant, ivre de succès, ne
» respectera pas ton asile, ni toi-même ! Sors de
» ton séjour et vois, à l'horizon, la cime des
» vagues s'allumer aux feux de l'incendie qui
» s'approche ! »

Elle lui dit : l'Imagination met sous ses yeux
l'horrible tableau de la conflagration du continent ; et les deux envoyées d'Ahrimane s'éloignent avec précipitation, comme si ce séjour ne
lui paroissoit pas un asile assuré. Ces paroles,
ces peintures allument dans le cœur du souverain
des ondes le désir ardent de la vengeance.

Le seul mouvement de la colère de l'Ange des
Tempêtes excite les Ouragans ; ils s'élancent de
leurs cavernes, et les nuages poussés de tous les
points de l'horizon se pressent, s'amoncellent
en se croisant l'un sur l'autre ; ils enveloppent
la terre d'épaisses ténèbres : les Vents furieux
font plier et rompre les arbres dont les cimes
recourbées avec violence, froissées l'une contre
l'autre, produisent des sons aigus : mêlés au sifflement de l'air qui se déchire contre les rochers,
au choc des torrens de pluie tombans à flots
précipités, ces bruits frappent d'épouvante les
mortels tremblans dans leurs retraites.

Les Ouragans calmés par cette première explosion de fureur, retournent auprès de leur souverain : quelques rayons du Soleil s'élancent du

couchant; ils éclairent la cime des monts : les Autans replient le voile ténébreux dont l'atmosphère étoit enveloppée; il laisse admirer la coupole des cieux. Le Soleil change en pluie d'or l'eau qui file encore dans les airs ; l'élégante Iris déploie son écharpe brillante sur le sombre rideau de nuages qui borde l'horizon, signe du calme de l'atmosphère. La Nature a repris sa robe du printemps : les mortels respirent la volupté avec un air plus frais, chargé du parfum des fleurs : ils rendent grâces à l'Éternel de ce qu'il éloigne les Tempêtes, et leur reconnoissance est d'autant plus vive, qu'ils en contemplent avec plus d'effroi les ravages. Le calme est rétabli sur la terre; les mortels reprennent leurs jeux : bonheur passager! calme perfide !

LIVRE VIII.

LE DÉLUGE.

DEPUIS plusieurs jours, au lever du Soleil, des vapeurs entouroient son disque d'une au-.éole rougeâtre ; chaque soir trois cercles obscurs se formoient autour de la Lune : les étoiles perdoient tout-à-coup leur éclat ; des éclairs s'élançoient, sans orage, des quatre points du ciel (1). Au milieu du calme profond de l'océan, ses rives retentissoient au loin, et les ondes laissoient échapper des bruits éclatans : ici elles frémissoient en bouillonnant ; plus loin elles se couvroient de taches obscures, image d'un ciel nébuleux : les forêts mugissoient dans le calme de l'atmosphére ; un léger frémissement agitoit leurs cimes : un sombre murmure rouloit lentement dans le sein des montagnes : de grands fantômes blancs et vaporeux erroient sur les fleuves, les lacs, les humides prairies ; présages sinistres, mais inconnus aux mortels, du péril qui les menace : tout entiers aux plaisirs, ils ne font pas attention à ces prodiges : jusqu'alors toujours protégés par la Nature, ils n'imaginent pas qu'elle puisse les abandonner.

Tout-à-coup des secousses violentes ébranlent

_____

(1) Phénomènes qui précèdent les ouragans.

la terre ; les masses invisibles de l'atmosphère condensées, précipitées par les Tempêtes, la heurtent, bouleversent toutes ses harmonies, détruisent toutes ses beautés. Les cris des animaux effrayés qui courent çà et là sans se fixer dans un asile ; ceux des oiseaux qui fuient de la terre et tournent en se perdant dans les airs au sein de tourbillons épais de poussière et de débris, frappent ces mortels de terreur. Ils voient avec effroi les habitans des forêts chercher une retraite dans les antres des rochers et s'en échapper aussitôt pour regagner les plaines ; les oiseaux aquatiques tantôt courir en battant des ailes pour se jeter sur les ondes qu'ils traversent avec rapidité, tantôt revenir en criant vers le rivage et se blottir sous les touffes des arbustes qui le bordent ; les poissons effrayés par l'agitation intérieure des ondes s'élancer hors de leur sein. Chacun des êtres animés croit trouver un asile plus sûr dans les lieux où il n'est pas, et la Terreur déplaçant ainsi tous les objets, la Nature n'offre qu'un affreux désordre. Tous les animaux ont disparu ; l'homme reste seul, tremblant, exposé aux coups qui vont le frapper.

A la voix de l'Ange irrité, les Tempêtes frappent de leurs ailes les plaines mobiles de l'océan bouleversé par leur choc impétueux : la mer n'est qu'un vaste bassin d'écumes bouillonnantes ; les vagues heurtent les nues qui se traînent sur elles ; dispersées par les Vents, elles retombent en torrens sur les campagnes : ces vagues soulevées l'une par l'autre, franchissant leurs limites, se précipitent sur le continent, entrent dans le lit des fleuves, les forcent à se déborder avec elles, entraînent le sable, les coquillages et toutes les productions marines qu'elles déposent au loin sur les plaines, où les mortels étonnés les retrouvent encore.

Les nuées, repoussées par tous les Vents déchaînés à-la-fois, se croisent, se pressent en s'obscurcissant et se traînent lentement sans prendre une direction certaine : leurs masses noires embrassent au loin la coupole celeste; leurs fronts redoutables s'avancent en étendant sur toute la terre un voile sombre, entrecoupé de larges franges blanchâtres : présage affreux! Les Ténèbres enveloppent la terre : si quelquefois l'Aquilon les sépare et permet au Soleil de lancer des traits d'une lumière pâle et fugitive, cette lueur funèbre contrastant avec l'épaisse obscurité de l'air, redouble l'horreur de ces effrayantes scènes.

Enfin les nues amoncelées, surchargées crèvent; leur voûte obscure tombe en torrens de pluie dont les lames épaisses et pressées traversent l'atmosphère, joignent la terre et l'océan aux cieux : l'espace est rempli par les eaux.

Ahrimane, le terrible Ahrimane plane dans les airs : ses fortes ailes rassemblent, poussent de nouvelles nuées sur la terre; son bras précipite les Tempêtes; son haleine ajoute à la vigueur des Ouragans; il mêle ses cris de rage à leurs rugissemens, et la Nature épouvantée de cette voix inconnue, menaçante, frémit! Il s'élance sur les plaines de l'océan, les foule de ses pieds et les fait élever autour de lui en montagnes que ses bras, son souffle, ses ailes repoussent sur le continent. Ses gestes, ses exclamations provoquent, excitent les Génies rebelles; il leur montre les régions qu'ils n'ont pas encore conquises!

Il s'enfonce dans les entrailles de la terre ;
sous les voûtes sombres qui recouvrent des lacs
immenses dont la surface paisible n'a jamais été
ridée par les Zéphirs ; il parcourt à la hâte ces
longues et tortueuses arcades sous lesquelles
circulent lentement les eaux qui alimentent les
fleuves ; il éveille les Génies des ondes. « Eh
» quoi ! s'écrie-t-il, vous reposez paisiblement
» dans vos grottes profondes, et votre souverain,
» attaqué jusques dans son palais, lutte avec
» peine contre l'Ange du feu qui veut le con-
» sumer ! n'entendez-vous pas ses cris de déses-
» poir et les mugissemens des Tempêtes qui le
» défendent en vain ? n'entendez-vous pas reten-
» tir au-dessus de vos paisibles retraites le roule-
» ment des montagnes d'eau qu'il oppose à ces
» feux ? Tous les Fleuves, tous les Torrens,
» tous jusqu'aux foibles Ruisseaux combattent
» pour lui, et vous seuls, ô honte ! vous seuls
» l'abandonnez dans ce péril !

» Le danger qui le menace ne peut-il vous
» émouvoir ? vous croyez-vous en sûreté dans
» vos retraites ? tremblez ! » Sa main entr'ouvre
les parois de leurs grottes. « Voyez à travers
» les fentes de ces rochers, voyez les torrens
» de feu qui ont pénétré le sein de la terre et
» la dévorent ! voyez ces masses de matière en
» fusion bouillonnantes dans les abymes ! res-
» pirez l'haleine embrâsée de ces Génies de
» feu ! Ils vont calciner ces murs qui vous sé-
» parent ; ils vont se précipiter dans ces bassins
» où vous reposez paisiblement ! Les voilà !
» les voilà ! » Sa bouche vomit sur eux des
flammes ; ils fuient épouvantés en poussant devant eux leurs ondes. Ahrimane les chasse tous de
leurs retraites ; il donne à leurs eaux une violente

impulsion, et pour les élancer plus impétueuses il ébranle, renverse les montagnes qui les couvroient, en fait retomber les masses dans l'océan pour le combler et le faire refluer tout entier sur la terre. Toutes les sources des fleuves, toutes les rivières, tous les ruisseaux, toutes les cascades, toutes les cavernes, toutes les fentes de rochers, vomissent des torrens dont les masses viennent se heurter contre celles des mers et se refoulent sur le continent : ces vagues nouvelles se mêlent avec un épouvantable mugissement aux vagues débordées; elles s'agitent, se roulent, se séparent; des flocons d'écume blanchissante indiquent le point de leur choc ou de leur union.

L'hémisphère n'est qu'un vaste océan hérissé de roches, cimes des montagnes submergées : mais avant que les eaux aient baigné leurs bases, avant qu'elles aient enveloppé leurs masses, avant qu'elles aient dépassé leurs cimes, combien de mortels ont péri dans les régions qu'elles dominoient! Ahrimane triomphe! son cœur féroce contemple ce vaste théâtre tout entier recouvert de nations submergées.

Des mortels échappés à l'inondation ont atteint le sommet des monts les plus élevés : les cimes des arbres, les pics des rochers sont couverts de ces infortunés; ils regardent autour d'eux, ils ne voient que ténèbres; aucun trait de lumière ne perce cette obscurité profonde : la foudre éclate et ses éclairs mille fois répétés par les vagues font briller à leurs yeux un océan sans limites. A genoux sur les rochers, ils étendent vers le Ciel des mains suppliantes; ils s'écrient : « Sauvez-nous! sauvez-nous! » Les Vents promènent ces clameurs de montagnes en montagnes , les dispersent dans les airs , les reportent aux oreilles de ceux qui les ont proférées : hélas ! leurs priéres n'ont pu pénétrer jusqu'au trône de l'Eternel ; il faut mourir ! Leurs tristes regards retombent sur cet océan qui va les engloutir : les rochers semblent s'affaisser sous les eaux ; il n'y a plus que leurs pics altiers auxquels ils se tiennent qui s'élèvent au-dessus du niveau des mers : ils y adhèrent, immobiles, stupéfaits , dans l'attente de la mort.

L'océan les entoure ! ses vagues viennent les frapper jusques sur ces alpes altières : les ondes ceignent la moitié de leurs corps , baignent l'enfant sur le sein de sa mére qui, les bras étendus , l'élève au-dessus de sa tête, soutenue par son époux , espérant en vain que les eaux pourront cesser de s'exhausser ; mais les eaux toujours croissantes dépassent leurs têtes, les ébranlent, les soulèvent, les entraînent dans l'abyme où des peuples entiers sont engloutis.

Quelques-uns osent se jeter à la nage sur cet océan sans rivage ; ils s'attachent à des arbres, à des débris ; frêles appuis ! entraînés par les courans avec la rapidité de l'éclair, les infortunés disparoissent submergés. D'autres se sont réfugiés avec leurs familles sur des monceaux d'arbres assemblés à la hâte ; les torrens les promenérent long-temps à travers les morts et les mourans ; ils les heurtent enfin contre les rochers, et tous sont renversés sous les flots.

Plus loin des avis inutilement et mille fois réitérés, des cris lugubres, de sombres clameurs fatiguent les échos : ce sont ceux d'une multitude d'hommes qui, réunis l'un à l'autre par des liens de branchages , nagent en s'aidant entre eux , et s'appuyant de tous les corps flottans à l'entour : souvent une partie disparoît sous les eaux, et leurs amis redoublent d'efforts pour les en retirer : beaucoup, moins robustes, ont cessé de vivre ; cette chaîne d'êtres vivans est entremêlée de morts : des courans chargés de cadavres, de débris la frappent, la rompent, la dispersent et brisent ces infortunés contre les roches qu'ils vouloient atteindre.

Les oiseaux battus par la tempête se reposèrent sur les cèdres des montagnes ; chassés par les eaux, ils s'élancent dans le vague des airs qu'ils frappent long-temps de leurs ailes en planant sur l'immensité d'un océan sans îles, sans rivages ; ils retombent épuisés sur les cadavres et les débris dont cet hémisphère liquide est recouvert. Enfin la masse des eaux enveloppe toute la terre comme un vêtement : alors la fureur des torrens s'apaise ; les ondes qui dans leurs plus violentes convulsions ne tendent qu'au repos, s'applanissent : leur souverain parcourt en triomphe ces mers illimitées ; il se hâte d'imprimer sur le globe les preuves éternelles de sa conquête.

Les courans qui traversent en tous sens son nouvel empire transportent d'une région à l'autre leurs productions mutuelles : ils déposent d'énormes monceaux de cadavres d'hommes et d'animaux; ils en forment ces monts qui s'élevant aujourd'hui du milieu des îles et des continens découverts par les eaux y sont les catacombes de la Nature ensevelie sous les ondes (1). Ici la mer est comblée des ruines des

____

(1) Dans l'île de Cythère (Cérigo), sous le roc de Gibraltar, etc. Voyez Spallanzani.

montagnes, écueils redoutables contre lesquels mugissent les vagues furieuses; ailleurs leurs énormes débris roulés par l'impétuosité des courans au milieu des plaines, y surprennent encore l'admiration des mortels qui, ne les voyant pas adhérer au sol, n'imaginent pas quelle force a pu les y porter: ils y sont les monumens silencieux, mais irrécusables, de la submersion du continent.

LIVRE IX.

L'ARCHE.

Soit qu'il fût inspiré par l'une de ces Intelligences qui veillent particulièrement au bonheur de chaque mortel, soit qu'il eût interprêté les nombreux présages de la prochaine submersion du globe, Noé s'occupa des moyens de s'y soustraire : secondé par ses enfans, il construisit une cabane flottante, assez vaste pour contenir sa famille et les fruits nécessaires à sa subsistance. Les plus robustes d'entre eux arrachoient des branches d'arbres qu'ils unissoient avec des liens d'écorce ; ses filles tressoient avec les roseaux des nattes recouvertes de résine pour les rendre imperméables ; attachées sur les branches, ces nattes formoient des ais solides quoique légers : Noé les assembloit d'après le plan tracé par son génie; il soutenoit et divisoit ce vaste édifice avec des faisceaux et des arcs de branchages, premiers modèles d'une architecture élégante et légere.

Au milieu de l'océan qui recouvroit l'hémisphère, il n'y avoit plus que la montagne sur laquelle ils s'étoient réfugiés qui s'élevât, couronnée de verdure, comme une île riante au milieu des mers : Noé avoit vu dans les contrées inferieures des torrens renverser les forêts, entraîner les animaux et les malheureux mortels;

ce spectacle déchirant l'avoit épouvanté. « Tous
» ces êtres qui nous entourent périront-ils ?
» ces arbres, ces arbustes, ces fleurs seront-ils
» engloutis ? quel aspect offrira la terre lorsque
» les ondes rentreront dans leur lit ? nous n'y
» trouverons plus d'amis : en vain aurai-je sauvé
» ma famille, il faudra mourir ! » Ses enfans
partagent ses inquiétudes ; ses filles pleurent sur
les animaux réunis autour d'elles. Noé donne
d'assez vastes dimensions à son Arche pour
contenir tout ce qui l'intéresse. Ses enfans
enlèvent avec précaution les plantes les plus
belles ou les plus utiles ; ils les placent au fond
de leur nacelle, ou les suspendent dans des
corbeilles à la voûte et tout autour de ses parois.
Ainsi l'on vit des navigateurs, amans de Flore,
ramener des contrées lointaines leurs navires
tout entiers chargés de ses dons et semblables
à des bosquets flottans sur les mers. Ces fleurs
penchèrent quelque temps décolorées sur leurs
tiges flétries ; ranimées par la Nature qui sur-
veilloit, invisible, le dépôt de ses trésors, elles
reprirent leur éclat et répandirent bientôt dans
l'Arche un parfum délicieux.

Le premier navigateur ouvre cet asile aux
animaux qui se pressent autour de lui : tous
accoutumés à la voix des mortels dont la langue
primitive étoit composée de sons imitatifs de
tous les bruits de la Nature, tous y entrent
après lui : plusieurs, conduits par cet instinct
qui leur fait pressentir les grandes catastrophes,
s'y étoient déjà réfugiés. Le premier oiseau qui
voltigea sous sa voûte légère fut le rouge-gorge
qui depuis vient frapper aux vitraux de la cabane
hospitalière du laboureur pour y passer la saison
rigoureuse des frimats : le toit fut bientôt cou-

vert d'autres oiseaux dont le riche plumage le disputoit en éclat aux insectes attachés à ses parois : les arbustes furent chargés de papillons, d'impatiens colibris, pierreries vivantes dont le bourdonnement se confondoit avec celui des abeilles qui voltigeoient à l'entrée de cette ruche nouvelle. Si la Nature, daignant entrer dans les temples que lui élèvent l'Étude et les Arts, y ranimoit de son souffle les tristes dépouilles, froides caricatures de ses aimables enfans, on les verroit quitter l'immobilité dans laquelle ils attendent une entière destruction, et donner une vivante image de l'Arche et de ses merveilles.

La montagne qui soutenoit ce précieux dépôt des trésors de la Nature disparoît enfin sous les eaux; elles atteignent l'Arche, la soulèvent, la balancent; ses habitans palpitent de crainte; elles livrent à l'océan cet abrégé de la terre : ils tressaillent d'épouvante lorsque les vagues impétueuses et chargées de débris viennent la heurter, lorsque les vents la poussent contre des roches : sa force est dans sa foiblesse; elle cède sans résistance et flotte au gré des Aquilons qui la promènent sur des mers sans limites. L'Espérance présente à ces mortels, tranquilles sur leur sort, un heureux avenir; ils goûtent les charmes de leur situation, écoutent le concert des oiseaux, caressent les animaux qui se jouent ou reposent à leurs côtés; ils admirent les insectes brillans qui se promènent familièrement sur eux; ils consacrent tous leurs instans au plaisir de leur distribuer des alimens.

Jouissant ainsi de toutes les merveilles de la Nature et des douceurs de la Paix, ils auroient oublié, dans une joyeuse insouciance, qu'ils voguoient au milieu des cadavres du reste des humains, si les cris aigus de quelques infortunés suspendus aux parois extérieurs de l'Arche n'eussent troublé leur repos : tant aisément l'homme oublie, dans le bonheur, les dangers qu'il a courus, et plus facilement encore le malheur de ses semblables ! Ces cris déchirent leurs cœurs sensibles : soumis aux ordres rigoureux de Noé qui leur a défendu de recevoir aucun être vivant dans la nacelle déjà surchargée, ils répriment les premiers mouvemens de leur compassion ; mais lorsque les ténèbres de la nuit, le sifflement des Vents, le roulis de cette frêle machine, ou les coups de tonnerre les effrayent encore, Noé leur distribue et prend lui-même, avec le jus de la treille, une portion d'insouciance et de gaieté : les accens mélodieux du rossignol qui fait éclater sa voix touchante dans le silence de la nuit, le doux concert des oiseaux qui, réveillés par la lueur d'une branche de mélèze embrâsée, gazouillent mollement la tête demi-cachée sous leurs ailes, livrent le vieillard au doux assoupissement d'un sommeil léger suspendu par l'inquiète Vigilance : ses enfans s'empressent alors de tendre une main secourable à ces infortunés. Guidés par ceux qui les ont retirés des eaux, ils se jettent aux genoux du premier navigateur qui, dans son demi-réveil, les prend pour ses enfans et leur donne sa bénédiction du soir : ce baiser est une adoption qu'il ne pourra plus révoquer.

Cependant Ahrimane est sorti des entrailles de la terre dont il a poussé toutes les eaux sur le continent ; il plane dans les airs pour jouir du spectacle de sa submersion et de celui de cet océan parsemé de cadavres. Les Vents ont dissipé les vapeurs : ô rage ! il aperçoit cette frêle barque qui lui dérobe les restes de ces mortels odieux ! il les croyoit tous détruits ! elle flotte paisiblement aux rayons argentés de la Lune sur l'immense miroir des ondes ; le calme majestueux de l'air n'est interrompu que par les acceus plus sonores du rossignol ou des bergères qui luttent avec lui. Ahrimane pousse un cri de fureur ! « Voilà ! voilà, » s'écrie-t-il aux Tempêtes, les restes de nos » ennemis, de ces prétendus souverains de la » terre ! vont-ils donc la repeupler encore ? » n'entendez-vous pas leurs voix ? ils osent nous » braver ! Tempêtes, Ouragans, ne pouvez-vous » les anéantir ? » Il dit, et tous se précipitant de la cime des monts, réunissent leurs efforts contre la nacelle, la frappent, la repoussent, la soulèvent, l'enfoncent pour la submerger.

Les quatre tyrans des airs qui s'étoient retirés triomphans vers les pôles du monde, s'élancent sur l'océan, sous le prétexte de lui obéir : chacun d'eux prétend, comme aux premiers jours du déluge, dompter ses rivaux et faire seul, triomphant, le tour du globe. Le brûlant Africus, escorté des tonnerres cachés sous ses ailes sombres, lutte corps à corps avec le fougueux Aquilon qui lui oppose des tourbillons de neige, de grêle et de frimats : l'Eurus et le Notus indignés se précipitent entre les combattans, comme s'il ne leur appartenoit pas de se disputer un empire auquel, seuls, ils ont droit de prétendre, et versent sur eux des torrens de pluie pour éteindre les tonnerres, fondre les neiges, les frimats, et rester maîtres de l'arêne. Les Nues, les Vagues, les Tonnerres sont pressés entre les vastes ailes et les haleines puissantes de ces quatre combattans qui tournent les uns contre les autres et contre eux-mêmes leurs fureurs: leurs mouvemens violens, leurs circonvolutions rapides forment, avec les eaux de la mer et des cieux, des masses tournoyantes, trombes impétueuses, redoutables typhons, colonnes immenses dont la base soulève l'océan, dont la tête attire les nues. Ahrimane précipite ces pesantes colonnes contre la frêle barque pour l'engloutir : elle glisse légèrement sur le flanc des montagnes liquides, et laissant le champ libre aux Vents furieux, elle fuit et vogue au loin sur un océan paisible et sans écueils. Ahrimane indigné se jette sur cette barque ; il la heurte de ses pieds impatiens ; il appuye sur son toit ses mains puissantes pour l'enfoncer sous les eaux; elle lui échappe par une inflexion légère : les efforts d'Ahrimane sont inutiles, sa rage est vaine ; l'Eternel soutient d'un regard cet abrégé du monde.

Ahrimane en fureur appelle la Famine : elle accourt du fond des Enfers, comme un tigre affamé s'élançant de sa caverne sur une proie : « Etablis-toi dans cette barque, lui dit-il! » dévores tous les êtres qui la surchargent! » encore quelques jours, et qu'elle ne soit » plus qu'un tombeau ! » Il dit en rugissant, et s'éloigne indigné: son ordre barbare seroit-il exécuté ?

Tous les êtres réfugiés dans cet asile y ont retrouvé leurs lits de mousse ; ils s'y livrent aux douceurs de l'amour, et bientôt les arbustes sont chargés de nids d'oiseaux, les bocages sont remplis de couches de quadrupèdes ! si les Autans promènent long-temps encore cette barque sur les flots, elle ne pourra plus contenir tous les êtres qui sortent du néant! elle retentit déjà des cris des nouveaux nés qui appellent leurs mères; quelques jours de plus, et tous les alimens seront consommés! cet asile de la Nature deviendra la proie de l'hideuse Famine qui se tient assise, invisible, au milieu de la nacelle et promène ses yeux hagards et dévorans sur une proie qu'elle croit ne pouvoir lui échapper.

Arche précieuse, berceau de l'humanité survivant à sa ruine, puissent des Génies protecteurs faire retirer promptement les eaux qui te supportent, et te déposer mollement sur des plages fortunées!

LIVRE X.

L'ORDRE RÉTABLI.

LA Nature en deuil du genre humain vient aux pieds du Très-Haut implorer son secours contre les fureurs des Anges rebelles qui ravagent le globe : les harpes divines répètent ses plaintes, et toutes les puissances célestes sont émues à l'aspect de sa douleur. Elle traverse, sans le voir, le nombreux cortége de l'Eternel et se jetant à genoux sur les premiéres marches du trône, elle essaye en vain de lui peindre l'incendie, la submersion du globe : sa voix, étouffée par les sanglots, expire sur ses lèvres tremblantes ; ses larmes disent à quel danger elle vient d'échapper.

L'Eternel a lu dans ses pensées : « Cessé » tes plaintes, lui dit-il ! j'ai permis ces dé- » sordres momentanés pour punir tes criminels » enfans : comblés de tes bienfaits, ils vivoient » sous tes douces lois, au sein d'une oisiveté » voluptueuse ; ils furent asssez ingrats pour me » méconnoître ; l'Ange des ténébres les a » frappés : ces désordres seront bientôt réparés » par les coupables eux-mêmes ; tu régneras, » plus puissante, sur le globe et sur eux ! »

Il dit, deux messagers célestes reçoivent l'ordre d'amener à ses pieds les Anges rebelles qui ont dévasté la terre.

Le Barbier inv.

L'un des envoyés de l'Eternel s'approche du séjour de l'Ange des Tempêtes : tourmenté par les
Remords qui n'épargnent pas même les Intelligences coupables, et redoutant la vengeance
céleste, il multiplie les prestiges et les beautés
pour intimider ou séduire le messager divin
dont il pressent l'approche ; il entoure son asile
de vastes forêts de pins qui s'élancent dans les
nues, de cèdres dont le large et sombre feuillage
étendu par couches épaisses fixe les ténèbres
au-dessous d'eux : là, règne un auguste et profond silence ; il n'est interrompu que par la
chute des masses de rochers dont la base s'é-
croule minée par les eaux : les Echos d'alentour répètent ce bruit, le grossissent, le prolongent en se le renvoyant l'un à l'autre, et
forment un épouvantable fracas qui porteroit
la terreur dans l'ame du mortel le plus intré-
pide ; il semble annoncer le bouleversement de
la terre.

De grands fantômes voltigent sous les voûtes
sombres des forêts : à l'approche du messager
céleste, ils l'entourent, se dressent contre lui,
menaçans, et brandissant leurs armes ; mais
le Génie reconnoît en eux les Spectres, enfans
éphémères de la Lune et des Ombres. Il poursuit son vol rapide : un bruit sourd et lointain
se fait entendre : une immense colonne de vapeurs s'élève et se perd dans les nues ; tout-à-
coup se rabattant sur la terre, elle l'enveloppe
d'une ténébreuse obscurité.

Sans autre guide que son propre éclat, le
Génie marche entre des rochers dont les formes
gigantesques et bizarres présentent à travers un
voile de vapeurs les images effrayantes de géans.
De la cime de ces rochers se précipitent des

torrens qui roulent des troncs d'arbres renversés, et les poussant contre les limites de la forêt forment une digue que le Rebelle croit insurmontable : le Messager du Très-Haut rit de ces obstacles. Il avance sur un sol entrecoupé d'abymes : tout-à-coup ces gouffres mugissent, et de leur bouche s'élancent d'énormes colonnes d'eaux bouillantes : après que leur cime s'est embrâsée de tous les feux du Soleil, elles retombent et disparoissent comme par enchantement dans le gouffre qui les avoit vomies (1).

Le bruit redouble ; il ébranle, appesantit l'air et lui communique des impulsions violentes qui renversent autour du Génie les roches chancelantes ; il s'élance et voltige légèrement à la surface d'un lac bouleversé par les tempêtes : il le traverse malgré les torrens de pluie qui se précipitent sur ses ailes et s'unissent aux vagues soulevées contre lui. Il est auprès d'une caverne profonde, retraite du Génie coupable ; il veut y entrer : de la cime d'un large rempart taillé à pic par l'Ange rebelle dans les flancs de la terre, dont il semble qu'une portion se soit tout-à-coup affaissée, s'élance avec une impétueuse majesté tout un fleuve, immense nappe d'eau qui, par un élan prodigieux, s'arrondit en demi-ceintre de cristal uniforme, sans rupture, et tombe dans un abyme à l'instant rempli de ses flots mugissans. Ces flots agités, tourmentés par un mouvement intestin, mais tout puissant, se choquent, se repoussent, se brisent ; leur fureur augmente leur fureur, et l'espace de l'abyme devenant trop étroit pour

____

(1) Huers ou jets d'eau bouillante en Islande.

cette lutte , des flots nouveaux agités de plus de fureurs tombant avec plus d'impétuosité contre ceux qui déjà s'entre-heurtent , dans cet épouvantable chaos, roulans, bouillonnans, repoussés , soulevés l'un par l'autre , déchirés par les flancs des rochers, par ceux qu'ils entraînent avec eux , ils produisent ce bruit immense qui remplit l'air et ne lui permet pas de former d'autre bruit. Ces flots furieux, forts de toute l'impétuosité de ceux qui retombent sur eux, irrités de se trouver enfermés dans une enceinte de rocs , tournent en bouillonnant le long des murs de leur prison, s'élancent soulevés l'un par l'autre , se heurtent contre les roches dont les cimes penchées les repoussent, et les franchissant enfin à l'endroit où leur souverain sépara leurs masses informes, se précipitent et fuient à travers une longue suite de rocs hérissés, fumans et blanchis d'écume !

Cette chute, par son mugissement, semble menacer d'anéantir l'être qui ose s'en approcher: et quel mortel, en effet, à ce bruit, à cet aspect, pâle d'effroi, immobile d'étonnement, attéré par le choc des sensations qu'imprimeroient incessamment à son ame cette imposante et terrible scène, ne succomberoit pas? Le Messager céleste que cette masse d'eau repoussa de l'entrée de la grotte, assis sur la pointe d'un rocher, n'éprouve qu'un sentiment d'admiration.

L'Ange des Tempêtes, instruit de l'empire que ce sentiment a sur une Intelligence qui méconnoît la crainte, se hâte de multiplier les prodiges. A sa voix toutes les vapeurs qui remplissoient l'atmosphère et donnoient à ces merveilles un aspect effrayant, se dissipent ; les rayons du Soleil venant embrâser cette cascade, la changent en une décoration magique, éblouissante, dont une Intelligence qui a vu le trône du Très-Haut peut seul supporter la splendeur. Les ondes, changées en flots, en torrens d'or, d'argent, de cristaux, de pierreries et de diamans, recouvrent tous les rochers de leurs lames, de leurs globes, de leurs volutes, de leurs spirales brillantes : l'abyme est une vaste fournaise toute remplie de métaux fondus et jaillissans : la lumière du Soleil, rompue, lancée, réfléchie de toutes parts et de toutes les manières par les miroirs mobiles et de mille formes de ces ondes, là s'élance en jets éblouissans, ici bondit en boule de feu, là se précipite en perles étincelantes, roule en torrens, s'élève en pyramide d'azur ou de lapis, se dresse en aigrettes scintillantes, en gerbes, en rivières de diamans, se disperse en auréoles, en comètes, en gloire de feu; frappe, étonne, éblouit les yeux qui peuvent à peine suivre ses brillantes et rapides métamorphoses : ces étincelantes illusions sont couronnées par les ceintres diaprés de l'écharpe d'Iris qui multiplie ses arc élégans sur un océan de merveilles.

Ce spectacle fixe un instant les regards du Messager céleste, mais il ne peut lui faire oublier sa mission. A travers cette nappe majestueuse et les éblouissantes merveilles qui décorent sa base, il reconnoît l'entrée de la grotte : pour en écarter les ondes qui le repoussent et laisser un monument éternel du pouvoir d'un Génie qui exécute les ordres du Très-Haut, sur la cime même de cette cascade impétueuse, à l'endroit où les ondes rompant leur niveau, s'élancent dans l'abyme avec plus de fureur, sa main fixe un énorme rocher qui les sépare et forme encore, depuis ces anciens jours, dans toute la hauteur de cette voûte de cristal une large scissure (1). C'est par-là que l'Envoyé de l'Eternel pénètre dans la grotte dont l'entrée, par la régularité de ses formes, la hardiesse de son ceintre, l'imposante proportion de ses pilastres, l'emporte sur tous les édifices que l'art des mortels a construits. Une colonne majestueuse divise dans son milieu le superbe portail : l'intérieur s'agrandissant tout-à-coup, les rochers se courbent en galeries qui serpentent comme un vaste labyrinthe : en vain les Aquilons impétueux sortent en furie de cet antre et veulent de leurs haleines repousser le Génie ; ses ailes les compriment dans leurs cavernes retentissantes.

Il a pénétré dans le séjour du Rebelle : les Génies inférieurs, effrayés par la sévérité de ses regards, se pressent autour de leur souverain confus, humilié : ce n'est plus cet Ange irrité, frappant les mers de ses ailes, et les forçant à franchir leurs limites ; suppliant, saisi de terreur, il voudroit s'élever en vapeurs ou fuir en onde limpide ; vains efforts ! Il revêt sa substance céleste des formes ravissantes et de tous les appas d'une mortelle ; il offre au Génie le partage de l'empire des mers : de quel prix peuvent être ce séjour, cet empire pour un habitant des cieux ? Le Rebelle a connu les ordres du Très-Haut ; il se soumet, et parcourt en esclave ce palais où naguère il commandoit en souverain ; il est désert ; tout son cortége a pris la

---

(1) Voyez dans Crevecœur, Carver, etc., le gravure du saut de Niagara.

fuite ; le malheur fait des ingrats, même parmi les Dieux.

L'autre envoyé de l'Eternel s'est arrêté sur le disque du Soleil ; sa présence fait pâlir l'Ange de la lumière : il l'emmène captif à travers les Météores de feu et les Tonnerres qui murmurent sourdement autour de lui sans oser éclater ; il l'entraîne, dépouillé de sa gloire, dans les déserts de l'immensité.

Les deux Anges coupables sont amenés tremblans devant leur juge : la tête et les yeux baissés, la démarche lente et contrainte, ils s'approchent du trône ; un murmure d'improbation de toutes les célestes Intelligences les atterre ; ils tremblent, et leur crainte redouble aux premiers sons de la voix tonnante de l'un des ministre du Très-Haut qui dédaigne de leur exprimer lui-même son courroux.

« Génies chargés par l'Eternel de la conser-
» vation du globe, leur dit le divin Interprête,
» vous osâtes donc tenter de le détruire et tous les
» êtres avec lui ? ô honte ! vous avez secondé
» les fureurs d'Ahrimane votre implacable en-
» nemi ! le Très-Haut pourroit vous punir en
» livrant vos cœurs à tous les tourmens que
» vous fîtes souffrir aux malheureux humains !
» Soleil ! il pourroit, de son souffle, éteindre
» tes feux, et détachant de la voûte céleste
» l'une des étoiles qui l'embellissent, lui im-
» primer le mouvement et la charger à ta place
» d'éclairer la terre ! il pourroit, Ange témé-
» raire des ondes, t'élever en vapeurs et te
» disperser dans l'espace, ou te fixant à jamais
» en glace immobile, confier à l'un de tes
» Génies inférieurs les rênes de ton empire ;
» mais tous deux vous êtes ses enfans, et l'in-

» dulgence habite dans le cœur d'un père! Il
» oublie vos crimes! hâtez-vous d'en réparer
» les désordres : employez tout votre pouvoir
» à faire aux mortels autant de bien que vous
» leur avez causé de maux. » Il dit; les cou-
» pables s'éloignent : touchés de l'indulgence de
l'Eternel, ils s'empressent d'aller lui obéir, et
la Nature descend sur la terre pour seconder
leurs efforts.

A la voix de leur souverain toutes les eaux
débordées sur le globe rentrent dans le grand
abyme. Ahrimane veut inutilement s'opposer
à leur retraite ; en vain il se place au milieu
de l'océan nouveau ; en vain il étend ses vastes
ailes et ses bras robustes pour repousser les
ondes; en vain il reproche aux Génies d'abandonner leur conquête ; plus impétueux dans
leur fuite que dans leur attaque, ils s'irritent
de sa résistance, amoncellent les flots contre
lui ; les Autans frappent sa tête altière, entraînent sa chevelure, poussent contre son colosse des montagnes liquides qui le soulèvent,
le balancent et menacent de l'engloutir : Ahrimane fuit indigné.

De foibles clartés paroissent à l'orient; l'Aube
s'annonce par sa pâle blancheur; l'Aurore vient
après elle, décorée de voiles de pourpre; le
disque du Soleil se montre entre le sommet
des montagnes, obscur, tremblant, vaporeux;
il semble rougir de honte à l'aspect de la terre
dévastée : pour la première fois, depuis la submersion du globe, il s'élève resplendissant au-
dessus de l'atmosphère : ses rayons, dardant
aplomb sur les eaux, les font élever en vapeurs :
ce n'est plus cette masse épaisse et noire de
nuées immobiles, qui remplissoit l'espace et

versoit par torrens une pluie intarissable ; les Vents la divisent en nuages qu'ils promènent sous la voûte des cieux ; ils frappent de leurs ailes la surface de l'océan et le hérissent de vagues écumantes que leur souffle dissipe en vapeurs fugitives.

La Terre sort de son humide cercueil ; mais que son aspect, naguères si riant, est changé ! des masses de granit, cimes des antiques montagnes dépouillées par les ondes, s'élèvent brusquement du milieu des vastes plages de limon qui comble et nivelle les vallées : les arbres qui embellissoient les collines sont ensevelis sous une couche épaisse de sable, de débris entremêlés de cadavres. Aucun arbuste, aucune plante ne coupe la surface uniforme de ces plaines immenses et fangeuses, hérissées çà et là de quelques rocs ou de monticules, vastes catacombes des êtres animés engloutis, amoncelés par les eaux : tout le continent, recouvert de couches liquides, modelées et déposées par elles, a conservé l'empreinte de leurs ondulations. Il n'y a plus de rians vallons, de bocages délicieux, de limpides ruisseaux : des torrens bourbeux s'étendent sur un sol nivelé par les mers. Leur bassin antique est comblé par les éboulemens de la terre dont les entrailles, creusées par le choc impétueux des eaux, servent maintenant de lit à l'océan : des contrées naguères revêtues de verdure, le sont à présent par ses flots : ailleurs les sables de son ancien lit brillent pour la première fois aux rayons du Soleil. Bientôt la Nature va recouvrir toutes ces ruines de verdure et de fleurs.

Le Très-Haut a pu pardonner aux Anges rebelles, mais sa sagesse s'oppose à ce qu'ils soient desormais les arbitres de la destinée des humains. Il ordonne à la Nature de soustraire une partie des ondes à l'empire de l'Ange qui leur commande, et de diminuer la force de l'action de l'astre du jour sur le globe que l'Ange de la lumière voulut incendier. La Nature, docile à sa voix, incline à regret l'axe de la terre (1) qui ne présente plus qu'une foible portion de sa surface à l'influence du Génie du feu : dès-lors il n'est plus pour elle d'éternel printemps! La Nature appelle le redoutable Hiver qui habitoit l'astre de la nuit; elle lui ordonne de s'emparer des pôles et des points les plus élevés du globe pour les charger de glaces éternelles, immobiles, formées de l'excédent des ondes que leur souverain osa précipiter sur la terre. L'Hiver s'empresse d'y fonder un nouvel empire : il accumule les montagnes sur les montagnes; élevant ainsi sur l'ancien continent des continens nouveaux tout entiers de glaces : il en revêt les pôles et les alpes qui dominent les deux hémisphères : ces glaces, toujours croissantes dans le cours des siècles, diminueront sans cesse la masse de l'océan, assureront aux fleuves des sources intarissables, fourniront les eaux de ces courans qui traversent, ébranlent les mers (2).

Au-dessus de ces montagnes informes de glaces amoncelées sur les pôles du monde dont elles rompent la courbure régulière (3) siége environné de brumes épaisses et de frimats, l'Hiver, immuable souverain des contrées hyper-

____

(1) Opinion des Brahmes et de plusieurs astronomes.
(2-3) Système de Saint-Pierre.

boréennes. A l'entour s'étendent de vastes et inaccessibles continens tout entiers composées de ces masses de cristal : les Vents y luttent l'un contre l'autre sur des plaines mobiles de neige éblouissante amoncelée dans le cours des siècles ; tantôt ils en soulèvent des tourbillons et les précipitent contre leurs adversaires ; tantôt ils les réunissent en montagnes, et tout-à-coup les dissipent en poussière : l'atmosphère n'est plus qu'un océan de particules glacées.

C'est des pôles du monde que l'Hiver s'élance chaque année pendant l'éloignement de l'astre du jour, pour essayer d'envahir le reste du globe : il le parcourt .assis sur des tourbillons de neige et porté sur les ailes des rigoureux Aquilons. Chérissant le calme de la Mort, son haleine glacée rend tous les êtres immobiles : il remplit l'espace de traits invisibles mais aigus, comme pour rendre l'air et la terre inhabitables ; il en fait un désert. La Bise déchirante, la Grêle rapide, la Neige légère le précèdent et l'annoncent : elles étendent sur sa route ce voile d'une blancheur éblouissante qui seul peut charmer ses regards ; elles en recouvrent toute la verdure ; elles arrêtent le mouvement des eaux dont le murmure déplaît à leur souverain qui n'aime que le silence ou le concert bruyant des tempêtes. Le cours de ces fleuves majestueux, que les eaux de l'Automne ont fait déborder sur les plaines, est suspendu ; leurs ondes immobiles sont bientôt revêtues de ce voile de neige ; il ensevelit la Nature.

Lorsque l'aimable Printemps, sorti du temple du Soleil, descend sur la terre, il poursuit l'Hiver et lance contre lui des traits de feu qui fondent ces neiges, ces frimats et ces glaces

dont étoit recouvert le continent : l'Hiver, atteint par ces traits brûlans, renonce à ses conquêtes ; il se retire au milieu des glaciers : là,
cet usurpateur entasse des cristallisations monstrueuses (1) ; il y ajoute sans cesse des masses
nouvelles ; il les entoure de remparts élancés
dans les airs, et contre lesquels vient se mor-
fondre l'aimable Printemps, contre lesquels
tous les feux de l'Eté viennent s'éteindre. Ahrimane applaudit à ses éternels travaux ; il espère
que ces continens de glaces revêtiront un jour
toute la terre (2) ; il oublie qu'elle est sous les
yeux du Très-Haut.

____

(1) En Islande et dans toutes les contrées circompo-
laires, en Suisse, les glaciers usurpent sur les prairies,
et les grandes chaleurs y font découvrir d'anciens édifices
recouverts par les glaces.
(2) Système de Buffon.

LIVRE XI.

THÉORIE DU BONHEUR.

Les rayons du Soleil ont, pour la première fois, après de longs jours de ténèbres, éclairé l'intérieur de la retraite des mortels échappés au déluge ; ils tressaillent d'alégresse ; ils viennent à l'entrée de l'arche pour l'admirer et jouir de sa délicieuse influence : les oiseaux sortent en foule, mais ne trouvant pas d'arbres pour se reposer, ils se rassemblent sur son toit, bientôt couvert de leur troupe brillante : leurs accens plus vifs et plus gais succèdent au mugissement des tempêtes. La barque, long-temps balottée par les flots, touche à la terre sur le vaste plateau d'une montagne : à peine ses habitans osent-ils la quitter pour se confier au sol mobile. Ravis d'échapper à la submersion du globe, ils élèvent vers le ciel leurs mains reconnoissantes ; une onde incertaine, égarée sur le limon, vient mouiller leurs pieds ; ils fuient vers leur asile : bientôt enhardis par l'exemple des animaux qui cherchent une nourriture nouvelle, ils parcourent le sol abandonné par les eaux : ils s'attristent à l'aspect de la terre nue, sans verdure et couverte de débris.

Le Soleil a promptement desséché ce limon ;

les enfans du premier navigateur parcourent plus hardiment le sol qui ne fléchit plus sous leurs pieds : ils n'aperçoivent plus vers les confins de l'horizon le reflet des eaux qui, la veille, y brilloient encore. La cime des montagnes se dessine sur le fond azuré du firmament ; des oiseaux, prenant un vol plus hardi, se sont écartés dans les cieux dont le calme et la pureté dissipent la crainte du retour des Tempêtes : ces mortels osent enfin abandonner leur retraite ; ils en ouvrent la porte à tous les êtres animés qu'elle sauva du naufrage.

Ils s'occupent à retirer de l'arche les jeunes arbres, les arbustes, les plantes qu'ils lui avoient confiés : ils transportent avec plus de précaution ceux auxquels les oiseaux ont attaché leurs nids. Ils replantent ces végétaux autour de l'arche dans des situations semblables à celles qu'ils occupoient avant le déluge : ils en décorent la cime et les flancs de la montagne, formant ainsi le délicieux jardin d'Eden dont à peine leur postérité conserve la mémoire. Leurs premiers jours sont consacrés à soigner ces plantes dont les fleurs, décolorées par une longue privation de la lumière, retrouvent bientôt leur éclat. Autour d'eux la Nature reprend une partie de ses charmes ; elle a relevé tous ces groupes élégans d'arbustes, de fleurs qui charment les regards : mais lorsque ces mortels sortent de ce jardin délicieux et portent plus loin leurs pas, ils errent sur des plages stériles et n'aperçoivent sur tout le vaste horizon aucun arbre qui puisse leur présenter ses fruits ; leur retraite est comme l'une de ces îles de verdure perdues dans l'immensité des stériles déserts de l'Afrique.

Ailleurs les torrens de pluie ont dépouillé les montagnes primitives de leurs couches de terre végétale ; ils laissèrent à nu leurs noyaux de granit, masses informes, hideuses, incohérentes qui, par la hardiesse, l'irrégularité de leurs assises et leur coupe bizarre , étonnent aujourd'hui les mortels : ils les croient amoncelées par les gigantesques enfans de la Terre pour escalader les cieux ; ce sont les courans de l'océan sans rivages qui les ont décharnées.

Le calme est rétabli ; la crainte de manquer d'alimens empêche ces mortels d'en jouir : mais la Nature qui veille sur le petit nombre de ses enfans échappés à la Mort, se hâte de multiplier ses prodiges. Pour incendier ou submerger le globe, l'Ange de la lumière et celui qui commande aux ondes osèrent, à la voix d'Ahrimane, enfreindre ses lois ; elle leur ordonne à présent, au nom de l'Eternel, de s'en écarter pour la conservation et le bonheur des humains : ces Génies se réunissent pour la seconder : des nuages argentés versent une pluie chaude et brillante à travers les rayons du Soleil ; la terre se gerce , se gonfle ; les germes des plantes percent son sein : des rameaux vigoureux sortent du tronc des arbres rompus par les torrens : les ruisseaux qui circulent dans les plaines se bordent de plantes et d'arbustes. La surface de la terre est revêtue d'un immense tapis d'une verdure foncée sur laquelle se distinguent les massifs d'arbustes d'un vert plus tendre et les zones de plantes déjà fleuries qui s'étendent sur la pelouze, théâtre des jeux des animaux échappés au déluge : chaque être a repris sa place ; toutes les harmonies, détruites par les affreuses catastrophes qui l'ont dévastée , se rétablissent ; les traces de leurs ravages ont disparu ; la Nature a caché les tombeaux des êtres submergés sous des touffes de fleurs.

Les mortels se hâtent de seconder ses efforts ; ils redressent les rameaux courbés sous le poids des débris ; ils écartent la terre que ne peuvent soulever les germes naissans, et donnant des appuis aux plantes qui poussent avec trop de vigueur, ils les garantissent contre la dent des animaux avides de cette verdure nouvelle. Les arbres sont bientôt couverts de fruits qui tombent sur le gazon : ainsi, dans les riantes contrées de l'Italie, la même branche est chargée de pommes d'or, de boutons et de fleurs épanouies.

Le premier navigateur et ses enfans ont cessé de rentrer chaque soir dans l'arche : ils ne craignent pas que les eaux viennent les surprendre dans leur sommeil ; ils trouvent plus agréable de s'abandonner encore au repos sur des lits de gazon, dans des cabanes de feuillages ornées de fleurs, entourés des oiseaux et des animaux que l'habitude de recevoir la nourriture de leurs mains retient auprès d'eux : leurs cœurs reconnoissans consacrent à l'Eternel cette arche qui les sauva du déluge ; ils se plaisent à la décorer chaque jour de guirlandes nouvelles, à planter à l'entour de beaux arbres pour l'ombrager : chaque matin, dès que les premiers feux de l'Aurore allument la cime des monts, chaque soir, lorsque la Lune enveloppe la terre de son manteau d'argent, ils se réunissent pour rendre des actions de grâces au Tout-Puissant dans ce premier temple élevé par des mortels à la Divinité : quelques oiseaux, quelques animaux amis de la solitude y ont fixé leur séjour; ils les révèrent comme des êtres sacrés.

Le chef de cette heureuse famille, avant de laisser ses enfans, unis par l'Amour, se disperser dans les sites qu'ils ont choisis, les rassemble tous dans ce temple à la chute d'un beau jour, pour donner plus de poids au discours qu'il leur prépare, et du ton de voix d'un tendre père qui parle du Bonheur à ses enfans, il leur dit:

« O mes enfans! pendant les longues nuits de
» notre séjour dans l'arche, j'ai médité sur le
» sort des mortels et sur les moyens qu'ils ont
» d'être heureux. Echappés par la protection
» du Très-Haut à la ruine du genre humain,
» vous allez commencer une vie nouvelle;
» chacun de vous doit être le chef d'une famille
» nombreuse, source elle-même de l'une des
» nations qui repeupleront la terre : si ces mor-
» tels vous doivent l'existence , qu'ils vous
» doivent aussi le Bonheur! Ecoutez attentive-
» ment, pour les transmettre à vos enfans,
» des maximes qui doivent être la base de la
» vraie Félicité.

» Vous n'aurez jamais d'autre désir, d'autre
» but que celui d'être heureux ! savez-vous ce
» qu'est le Bonheur? connoissez-vous l'unique
» moyen de vous le procurer et d'en jouir?
» La vie n'est qu'une suite d'instans; le Bonheur
» ne peut être, comme elle, qu'une suite de
» jouissances du moment pour le cœur, pour
» l'esprit ou pour les sens. Si l'air que vous
» respirez est pur , embaumé par le parfum
» des fleurs ; si la perspective qui vous entoure
» est riante ; si les oiseaux font retentir autour
» de vous leur doux ramage; si vous savourez

» un fruit délicieux ; si votre esprit est charmé
» par le spectacle enchanteur de la Nature ou
» les douces pensées qu'il vous inspire ; si vous
» avez près de vous une amante , une épouse ,
» un ami dont la présence nourrisse dans vos
» cœurs une douce flamme , vous êtes heureux
» dans le moment de toute la Félicité dont vous
» puissiez jouir.

» Cette Félicité vous échapperoit, vous seriez
» heureux sans le savoir, si vous ne faisiez pas
» attention plusieurs fois chaque jour à votre
» situation du moment, pour reconnoître qu'à
» l'instant même et dans le petit nombre de
» ceux qui viennent de le précéder et qui
» vont le suivre , vous avez l'une de ces
» jouissances ; que votre esprit est agréable-
» ment occupé de quelques pensées riantes ,
» que vos sens sont délicieusement affectés
» par quelque plaisir, que vos cœurs sont
» émus par de tendres sentimens : mais ne
» prétendez jamais réunir à chaque instant
» toutes les jouissances ; une seule peut suffire
» à la Félicité du moment ! leur succession en
» rompra la monotonie.

» Si vous ne réprimez vos désirs , l'abus des
» jouissances en interrompra bientôt le cours :
» pour vouloir les réunir en trop grand nombre ,
» toutes vous échapperont : si vous voulez goûter
» à-la-fois tous les fruits , bientôt ils n'auront
» plus de saveur. Lorsqu'au milieu de la nuit
» le rossignol seul remplissoit notre cabane de
» ses accens mélodieux , sa voix étoit plus
» agréable que le bruyant concert de tous les
» oiseaux. Ces arbres, ces arbustes, ces fleurs
» maintenant épars dans la prairie, ne forment-
» ils pas des groupes plus rians que lorsqu'ils

» étoient entassés dans notre cabane? ces ani-
» maux, ces oiseaux, ces insectes qui se ré-
» pandent au loin pour animer la Nature ne
» nous offrent-ils pas des scènes plus agréables
» que lorsqu'ils y étoient pressés pêle-mêle
» autour de nous? Sachez donc, ô mes enfans!
» économiser les jouissances, et croyez-vous
» heureux si, dans le plus grand nombre d'ins-
» tans de votre vie, vous goûtez l'une de celles
» qu'un seul objet peut faire goûter à vos sens,
» à votre esprit, à votre cœur!

» Sachez varier entre elles ces jouissances
» pour les augmenter l'une par l'autre! si vous
» retenez votre esprit toujours fixé sur le magni-
» fique spectacle de la Nature entière, sur les
» profondeurs du ciel parsemé d'astres brillans,
» toutes les douces harmonies de la création,
» toutes les riantes scènes que vous offrent
» les oiseaux, les animaux vous échapperont.
» Lorsque vous avez contemplé les perspectives
» imposantes du Soleil et de son cortége roulant
» au matin sur la cime des montagnes, ou dis-
» paroissant le soir au fond du vallon, vos
» regards éblouis ne peuvent plus distinguer
» aucun autre objet; vous êtes obligés de fermer
» les yeux à toute la Nature pour avoir voulu
» jouir trop long-temps des plus brillantes
» scènes; ainsi des pensées trop sublimes fati-
» gueroient votre esprit, vous laisseroient re-
» tomber pour tout le reste du jour dans le
» dégoût et la tristesse.

» Vous devez économiser même les jouis-
» sances du cœur! je le sens à la douce flamme
» qui embrâse le mien lorsque je pense combien
» je vous aime et combien vous m'aimez, ces
» jouissances sont les plus vives et les plus

» pures ; mais pouvons-nous croire qu'elles
» n'aient point de bornes ? l'affection réunie
» sur quelques enfans peut-elle n'être pas di-
» minuée lorsqu'elle se répand sur une famille
» nombreuse ? je n'ose le penser, mais je ne
» puis me défendre de le craindre. Ne vous
» attachez donc pas à trop d'objets ; ne vous
» prodiguez pas trop souvent les plus vives ca-
» resses ! imitez les oiseaux qui ne font qu'ef-
» fleurer le plaisir. Peut-être ai-je tort de pres-
» crire des lois à vos cœurs ; peut-être les plus
» tendres sentimens n'ont-ils pas de bornes ;
» nous n'en connoissons pas à l'ardeur du
» Soleil, et ce sont des flammes aussi vives et
» plus pures qui embrâsent les cœurs : vous de-
» vrez du moins être économes des autres jouis-
» sances ! l'ame n'a qu'un degré de force pour
» goûter les plaisirs : une sage modération écar-
» tera le redoutable Dégoût, le pesant Ennui,
» Génies malfaisans qui empoisonneroient tous
» les instans de votre existence.

» Le Bonheur vous échapperoit encore si la
» prudente Sagesse n'écartoit pas tout ce qui
» pourroit le troubler dans l'avenir : mais gar-
» dez-vous de sacrifier à cet avenir dont peut-
» être vous ne jouirez pas, le présent qui est
» votre seul bien ! gardez-vous, en jouissant
» du présent, de lui sacrifier, par l'abus des
» jouissances, cet avenir qui déviendroit pour
» vous une suite de peines. Je vous le répète,
» jouir dans le moment, par les sens, par l'esprit
» ou par le cœur sans lui sacrifier l'avenir,
» est toute la science du Bonheur ! Pour con-
» noître mieux le prix des instans de la vie,
» livrez-vous à des occupations agréables, utiles
» à vos frères ! le travail rend le repos plus

» doux, les fruits plus savoureux, l'onde plus
» fraîche, toute la Nature plus belle. Rappelez-
» vous les plaisirs que nous goûtâmes en tra-
» vaillant à cette barque : quelle activité !
» que d'ardeur ! Et combien de choses il vous
» reste à faire ! combien d'occupations déli-
» cieuses ! que de jouissances ! Long-temps
» encore tous ces êtres que vous avez sauvés des
» eaux auront besoin de vos secours : bientôt
» de nombreux enfans vous entoureront; vous
» aurez à leur prodiguer tous vos soins : tra-
» vailler pour des enfans est un délice pour
» leur père !

» Heureux et mille fois heureux celui qui
» bornant ses désirs au succès de ses utiles
» travaux, s'occupera chaque jour du bonheur
» de sa famille ; il jouira du passé par ce qu'il
» a fait, du présent par ce qu'il fait, de l'avenir
» par ce qui lui reste à faire et par la riante
» perspective du succès : il jouira, dans le mo-
» ment, de toute la vie.

» Si quelques chagrins troublent votre fé-
» licité, prenez assez d'empire sur votre
» esprit pour le fixer sur des idées riantes
» qui écartent la Tristesse : la Réflexion enfante
» et nourrit la Douleur ; l'homme doit, pour
» être heureux, s'étourdir un peu sur ses des-
» tinées ; il doit se faire, par la méditation sur
» lui-même et les merveilles qui l'entourent,
» une vie intérieure indépendante du sort et
» de la volonté de ses semblables : ces médi-
» tations qui empêchent d'éprouver de longs
» chagrins m'ont distrait et soutenu pendant
» les jours de nos terreurs et de notre péril.
» Consolez-vous les uns les autres en vous
» rappelant qu'il y a dans le nombre de

» vos jours la part de la Tristesse et de la
» Douleur ! si cette réflexion , capable d'a-
» doucir vos propre maux , se trouve impuis-
» sante pour vous consoler de ceux de vos
» amis , pleurez avec eux ! ces tendres caresses
» que le Chagrin rend plus vives , ces doux
» épanchemens resserrent les nœuds de l'Amour
» et de l'Amitié: des larmes versées sur un objet
» aimé sont toujours un baume bienfaisant sur
» les plaies de son cœur ! invoquez aussi pour
» eux l'Eternel, et votre confiance en sa bonté
» calmera vos douleurs ! soumettez-vous sans
» résistance à la Nécessité ; fille de l'Ordre et
» de la Justice, elle commande même aux In-
» telligences, à l'Eternel.

» Mais pourriez-vous jamais vous plaindre
» de votre destinée ? par quelles actions avez-
» vous mérité que l'Eternel vous retirât de la
» foule de ceux qui périrent misérablement à
» vos yeux ? Après d'aussi grandes catastrophes,
» après que la Mort a dévoré tant de victimes
» autour de vous, chacune des jouissances du
» moment qu'il vous accorde n'est-elle pas un
» bienfait ? Ne connoîtrez-vous jamais aucun
» de vos semblables plus malheureux que vous ?
» et si l'un d'eux a le droit d'envier votre sort,
» avez-vous celui de vous en plaindre ?

» Cette Félicité qu'une suite de jouissances
» du moment peut seule composer , seroit
» également troublée , si vous abandonniez la
» Vertu, si , sacrifiant vos semblables à vos plai-
» sirs, vous ne pouviez être heureux que par
» leur infortune : tous se souleveroient contre
» vous ; votre réunion n'offriroit plus que trou-
» bles, que combats : ainsi vous vîtes sur l'océan
» des malheureux se disputer la pointe d'un

» rocher, une cime d'arbre pour échapper au
» déluge : et fussiez-vous victorieux , les cruels
» Remords empoisonneroient vos jouissances :
» au milieu des plus rians bocages, parmi les
» concerts des oiseaux, une voix importune vous
» répéteroit sans cesse : « Tu es coupable ! re-
» doute le châtiment du Ciel ! » Vous ne pour-
» riez sans honte regarder le passé , vous seriez
» privé du présent , et l'avenir devroit vous
» épouvanter ; car par le crime on fait un pacte
» irrévocable avec le Malheur ; si quelque temps
» il paroît oublier le coupable , c'est pour l'at-
» taquer plus sûrement , avec plus de fureur.

» Si vous cessez d'aimer vos semblables et
» de partager avec eux vos plaisirs pour ne
» vous occuper que de vous, vous ne con-
» noîtrez pas les plus vives , les plus pures
» jouissances , celles du cœur : vous verrez
» les mortels s'éloigner et vous laisser dans la
» vieillesse avec le Chagrin et l'Ennui. Vous
» avez vu ce malheureux vieillard , seul sur un
» rocher au milieu de l'océan ; il ne s'étoit
» occupé toute sa vie que de lui-même ; dans
» son orgueil , il avoit méprisé les hommes ,
» oublié l'Eternel ; les hommes et l'Eternel
» furent sourds à ses cris : à l'instant de sa mort
» aucun ami ne vint recevoir ses larmes , ré-
» pondre aux derniers élans de son cœur ; aucun
» ami ne vint lui adoucir cette mort en périssant
» avec lui dans un doux embrassement.

» Aimez-vous donc toujours les uns les autres !
» aimer est pour le cœur une source inépui-
» sable de jouissances de tous les momens :
» c'est toujours le cœur qui vous donnera les
» plus vives et les plus pures.

» La Nature , dans le partage de ses dons ,

» vous les répartit inégalement, et tous vous
» avez des imperfections ; mais il n'est pas un
» seul d'entre vous qui n'ait reçu d'elle une
» qualité si précieuse, qu'elle mérite toute votre
» estime et votre amour : que cette qualité suf-
» fise pour couvrir à vos yeux toutes ses im-
» perfections du voile de l'Indulgence ! N'ou-
» bliez jamais d'entretenir cette affection mu-
» tuelle qui doit faire de vous un peuple de
» frères ! la Bienveillance dissipe les chagrins
» et laisse dans l'ame une émotion délicieuse
» qui présente à l'esprit les plus riantes pensées.
» Aimer vos semblables, faire tout pour les
» rendre heureux , leur épargner toutes les
» peines que vous pouvez leur éviter , c'est
» vous assurer à vous-mêmes cette suite de
» jouissances du cœur qui donnent la plus pure
» félicité.

» Les mortels régleront toujours leur con-
» duite envers vous sur votre conduite envers
» eux ! quel homme pourroit ne pas vous sou-
» rire lorsque vous lui tendrez une main amie ?
» celui que vous repousserez pourroit-il vous
» chérir encore ? Les accens de la reconnois-
» sance sont harmonieux, les cris de la Douleur
» sont déchirans pour un cœur sensible : le visage
» que la tendresse épanouit est toujours beau ,
» celui que la Haine ou le Chagrin obscurcissent
» est hideux. Que les caresses de ceux que
» vous sauviez des eaux étoient tendres ! que
» leurs actions de grâces étoient touchantes !
» quelles douces flammes brilloient dans leurs
» yeux reconnoissans ! et les cris, les contor-
» sions du désespoir de ceux qu'une rigueur
» nécessaire repoussoit de notre étroit asile ne
» déchiroient-ils pas nos cœurs ? Non ! je ne

» puis me le rappeler sans en être profondé-
» ment ému ! spectacle affreux ! son souvenir
» trouble ma félicité ! je les vois, ces infortu-
» nés, saisissant les bords de la nacelle, re-
» poussant avec fureur la main qui vouloit les
» en détacher, frémissant de rage et grinçant
» les dents : je les vois retomber, s'enfoncer
» sous les eaux ! leurs cris sourds, entre-coupés
» retentissent encore dans mon ame ! »

Noé dit ; des larmes amères roulent sur ses
joues et sa barbe argentée : tous ceux qu'il a
sauvés du naufrage s'empressent de dissiper son
chagrin par leurs caresses ; ils le consolent en
approuvant une rigueur nécessaire, et lui re-
présentant que s'il avoit voulu les sauver tous,
ils auroient tous péri. Le vieillard continue :

« Cette pensée peut seule adoucir mes re-
» grets : mais qu'il est à plaindre celui que la
» Nature place à la tête de ses semblables et
» que les Destins réduisent à la cruelle néces-
» sité d'en immoler une partie pour sauver le
» plus grand nombre ! qu'ils doivent être dé-
» chirans les remords de celui qui sacrifie le
» bonheur de l'un de ses frères à son bonheur !
» oui ! je vous le répète, il interrompt pour
» jamais le cours de ses jouissances ! il sera
» malheureux toute sa vie : s'il veut étouffer la
» voix des Remords, il faudra qu'il endurcisse
» son cœur, et le rende incapable de goûter
» aucuns plaisirs : son esprit sera troublé par
» les affreux souvenir de son crime, ils alté-
» reront pour lui les plaisirs même des sens :
» est-il un tendre baiser pour celui qui pres-
» sant un de ses semblables dans ses bras, se
» rappelle qu'il en a fait périr un autre ? est-il
» un concert harmonieux pour celui qui entend

» retentir dans son ame la voix d'une victime
» de ses fureurs ?

» Heureux et mille fois heureux sera toujours
» celui qui se lèvera chaque matin avec le projet
» de faire le bonheur de ceux qui l'entonrent,
» qui chaque soir s'endormira bercé par le
» souvenir du bien qu'il aura fait ! toujours
» heureux sera celui dont la bienveillance s'é-
» tendra jusqu'aux animaux ; heureux celui qui
» se détournera de sa route pour ne pas écraser
» un insecte vagabond, et qui trouvant des
» poissons rejetés par les flots, haletans aux
» rayons du Soleil sur le sable du rivage, ou-
» bliera ses travaux pour les rendre au sein
» des ondes !

» Ces conseils me furent dictés sans doute
» par un Génie bienfaisant : suivez-les et vous
» savourerez les jouissances dont la réunion
» fortunée vous procurera ces extases délicieuses
» qui porteront vos cœurs à s'élever vers l'Eter-
» nel pour le remercier de ces jouissances et
» le prier d'en prolonger le cours sur tous les
» instans de votre vie.

» O mes enfans ! gardez vous surtout de re-
» noncer jamais à cette communication de l'Être
» créé avec son créateur, privilége de l'homme
» sur tous les animaux qui ne connoissent pas
» l'Eternel : ces doux élans d'un cœur recon-
» noissant vers le Très-Haut rempliront vos ames
» d'une douce confiance. Seuls, sans lui, foibles
» êtres, battus par les orages, vous vogueriez
» sur un océan de larmes ; vous ne verriez pas
» dans les cieux le bras protecteur qui peut
» vous défendre contre les fureurs des Tem-
» pêtes ; les douces Prières ne répandroient pas
» sur tous les instans de votre vie cette heu-

» reuse sécurité, ce calme, ce riant espoir sans
» lesquels vos plaisirs seroient troublés. Que
» l'affreuse destinée de nos malheureux frères
» soit toujours présente à votre pensée ; trans-
» mettez-en la peinture à vos enfans ! les ingrats
» méconnurent l'Eternel pour adorer ses ou-
» vrages ; il retira de dessus eux ses regards, et
» les Génies malfaisans se hâtèrent de les sub-
» merger.

» Tubal ! ô toi dont les forces et le zéle
» furent mon principal soutien lorsque je cons-
» truisis cette barque qui nous a soustraits à
» la mort ; toi qui te distingues parmi tes frères
» par ton ardeur, je te charge de répéter ces
» leçons à tes enfans, à tes neveux, de les
» graver dans leur mémoire, et ce soin je te
» le confie pour que toi-même tu ne les oublie
» pas : car si tu ne tempères ton imagination
» ardente, tu auras bientôt épuisé toutes les
» jouissances ; elle te dérobera le charme des
» lieux que tu habites, des objets que tu pos-
» sèdes pour te transporter où tu n'es pas, pour
» te faire soupirer après ce qui est loin de toi :
» tu renonceras aux plaisirs du moment pour
» t'emporter dans l'avenir où tu ne possède
» pas un seul instant : l'Imagination est l'ennemi
» du Bonheur.

» O mon fils ! de sinistres présages troublent
» ma félicité ! puisses-tu ne jamais oublier mes
» leçons ! »

Il dit : Tubal, empressé de dissiper ses inquiétudes, se jette aux genoux de son père qui prend
affectueusement sa tête avec ses deux mains pour
la baiser ; sa chevelure brune et bouclée contraste agréablement avec les flots onduleux de
la barbe argentée du vieillard : il lui fait le

serment de ne point oublier ces leçons, de rester dans ce séjour pour y goûter, au sein de sa jeune famille, le Bonheur, à chaque instant de sa vie. Puisse-t-il n'être jamais égaré par Ahrimane, le père du crime! Tous ses frères viennent partager ses caresses, et le vieillard, les embrassant tour-à-tour, mouille leur front de larmes d'attendrissement et de plaisir.

LIVRE XII.

LE BONHEUR.

Les enfans du premier navigateur se livrent avec zèle aux travaux qu'ils se sont partagés : les jeunes filles qui avoient pris soin dans l'arche des tendres agneaux ne peuvent se résoudre à les laisser seuls errer dans les prairies, et ces élèves, accoutumés à leurs caresses, à recevoir la nourriture de leurs mains, ne veulent plus les quitter ; quoique la Nature leur offre de toutes parts des plantes variées, ils aiment mieux celles que ces jeunes filles ont cueillies ; ils préfèrent leurs cabanes aux retraites des bois : ce mutuel attachement forme les premiers bergers et les premiers troupeaux.

De jeunes garçons plus hardis et plus robustes ont soigné le cheval impétueux, l'onagre rapide, la renne plus légère que le vent, la douce gazelle aux beaux yeux , le chameau patient et l'énorme éléphant qui le leur dispute en vîtesse et l'emporte sur tous en attachement, en intelligence : ces animaux se rassemblent autour de leurs maîtres qui parcourent avec eux les contrées lointaines : tous s'empressent à les recevoir sur leurs dos lorsqu'ils sont fatigués par de longues courses : l'éléphant qui se sent né pour partager avec eux l'empire de la terre, les place avec sa trompe sur son col ; il semble triompher.

Le Barbier inv.

Ces caravanes nombreuses parcourent le continent sous la douce influence du Soleil dont ils suivent le cours. Toujours charmés des nouveaux paysages qui se développent à leurs yeux, ils s'enfoncent dans l'horizon et parviennent aux rives des mers orientales : arrêtés par les limites de la terre, plusieurs se fixent dans ces contrées où la Paix, l'Innocence et le Bonheur règnent encore, depuis des siècles innombrables, sur leur postérité qui conserve les mœurs et la félicité de l'âge d'or : d'autres, rappelés par leur tendresse, reviennent au temple près duquel réside leur père : ainsi les premières caravanes furent conduites par les premiers pasteurs.

Ceux d'entre ces mortels qui prirent soin des plantes dans l'arche et les arrosèrent chaque jour, ne veulent plus les abandonner, ce sont des témoins muets de leurs destinées. Ils composent avec les plantes des parterres élégans ; de rians bocages avec les arbustes ; avec les arbres, des vergers féconds ou des forêts naissantes qui les ombrageront un jour.

La Nature, aujourd'hui moins prodigue, n'offre aux mortels que des fruits amers, des plantes dures et sans saveur ; il faut qu'ils déchirent péniblement la terre, qu'ils l'arrosent d'une onde abondante, et supportent, en la cultivant, toutes les ardeurs des feux de l'Eté, toutes les rigueurs de l'Hiver ; mais alors ces mortels n'eurent d'autre soin que de réprimer les excès d'une végétation trop féconde, de soutenir les arbres surchargés de fruits. La différence des climats n'avoit pas encore dispersé dans les diverses contrées du globe ces fleurs aux formes élégantes, aux couleurs variées que les amans de Flore sont obligés d'aller cueillir au sommet des montagnes, dans le fond des précipices : toutes embellissoient la même prairie, et les soins de ces mortels heureux en développoient les beautés : ils s'attachent au sol dépositaire de ces trésors et deviennent ainsi les premiers cultivateurs.

Quelques-uns de ces humains, plus industrieux et plus patients, préfèrent les charmes d'une vie sédentaire aux courses des pasteurs, aux travaux des cultivateurs, aux soins des bergers : paisiblement assis avec leur famille sur la lisière d'une forêt, à l'ombre des tulipiers, sur des tapis de gazon parsemé de fleurs odorantes, décoré çà et là d'arbustes et de plantes diverses, ils s'amusent à lutter entre eux d'adresse en entrelaçant des rameaux flexibles pour former des tissus dont les uns servent au cultivateur pour protéger la fleur qu'il aime contre l'indiscrétion des enfans ou l'avidité des animaux ; les autres aux pasteurs, aux bergers qui les emploient pour faire rester les mères auprès des jeunes agneaux qui ne pourroient encore les suivre : ces hommes paisibles deviennent les premiers artisans.

Un motif plus puissant stimule le zèle de plusieurs dans ces travaux : plus timides que leurs frères, leur imagination est encore effrayée des périls auxquels ils viennent d'échapper ; ils tremblent qu'ils ne se renouvellent, et voient à regret leurs amis s'abandonner à la sécurité du bonheur ; ils construisent des barques légères qui puissent les sauver d'un nouveau déluge : pour essayer leurs ouvrages, ils posent leurs nacelles sur les eaux d'une rivière paisible : enhardis par le succès, ils osent leur confier leurs enfans et se promènent tranquillement sur les rivières à l'ombre des arbres dont les rameaux fleuris se courbent en demi-ceintres au-dessus de leurs têtes ; ils s'abandonnent voluptueusement au cours de ces ondes qui, roulant lentement sur un sable brillant, traversent par de longs circuits les bocages, les prairies, et se réunissant dans un cadre de montagnes, forment un lac spacieux, peuplé d'oiseaux qui voltigent à sa surface : les enfans s'y livrent au plaisir de nourrir les troupes nombreuses de cygnes et d'oiseaux aquatiques ; ils s'amusent à ménager sur le rivage une grève de sable sur laquelle les ondes puissent étendre doucement une lame de cristal : le brillant promerops, l'élégant oiseau du Prase, le paon son rival y rafraîchissent, en se baignant, les vives couleurs de leur plumage ; ils luttent d'éclat avec le poisson qui vient en se jouant faire briller au Soleil ses écailles étincelantes : ces mortels deviennent les premiers navigateurs.

Tous, artisans, cultivateurs, bergers ou navigateurs aiment à se voir entourés des animaux qui se jouant autour d'eux, développent les ressources de leur étonnante industrie. Les arbres qui ombragent les cabanes sont chargés de nids d'oiseaux ; le bord des lacs, les flancs des rochers en sont couverts ; les tertres sont criblés par la retraite des insectes ; chaque touffe d'arbuste ombrage le lit de gazon d'un couple d'animaux.

Les enfans folâtrent sur la pelouze fleurie avec les lions et les tigres qui maintenant ont secoué le joug de l'homme et lui disputent l'empire des déserts ; ils passent le jour à se rouler doucement avec eux sur le gazon. Ces monstres à présent avides de chair et de sang, se contentoient alors de racines, ou quittoient leurs hôtes à l'approche du Crépuscule pour se répandre dans les bocages, les forêts, et s'y nourrir des tristes restes des animaux épuisés par l'âge qui s'enfonçoient sous des touffes épaisses d'arbustes pour s'y endormir du paisible sommeil de la mort.

La Nature dévoiloit ces mystères à ces mortels fortunés ; ils connoissoient des merveilles de la création ce que les génies les plus pénétrans ne découvrent aujourd'hui qu'après de longues études : le spectacle de ses beautés toujours nouvelles les plongeoient dans ces extases ravissantes qui, quelquefois, récompensent de leurs travaux ses adorateurs : leurs jours entiers s'écouloient dans une délicieuse admiration de ses prodiges.

Si pour l'homme doué des facultés intellectuelles les plus étendues, du génie le plus vaste, de l'imagination la plus vive, il n'est pas d'étude plus attachante que celle de la Nature, de plaisir plus vif que celui de soulever un coin du voile dont elle enveloppe à présent ses mystères ; si la vie toute entière de l'homme suffit à peine pour connoître quelques parties des innombrables objets sur lesquels elle exerce son empire, combien devoient être vives et pures les jouissances de ces mortels qui embrassoient le vaste plan de ces conceptions ; dont les regards pouvoient, sans en être éblouis, pénétrer et parcourir la coupole des cieux, compter les astres et les innombrables étoiles qui disparoissent maintenant à nos yeux dans les vastes régions de l'immensité !

Toujours ils célébroient par des fêtes et des jeux l'union des jeunes cœurs. Ce jour la Nature leur paroissoit plus riante ; tous les Génies bienfaisans protecteurs des mortels venoient se mêler à leurs danses, et les échos répétoient leurs mélodieux concerts : la Musique leur inspiroit les plus doux accens ; cette Déité puissante imprimoit à leur ame les sensations les plus vives, les plus variées. Et quel ne devoit pas être son empire sur des cœurs aussi purs, aussi sensibles, puisqu'à présent encore elle agit avec tant de force sur nos ames dégénérées ? Alors elle employoit le mouvement de tous les êtres, le murmure des ruisseaux, la chute des cascades, le cours des torrens, le doux frémissement du feuillage, le souffle des zéphirs, les chants des oiseaux, les cris des insectes, le bruit presque insensible de la végétation qui se développe, un mélange ineffable de sons vagues, incertains, mais touchans, le silence même et le vol inaperçu des êtres éthérées qui vivoient avec les mortels, pour former de tous ces bruits de doux ou sublimes concerts ; elle remplissoit la Nature de son enchanteresse harmonie; plongeoit leurs ames dans le ravissement d'une extase céleste ; l'air ébranlé par les vibrations de sa voix ravissante les enivroit de volupté. Hélas ! ce n'est plus à présent que dans les cieux qu'elle exécute ces divins concerts ; elle y fait concourir le bruit des astres qui traversent l'immensité, les voix des Intelligences ; elle y est l'interprête des hiérarchies célestes ; elle plaît à l'Eternel lui-même qui lui sourit de son trône sublime !

Ces mortels vraiment libres et fortunés donnoient à leurs occupations cette aimable variété qui fait de la vie une suite de jouissances. Ils régloient la division du temps sur celui de la conduite des animaux : les premiers cris de la diligente hirondelle leur annonçoient le lever de l'astre du jour; ils rendoient à l'Eternel des actions de grâces en voyant le flambeau céleste rouler son disque étincelant sur la cime des montagnes, avant de s'élancer triomphant dans les cieux, pour éclairer leurs plaisirs et renouveler leurs jouissances de la veille : ils se répandoient dans les bocages, dans les prairies afin de jouir des charmes de la Nature sortant plus fraîche et plus riante du sein des ténèbres : ils admiroient les heureux effets de la lumière qui pénètre alors et se joue sous les voûtes de feuillages qu'elle remplit de brillantes illusions : ils recueilloient pour leurs enfans, pour les animaux, les fruits les plus mûrs et venoient les étaler à leurs yeux, parmi les fleurs, sur un tapis de gazon. Après un premier repas fait dans une douce réunion de leur famille, sur le bord d'un ruisseau, chacun d'eux se livroit à ses occupations préférées, et pendant qu'ils exécutoient ces agréables travaux, leur mémoire s'occupoit de l'image des plaisirs dont ils avoient joui ; leur imagination s'amusoit à contempler un heureux et riant avenir, sans les distraire de la jouissance du moment. Vers le milieu du jour ils se réunissoient en plus grand nombre pour savourer de nouveaux fruits ; ils passoient des heures délicieuses dans ces agréables festins qui leur offroient en même-temps l'heureuse union des jouissances des sens, par la saveur de leurs mets ; de l'esprit, par leurs doux entretiens ; du cœur, par le plaisir de se voir réunis en famille. La chaleur plus vive de l'air les livroit au doux assoupissement d'une méditation calme et riante, ou même au sommeil après lequel ils reprenoient leurs travaux.

Lorsque les animaux et les oiseaux cherchoient

une retraite dans les bocages , lorsque les fleurs
fermoient leurs pétales et que le Soleil à demi-
caché derrière les monts aériens paroissoit surmonté d'une gloire brillante , ils se réunissoient
auprès de leur père pour lui rendre compte de
leurs occupations , ou plutôt de leurs jouissances de tout le jour. Le vieillard et tous ses
enfans écoutoient mutuellement leurs récits ,
ajoutant ainsi à leurs propres plaisirs ceux que
leurs frères avoient goûtés : ils entroient ensuite
dans l'arche pour en remercier l'Eternel et le
conjurer de les renouveler le lendemain. Le
vieillard prononçoit au nom de tous , et d'une
voix solennelle , un acte de reconnoissance ; il
leur donnoit ensuite sa bénédiction paternelle.

Enchaînés par les plus tendres liens , ces mortels jouissoient de la précieuse Liberté , présent
du ciel , après laquelle les humains soupirent en
vain ; ils ne pourront la connoître que dans les
cieux. Ils n'avoient d'autres chefs que les pères
de familles ; d'autres lois que celles que leur
dictoient la raison et la crainte de troubler par
l'abus , la suite de leurs jouissances du moment ;
d'autres devoirs que ceux que leur imposoient
les sentimens les plus tendres ; d'autres travaux
que ceux que leur prescrivoit le soin de leurs
enfans et de tout ce qu'ils chérissoient : ces douces
occupations , qui éloignoient le dégoût , formoient la suite de leurs jouissances : aucun d'eux
n'étoit obligé d'y renoncer pour s'occuper du
soin pénible de gouverner ces familles ou de les
défendre : ils n'avoient ni rois , ni guerriers.

Ils se rassembloient souvent près de l'arche
pour adorer en commun l'Eternel , mais ils
n'avoient point d'intermédiaires entre eux et lui :
chaque mortel étoit à lui-même son prêtre ; il

avoit toute la Nature pour temple, les lieux élevés pour autels, et les fruits les plus beaux pour offrande. Leurs idées s'élevoient jusqu'aux cieux et leur imagination se nourrissoit du riant espoir d'un éternel bonheur dont le Très-Haut daignoit leur donner une image et leur promettre la réalité.

Cependant satisfaits de leur état, ils ne désiroient vivre que comme ils avoient toujours vécu : ils n'exigeoient pas de la Nature plus qu'elle ne leur avoit accordé ; ils n'attendoient pas des objets de leurs jouissances plus de plaisirs qu'ils ne pouvoient en espérer. Le repos seul rendoit à leur ame toute son activité, sans qu'ils fussent obligés d'en stimuler l'énergie par ces aiguillons qui fatiguent les sens en les irritant. Leur imagination n'étant pas échauffée par les désirs, ne diminuoit pas le prix des jouissances en exagérant ce qu'ils devoient posséder, et jamais la douce sérénité de leur ame ne fut troublée par ces agitations violentes ou ces chagrins dévorans qui isolent l'homme au sein de la Nature, au milieu de ses semblables, et l'empêchent d'être sensible à ses beautés, de jouir de leur tendresse et de leurs vertus.

Ils usoient des plaisirs et n'en abusoient pas ; l'habitude de jouir n'affoiblissoit pas pour eux la jouissance. Le Bonheur leur avoit révélé ses mystères ou plutôt le Bonheur lui-même présidoit à leur félicité : toujours au milieu d'eux, il faisoit de tous les instans de leur vie une suite de jouissances du moment pour les sens, pour l'esprit ou pour le cœur : la Vertu, la Raison écartoient d'eux tout ce qui pouvoit en interrompre le cours : le plaisir étoit dans l'air qu'ils respiroient, dans tous les objets dont ils étoient entourés ; le plaisir étoit en eux , il faisoit partie de leur existence , comme la douleur fait partie de la nôtre : car pour nous , infortunés , vivre c'est souffrir ; pour eux , vivre c'étoit jouir ! ils buvoient à longs traits dans la coupe de la Volupté , sans que jamais le Dégoût y mêlât ses poisons.

Des jours , hélas ! trop peu nombreux de bonheur et d'amour se succédèrent ainsi pour ces mortels unis par une heureuse et commune destinée , jusqu'au moment fatal où le féroce Ahrimane et la Mort vinrent interrompre le cours de ce rêve de l'humanité.

Vers le milieu d'un beau jour , à cet instant où tous les êtres , pénétrés d'une molle langueur , jouissent dans un doux assoupissement du plaisir d'exister , une famille de pasteurs arrive à la retraite du premier navigateur , accompagnant deux jeunes amans qui veulent être unis l'un à l'autre et recevoir sa bénédiction paternelle : mollement étendu sous l'ombrage d'un épais figuier , il dormoit sur un tapis de gazon , la tête entourée des branches d'un jeune arbuste dont quelques fleurs , balancées par les Zéphirs , sembloient vouloir lui envoyer leur parfum ; d'autres avoient semé leurs pétales sur les flots de sa barbe et de sa chevelure argentée : plongé dans un profond , mais délicieux sommeil , des rêves enchanteurs amusoient son esprit ; on le voyoit sourire , et ses lèvres balbutioient des mots entre-coupés : ses enfans l'écoutent avec une attention respectueuse ; il disoit : « Jouissez » dans le présent !.... aimez-vous !.... suivez la » Vertu qui vous conduit au temple de l'Eternel !.. » des Génies m'y transportent !.... » Le vieillard étend ses mains vers le ciel ; ses yeux s'entr'ou-

vrent, mais ils ne sont frappés d'aucun objet,
et brillent d'une vive flamme ; il pousse un doux
et dernier soupir ; sa vie se perd dans les délices
d'une extase voluptueuse ; son ame s'élance vers
le séjour de l'éternelle félicité ; un rayon du
Soleil qui frappe son auguste visage semble être
la route qu'elle suit pour atteindre les cieux.
Les traits du vieillard ont pris une forme divine,
et son image, vivement empreinte dans l'esprit
de ses enfans qui croient y reconnoître un être
céleste, voile à leurs yeux les horreurs de la
mort d'un père : ce n'est point un cadavre hideux, inutile qui leur reste, c'est la dépouille
sacrée d'un Génie bienfaisant auquel ils doivent
la vie, le bonheur : ils conservent avec respect
cette dépouille ; peut-être viendra-t-il l'animer
encore !

La douce Mélancolie, la tête couronnée de sca-
bieuses et de pavots, vient unir ses regrets à
leurs larmes ; elle seconde leur désir de conserver
les restes précieux d'un tendre père, et les dirige
dans les honneurs qu'ils veulent lui rendre. Inspirés
par elle, ils déposent son corps sur un lit de
plantes odorantes que le Temps ne peut détruire ;
ils l'entourent de gomme et de résine au doux
parfum ; ils l'enveloppent de nattes tissues d'herbes
incorruptibles, le placent au milieu de l'arche
sacrée, sur un autel construit avec des branchages
d'arbustes odoriférans ; ils le décorent de guirlandes de fleurs sans cesse renouvelées, l'entourent de tous les objets qu'il aimoit, afin qu'il
les retrouve à son réveil : soit pour écarter
les animaux, soit pour attendre ce réveil et les
en avertir, ils se chargent tour-à-tour de le garder.
Celui qui se trouve le premier honoré de ce soin
fait à ceux qui viennent y verser des larmes, le

récit des belles actions, la peinture des vertus de ce sauveur du genre humain : la nuit il allume un flambeau de mélèze, et la triste Mélancolie vient s'asseoir à ses côtés pour occuper son esprit de ses méditations ; elle fait apparoître aux yeux de son imagination active, le fantôme majestueux du vénérable vieillard : il frémit d'une religieuse horreur ! il raconte ces prodiges à sa famille étonnée qui lui accorde à lui-même une partie de la vénération que le vieillard leur inspiroit. Ainsi fut élevé dans le premier temple, le premier tombeau ; ainsi, pour la première fois, un mortel fut revêtu du caractère sublime du sacerdoce.

Le bruit de l'absence de ce père, de ce Génie bienfaisant est bientôt répandu dans les contrées lointaines : toutes les familles de pasteurs s'empressent de venir honorer sa dépouille. Ils n'out pas été témoins de l'extase voluptueuse qui, terminant sa vie, consola de sa mort ceux qui l'entouroient; ils versent des larmes amères sur sa tombe : mais le gardien du monument sacré qu'il favorise de son apparition, se hâte de leur raconter ce prodige et les merveilleuses circonstances de son trépas. Chacun d'eux dépose les objets les plus précieux que la Nature lui offrit dans ses courses lointaines : ils y reviennent toujours à la fin de leurs voyages pour faire de nouvelles offrandes, entendre encore cette histoire sacrée, se faire répéter par le prêtre de ce temple les leçons du Bonheur que le vieillard leur a dictées. Ainsi pour la première fois des mortels entreprirent un long pélerinage pour venir honorer la tombe d'un mortel divinisé; pour enrichir son temple des dons de la reconnoissance et de l'amour.

Les pasteurs qui parcoururent une partie du continent font aux cultivateurs la peinture intéressante des merveilles qu'ils ont admirés. Tantôt ce fut un fleuve majestueux dont ils suivirent les bords embellis de jeunes forêts : d'autres furent arrêtés dans leurs courses par les rives de cet immense océan qui les a submergés ; à l'aspect de ses vagues impétueuses se précipitant en montagnes sur les rives, ils prirent la fuite ; réfugiés sur un rocher, ils le virent avec surprise se retirer, s'avancer et se retirer encore sans jamais franchir ses limites ; ils vinrent admirer sur ses bords, un instant abandonnés, les poissons, les plantes, les coquillages et toutes les étonnantes productions des mers. D'autres, plus hardis ou plus curieux, osèrent entreprendre de franchir la cime de ces monts altiers dont la chaîne divise l'hémisphère ; ils y sentirent le sol se mouvoir sous leurs pas ; ils entendirent de longs murmures rouler dans leurs flancs ; des flammes jaillirent autour d'eux du sein d'une terre brûlante ; ils prirent la fuite : tout-à-coup ils se virent enveloppés d'épais tourbillons de fumée ; la montagne en furie vomit derrière eux des tourbillons de flammes qui répandirent sur toute la Nature une clarté lugubre ; ces tourbillons réunis formèrent bientôt une colonne immense dont la base reposoit sur la cime de la montagne, dont la tête s'élevoit en s'arrondissant sous la voûte des cieux ! dans le sein de cette masse de feu leur apparut un spectre qui s'élançoit dans les airs ! mortels infortunés ! non, ce n'est point un vain spectre ! tremblez ! c'est le féroce Ahrimane, votre implacable ennemi !

LIVRE XIII.

LE PREMIER MEURTRE.

AHRIMANE, pour étendre les usurpations de l'Hiver sur le globe, a lui-même secondé ses travaux, tant aisément la haine et la vengeance rabaissent les ames les plus orgueilleuses : il amoncela d'énormes rochers pour en former des montagnes au-dessus du fluide igné qui enveloppe la terre, et poser sur ces bases immuables les glaciers qui doivent l'envahir : mécontent des lenteurs de l'Hiver, il attisa de nouveau, dans les entrailles du globe, les fournaises volcaniques qui, dans son espoir, doivent la consumer : se croyant enfin assuré du succès, il voltigeoit au-dessus des hémisphères, contemplant d'un œil satisfait, ici, des plages de limon entre-mêlé de cadavres ; là, d'immenses déserts de sables brûlans ; ailleurs les montagnes embrâsées, les torrens de feu qu'elles vomissent, les lacs de flammes et de bitume ardent qui recouvrent les contrées d'alentour ; plus loin, les masses colossales de glaces éternelles qui, rompant l'équilibre de la terre, privent une partie des continens de la douce influence du Soleil : Ahrimane triomphant jette enfin, sur cette terre qu'il croit désormais inhabitable, un regard de satisfaction et de mépris ; il prend son vol pour aller à la conquête d'autres astres plus dignes de son ambition : ô surprise ! il la voit embellie d'une verdure nouvelle ; il aperçoit des pasteurs et leur nombreux troupeaux : est-ce un songe ? est-ce une réalité ? Tel que l'aigle s'élevant dans les airs après avoir dévoré sa proie, rabat son vol impétueux à l'aspect d'une proie nouvelle, Ahrimane se rapproche de cette terre qu'il abandonnoit à sa ruine : il parcourt des yeux l'hémisphère ; déjà des milliers de mortels se dispersent dans ces riantes contrées ! Les éclairs de la rage jaillissent de ses yeux : l'atmosphère est ébranlée par les violentes explosions de sa colère ! il veut rompre le globe en éclats ; mais il sent la puissance des Génies qui le soutiennent : il s'irrite de sa foiblesse ; le souffle de son haleine précipitée par la rage donne aux oiseaux qui la respirent des formes hideuses ; elle revêt leur brillant plumage d'une teinte sombre, le recouvre d'images de larmes ; leur chant mélodieux sera désormais triste, lugubre ; ils imiteront les cris d'un mourant ou ceux de la Mort appelant ses victimes : ce souffle allume dans le cœur des animaux qui en sont frappés la soif du sang ; désormais ils fuiront l'homme et se retireront dans les épaisses forêts pour delà s'élancer sur ses troupeaux et sur ce roi lui-même : l'écume qui jaillit des lèvres tremblantes d'Ahrimane donne aux plantes qui en sont souillées une teinte livide et les pénètre de ses poisons.

« Eh quoi ! s'écrie-t-il, cette terre est donc
» soustraite à sa ruine et repeuplée des odieux
» favoris de mon rival ! à peine quelques-uns
» sont-ils échappés des bras de la Mort, déjà

» leur race pullule sur le globe ! ils ont oublié
» les effets de ma haine ; ils s'endorment dans
» les bras du Plaisir ! je les entends encore
» chanter les louanges de mon ennemi. Êtres
» inconséquens et légers ! faut-il que mes foudres
» promènent sans cesse le trépas sur vos têtes ?
» faut-il que l'océan débordé vous menace, que
» les flammes de l'incendie du globe vous en-
» tourent encore , pour que vous n'oubliez
» pas mes fureurs ? ignorez-vous que vous ha-
» bitez sur les voûtes de volcans ? ignorez-vous
» que des masses de glaces vont revêtir cette
» terre bientôt refroidie ou consumée ?

» Lorsque la Mort vous frappoit aveuglé-
» ment, stupides victimes , le bruit de ses ailes
» vous faisoit courber la tête pour l'éviter ; à
» présent vous la relevez audacieuse , vous me
» bravez ; vous doutez si je suis et continuez
» vos jeux ! Mais je ne veux point employer à
» votre destruction toute mon éternité ; d'autres
» astres peuplés d'autres et de plus sublimes
» intelligences peuvent devenir ma conquête !
» ma toute - puissance est inutile pour votre
» anéantissement, vils mortels ! de plus foibles
» moyens suffiront pour vous détruire : il ap-
» partient au génie de faire naître des plus pe-
» tites causes les plus grands effets ! c'est aux
» humains à causer leur propre ruine ! »

Il dit, et se plonge dans la méditation du
crime. Ainsi qu'une montagne volcanique est
ébranlée par les élémens qui luttent dans son
sein, la tête ardente d'Ahrimane est fatiguée par
les idées contraires qui se heurtent et l'agitent :
enfin la conscience de sa foiblesse le forçant
à s'abaisser à la ruse, il évoque des Enfers le
Dégoût aux yeux mornes, à la démarche lente ,

aux bras pendans : près de lui marchent de mauvais Génies persécuteurs des mortels, les Désirs avides, la Jouissance qui ne presse l'Amour sur son sein que pour l'étouffer, la dédaigneuse Satiété qui rejette tout ce qui avoit pu lui plaire, le pesant Ennui. Le Dégoût et son redoutable cortége parcourent les rians bocages, pénètrent dans toutes les retraites des mortels qui ressentent aussitôt leur funeste influence. Jusques alors ils avoient joui du vrai Bonheur ; la Nature avoit eu pour eux des charmes toujours renaissans ; le Dégoût la couvre à leurs yeux de son voile obscur : les bergers, las de l'amour, dédaignent à présent leurs compagnes ; ils laissent leurs troupeaux errer à l'abandon pour rester nonchalamment assis tout le jour : les cultivateurs négligent les plantes et les arbsutes ; pourquoi les soigner ? elles ont toujours la même forme, le même coloris, le même parfum : les artisans cessent leurs travaux ; à quel but les continuer ? L'Ennui, le pesant Ennui, fléau des cœurs fatigués de plaisirs, l'Ennui les accable, interrompt le cours de leurs jouissances.

Le berger et son amante, encore liés par l'habitude de l'union, errent nonchalamment dans les bocages : la jeune beauté marche lentement et son amant après elle ; elle se couche sur des touffes de gazon, et le gazon lui déplait ; elle regarde le ciel, sa teinte est uniforme ; elle regarde le feuillage, et sa verdure n'a plus de fraîcheur ; elle se lève pour suivre les contours du ruisseau, ce sont toujours des prairies, des bocages qu'elle parcourt : cette course la fatigue ; elle se repose sur un lit de fougére, à l'ombre d'un bosquet ; les chants du rossignol qui l'habite lui déplaisent, il redit toujours les mêmes accens. Son jeune amant lui offre un fruit ; elle le refuse, l'accepte, le refuse encore, l'approche dédaigneusement de ses lèvres et l'en écarte ; il est insipide ! Assis devant elle, cet amant la regarde d'un œil morne ; il se rappelle son amour, ses transports, et s'étonne de ne retrouver en elle aucun des appas qui nourrissoient sa flamme : car les lèvres de sa bergère entr'ouvertes par le Dégoût sont pâles et livides ; ses yeux sont éteints ; ses traits immobiles, sa peau flétrie ; elle n'est plus que l'ombre de son amante ! Ils gardent un mutuel et long silence : à peine ont-ils la force d'exhaler foiblement quelques mots interrompus par les longues aspirations de l'Ennui.

A charge l'un à l'autre, ces époux se quittent pour errer seuls dans d'autres contrées : quelque part qu'ils s'arrêtent, la Nature est toujours et partout la même ; la succession des jours et des nuits compose toujours le temps, ce temps dont la pesante lenteur les accable, ce temps immobile comme l'espace qui les enferme. Aucun travail nécessaire ne stimule leur activité : ils n'ont rien à faire, si ce n'est de porter le fardeau pesant de l'oisiveté. Cette oisiveté fatiguante énerve leurs ames, les abandonne aux sombres vapeurs de la Mélancolie, tyran des cœurs fatigués de jouissances.

Tous, accablés par cet Ennui, errent lentement dans la contrée, comme des captifs désœuvrés parcourent leur prison : leurs sens, leur esprit ni leurs cœurs ne peuvent plus goûter ces jouissances du momeut dont la continuité composoit pour eux le bonheur : le Dégoût les a privés de la facultés de sentir ; ils n'éprouvent

pas même la douleur dont les aiguillons pourroient leur rendre quelque vivacité ; ils consument longuement leur pénible existence dans
la langueur et l'anéantissement, maux plus ac-
cablans que la Douleur qui trouve un terme dans
ses excès. Leurs sens blasés ne savourent plus
rien, ils ont joui de tout ; leur esprit fatigué
n'admire plus rien, il a conçu toutes les pensées ;
leur imagination ne contemple plus rien, elle a
saisi toutes les images ; leur cœur flétri n'aime
plus rien, ils ont tout aimé ; ils sont rassasiés
de tout ; ils savent tout ; ils possèdent tout et
ne jouissent de rien : aussi malheureux que les
grands de la terre, ils ont tout ce qu'ils pou-
roient désirer, excepté le Désir. Tout soulagement leur est ravi ; leur peine est sans fin
comme sans remède ; l'ennui de la veille ajoute
à l'ennui du jour, et l'ennui du jour à l'ennui
du lendemain. Nulle jouissance ne les attend ;
plus d'espoir : le passé se joint au présent, et
l'avenir s'amoncèle sur le présent et le passé
pour faire une masse de temps immobile qui
les écrase. Assoupis dans la plus apathique insouciance, ils se sentent à peine exister ; ils
ne savent s'ils sont assis ou couchés ; s'ils som-
meillent, s'ils rêvent : ils sont à demi-morts ;
mais ils sont obligés de vivre. Hélas ! la dure
Privation, les pénibles Travaux, la Misère seront-ils donc désormais les seuls auteurs de la
Jouissance ?

Parmi ces mortels dégoûtés de tout, Tubal,
le plus actif des enfans du premier Navigateur,
étoit le plus languissant : son cœur avoit été
doué de cette exquise sensibilité qui fait donner
une ame aux objets inanimés, plaindre l'arbuste battu par les vents impétueux et supposer

des regrets à la demeure abandonnée ; sentiment émané des cieux, qui peupla toute la terre des Génies protecteurs, chassés depuis par le dur Athéisme. Tubal à présent ne sent plus rien, n'admire plus rien, ne goûte plus rien ; tout est désert, tout est mort autour de lui. Naguère lorsque debout, appuyé contre un arbre, il faisoit passer sous ses lèvres agiles un chalumeau sonore, les oiseaux, attirés par cette donce harmonie, se rassembloient au-dessus de sa tête ; les bergères cessoient leurs danses, dans la crainte de perdre un seul de ses accords ; à présent il oublie son chalumeau ; tous les bruits harmonieux de la Nature qu'il imitoit dans ses chants lui déplaisent. L'Ennui le mêle à cette foule d'hommes désœuvrés, errans çà et là sans motif et sans but, méconnoissant le Bonheur. Il promène dans les immenses prairies, dans les sombres forêts, sur la croupe des montagnes, sa nonchalante et pesante existence : aucun site ne peut lui plaire, encore moins le fixer ; les sombres vapeurs de l'Ennui recouvrent à ses yeux toute la Nature d'une teinte monotone.

Sa tendre et malheureuse épouse n'éprouve pas ces funestes effets du Dégoût ; elle chérit toujours ses enfans ; elle adore toujours son époux ; ils sont tout pour elle : mais hélas ! Tubal ne l'aime plus ! distrait, insensible, il conçoit à peine comment il a pu l'aimer. Inutilement elle le presse dans ses bras ; inutilement elle mouille de pleurs ses joues et ses mains en les couvrant de baisers, la malheureuse Sélima ne peut rallumer les feux de l'Amour dans un cœur glacé par le Dégoût. Tubal importuné par ses caresses, fatigué de ses plaintes,

insensible à ses pleurs, s'éloigne : Sélima gémit,
épouse délaissée, dans sa retraite solitaire : ses
yeux mornes roulent dans les larmes ; des pleurs
inondent ses joues flétries et décolorées ; sa
bouche est entr'ouverte par les soupirs : elle
presse ses enfans sur son cœur ; elle en contemple les traits ; elle y retrouve ceux de Tubal,
et ses larmes coulent plus abondantes et plus
amères. Si ses enfans lui demandent leur père,
elle pousse des sanglots, elle est suffoquée par
la douleur.

Quelquefois le désœuvré Tubal entre comme
au hasard dans sa retraite ; Sélima tressaille
d'allégresse ; elle court à lui pour le serrer dans
ses bras : hélas ! elle ne presse qu'un époux
insensible ! Tubal n'est plus que le spectre de
son amant. Inutilement le chagrin a-t-il rendu
la beauté de Sélima plus touchante, sa voix
plus tendre, ses caresses plus vives ; ses pleurs,
ses sanglots, rien ne touche le cœur glacé de
Tubal : la Douleur même, qui tant de fois
ranima des passions éteintes, est impuissante :
Tubal repousse Sélima ! Ses enfans, ces êtres
si chers à l'homme, s'attachent en vain à ses
mains, les couvrent en vain de baisers en lui
disant : « Ne nous quitte donc pas ! » fatigué
de leur tendre obstination, il les repousse ; les
sombres murmures de sa voix menaçante les
intimident ; ils restent immobiles et versent des
pleurs : Tubal fuit ; leur mère désespérée les
reçoit gémissans dans son sein.

Après avoir long-temps erré dans la contrée,
traînant après lui le Dégoût, ou plutôt Ahrimane attaché sur ses pas, Tubal est ramené
par l'inspiration de ce Génie qui l'obsède, vers
la cabane de son frère : il se ressouvient de

leur mutuel attachement; il espère trouver auprès de lui quelque allégement à ses ennuis :
il y entre, et les caresses de ce frère chéri
l'enhardissant à lui faire la confidence de ses
peines :

« O mon frère, lui dit-il, tu ne peux con-
» cevoir toute l'étendue de mes maux! la vie
» m'est importune : dès le matin je quitte sans
» but ma retraite ; je traîne languissamment ma
» pesante existence par toute la contrée : mais
» ce n'est plus pour moi que le rossignol pro-
» longe et varie ses mélodieux accens ; que le
» ruisseau murmure ; que les Zéphirs agitent le
» feuillage : ce n'est plus pour moi que le Soleil
» se lève dans toute sa brillante splendeur : je
» suis insensible à toutes les beautés de la Na-
» ture ; elle est comme éteinte pour moi. Si
» je m'arrête plus long-temps dans le désert,
» c'est parce qu'il faut exister quelque part,
» et que la sombre obscurité des forêts me dé-
» livre de la vue de cette verdure monotone,
» de ce Soleil toujours étincelant. Pendant
» toute la durée des nuits qui me semblent
» plus longues que les plus longs jours, des
» spectres peuplent à mes yeux les ténèbres ;
» ils me poursuivent, me menacent de quelque
» funeste catastrophe ! Des songes me repré-
» sentent toutes les scènes affreuses dont nous
» fûmes les tristes témoins aux jours du déluge,
» et ce sont toujours mes enfans qui périssent
» à mes yeux. Eveillé par ces horribles images,
» je soupire après le retour de la lumière ; elle
» dissipe ces fantômes, mais elle m'offre encore
» cette Nature, toujours si monotone, et mon
» ame, un instant agitée par les songes, retombe
» dans la langueur et l'anéantissement. Tout

» ce qui existe pèse sur moi; je porte sur mon
» cœur le Temps et la Nature. Ah! qu'il est
» affreux de joindre à l'ennui du jour, l'ennui
» de la veille, et celui qui nous menace pour
» les jours à venir! qu'il est affreux d'être
» épouvanté du lendemain! que cet ennui
» prolonge douloureusement mon interminable
» existence! que ceux qui dorment en paix
» sous cette couche de limon sont heureux!

» Adul! Adul! plains ton malheureux frère!
» mon cœur n'aime plus rien! ni mon épouse,
» ni mes enfans! »

Il dit, et garde tout-à-coup le silence à l'arrivée de Zulma, l'épouse de son frère; il croit voir en elle un Génie bienfaisant dont la beauté l'éblouit, dont la seule présence le rend à la vie. La Nature avoit prodigué tous ses charmes à Zulma : Tubal s'étonne de la retrouver si séduisante et de n'avoir pas été plus sensible à tant de beautés : jusqu'à ce jour fatal, son cœur lui avoit fait trouver son épouse plus agréable encore. Tous les feux de l'Amour embrâsant son ame, il reconnoît en Zulma l'unique objet qui puisse le rendre au Bonheur.

Plein d'amour et de trouble, honteux de sa flamme adultère, Tubal s'éloigne, emportant dans son cœur l'image qui l'embrâse. Les langueurs de l'Ennui n'énervent plus son ame, les feux du plus ardent amour la raniment, la transportent. Lorsque les ténèbres s'étendent sur la terre, son imagination exhaltée par une passion nouvelle, voit dans la foible lueur qui éclaire l'extrémité du bocage, le fantôme de Zulma : il court pour l'embrasser; ses bras n'ont saisi qu'une vaine ombre; cette erreur, ces transports attisant sa flamme, des soupirs ardens, des exclamations passionnées s'échappent de sa bouche avec le nom de Zulma. Goûte-t-il un moment les douceurs du Sommeil, les Rêves trompeurs, si souvent complices du Crime, abandonnent à ses caresses la belle Zulma : il est heureux sans être coupable, et cette possession imaginaire, en augmentant sa flamme, écarte le respect que les vertus de Zulma lui inspiroient : Zulma n'est plus à ses yeux un ange de pudeur et d'innocence, c'est une femme qu'il a possédée. Bientôt les Remords, car Ahrimane qui l'obsède, sait combien les obstacles augmentent l'amour, les Remords lui reprochent ces illusions ; il rougit de se trouver criminel ; mais il n'a plus assez de force pour écarter l'idée du crime.

Son esprit se plonge dans les rêveries profondes ; il cherche à trouver dans l'avenir des circonstances heureuses qui puissent le rendre possesseur de tant de charmes : tout s'oppose à ses coupables désirs ! Zulma n'a point ressenti les atteintes du Dégoût ; Adul est encore un amant pour son amante ! et qui pourroit éteindre dans un cœur si vertueux et si fidelle une flamme aussi pure ? Adul est le seul obstacle à sa félicité ! si les eaux l'avoient englouti, peut-être !... Tubal frémit ! inspiré par Ahrimane, il a conçu le désir de la mort de son frère. Égaré par une passion dont il ne connoît pas toute la violence, il veut combattre cette pensée, il ne fait que composer avec elle. « Zulma, se » dit-il, est l'épouse de mon frère ; je puis, » sans être coupable, rester auprès d'eux ; je » puis être témoin de leur félicité ! Je veux me » fixer dans leur retraite : je ne perdrai pas un » seul mot de la bouche de Zulma ; je m'oc-

» cuperai du plaisir de voir tout ce qu'elle fait
» à tous les instans du jour! Je consacrerai
» ma vie toute entière à cette délicieuse con-
» templation! pourrai-je me reprocher cette
» adoration des vertus et de la beauté d'une
» sœur chérie? ne dois-je pas me procurer des
» jouissances pour tous les instans de vie? en
» est-il de plus vives, de plus pures que celles
» de l'admiration et de l'amitié? »

Tubal dit et se hâte de retourner auprès de
Zulma; d'autres pensées l'en éloignent : « O
» Tubal! que vas-tu faire? se dit-il : nourrir
» ta flamme des discours de Zulma, de la vue
» de ses charmes! songes donc qu'elle est l'é-
» pouse de ton frère; qu'elle ne peut jamais
» être la tienne!.... Non, je n'aspire point à tant
» de bonheur! il me suffira de la voir, de l'en-
» tendre, d'en être aimé comme un frère. »

Il dit, en s'abusant lui-même et conservant
encore dans son esprit le respect pour la vertu;
mais Ahrimane embrâsa son cœur de tous les
feux de l'amour, non de cet amour tendre et
respectueux, sentiment émané du ciel, qui fait
adorer l'objet aimé comme un être céleste,
mais de cette flamme âcre, violente qui embrâse, transporte jusqu'à la fureur et fait de
son objet une victime. Il court à pas précipités
vers la retraite de Zulma, regagne la forêt,
retourne au bocage, s'arrête, médite : sa passion
éclate en ces mots :

« Quel délire!.... quelle flamme d'amour je
» sens courir dans toutes mes veines! quels
» brûlans désirs! Ah! si je pouvois la presser
» contre mon sein! mes lèvres aspireroient la
» vie sur ses lèvres! si je pouvois la serrer
» dans mes bras, mon existence se confon-

» droit avec la sienne ; je ne serois plus que
» volupté ! N'y eût-il que l'espoir d'éteindre ce
» feu dévorant qui me consume, je sacrifierois
» tout pour obtenir tant de félicité ! Oui ! dus-
» sent périr tous les mortels ! avec quel plaisir
» je verrois les eaux submerger encore toute
» la terre, si je pouvois leur échapper seul avec
» Zulma !..... Horrible pensée !.... Mais suis-je
» coupable si, lorsque mon imagination me
» présente son image, mon esprit se trouble,
» mon cœur bat avec violence ?.... Je m'étonne
» de moi-même et je me fais horreur ! Un pou-
» voir étranger me dompte ? où me porte-t-il ?
» quels coupables désirs il allume et fomente
» dans mon cœur !.... Non ! non ! ce n'est point
» une félicité, c'est un supplice que d'aimer
» ainsi ! Je gémissois accablé sous le poids de
» l'Ennui ; je me plaignois ; insensé ! combien
» cette froide indifférence étoit préférable à
» ces violentes agitations d'un criminel amour ! »
En vain il écarte avec horreur la pensée de
la mort de son frère ; elle obsède son esprit
en se joignant à l'image de Zulma, aux délices
de sa possession. Le cruel Ahrimane, pour assurer sa vengeance, oublie son orgueil et s'a-
baisse jusqu'à revêtir des formes mortelles: il
prend les traits de Zulma, s'approche de Tubal
dans le bocage. Tubal à son aspect tressaille,
palpite ! Ahrimane, réunissant aux charmes de
Zulma ceux de la Volupté séduisante, en compose une beauté dont les appas sont irrésistibles. Sa voix, elle chantoit en marchant,
sa voix a pris une inflexion si touchante, qu'elle
feroit palpiter d'amour des cœurs de bronze :
ses yeux, à demi-fermés, demandent et promettent le plaisir ; son visage brille du doux

coloris de la Pudeur luttant contre les Désirs : ses cheveux noirs et légèrement ondulés couvrent ses épaules et son sein palpitant, plus blanc que l'albâtre : ses yeux étincelans lancent des traits de feu ; des sourcils épais et veloutés se dessinent sur l'ivoire de son front ; un cercle d'azur borde ses paupières, indice certain de l'ardeur qui la consume : ce feu s'exhale en soupirs de ses lèvres recourbées avec grâce comme les replis d'une rose épanouie : ses vêtemens pénétrés de la douce fraîcheur de la rosée s'appliquant sur sa taille élégante, en dessinent les heureux contours : sa démarche tantôt grave, tantôt légère, tantôt lente, tantôt précipitée, peint l'état de son cœur ; par l'aimable irrégularité de ses mouvemens, elle imprime à l'ame de Tubal, toutes les agitations de l'Amour.

Pour attiser dans le cœur de cette victime une flamme adultère, la fausse Zulma ne laisse pas à découvert son sein, elle sait trop qu'une lumière trop vive en affoibliroit le charme ; elle l'entoure d'un voile transparent, plus blanc que la neige ; il y répand une lueur enchanteresse : ainsi les pleurs de l'Aurore donnent un plus vif éclat aux pétales des fleurs : souvent aussi les Zéphirs l'écartent, alors il laisse admirer des formes voluptueuses. Tubal ose les fixer ; ivre d'amour et de désirs, il est prêt à venir tomber aux pieds de cette perfide beauté, comme l'oiseau tombe près du serpent dont les regards étincelans ont fasciné ses yeux.

La fausse Zulma, dont il ne croyoit pas être aperçu, s'asseoit sur les bords d'un lac paisible, à l'ombre entre-mêlée de lumière d'un chèvrefeuille dont les branches éparses retombent en voûte autour d'elle. Zulma se dépouille de ses vêtemens pour se plonger dans l'onde limpide, et tandis qu'elle dévoile ainsi ses charmes, elle chante d'une voix sonore et touchante comme celle du rossignol solitaire qui appelle l'oiseleur avide par son imprudente mélodie. Tubal, emporté par ses désirs, accourt: au premier bruit, Zulma s'entoure d'un voile insuffisant; l'aspect de son frère semble la rassurer; elle répare négligemment le désordre de sa parure et l'invite à venir s'asseoir auprès d'elle.

C'étoit aux jours brûlans de la canicule, temps fatal où le sang des foibles mortels, embrâsé par les feux d'un soleil ardent, les porte aux plus grands crimes: aucun nuage n'avoit tempéré l'ardeur de ses rayons; aucun Zéphir n'étoit sorti de la forêt pour rafraîchir l'air; l'atmosphère étoit en feu! tous les oiseaux gardoient le silence; il n'y avoit que la voluptueuse tourterelle qui répétât ses tendres soupirs; aucun autre bruit ne pouvoit distraire le malheureux Tubal; aucune des riantes et douces scènes de la Nature ne pouvoit rétablir le calme dans son cœur; et les rayons du Soleil pénétrant sous le feuillage, éclairoient les charmes de la fausse Zulma, leur donnoient un céleste éclat. Si tant d'appas n'avoient pas ébloui les yeux de Tubal, il auroit aisément reconnu son erreur; le Vice peut prendre les traits de l'Innocence, il n'imite jamais sa candeur: à travers ce prestige d'une beauté factice, Tubal auroit reconnu que la fausse Zulma n'avoit que le masque de la Bienveillance; il auroit vu la férocité se cacher dans le repli d'un sourire; il auroit vu que lorsque les prunelles étince-

lantes de Zulma venoient s'arrêter dans le coin
de ses paupières pour contempler furtivement
sa proie, elle avoit un regard infernal qui
l'auroit épouvanté. Mais dans ces temps heureux la Beauté n'avoit jamais voilé de cœur
féroce! Tubal ne pouvoit reconnoître Ahrimane
sous ce déguisement.

« O mon frère, dit la fausse Zulma, qu'il
» m'est doux de me trouver auprès de toi
» dans ces lieux solitaires! Viens! places-toi
» près de moi! depuis si long-temps je desire
» me livrer toute entière au plaisir de te rap-
» peler par mes chants et mes caresses à ce
» Bonheur que tu ne connois plus!... Que tes
» traits sont altérés! Toi, le plus beau d'entre
» les bergers, je ne te reconnois plus! ta che-
» velure est en désordre! places-toi, comme
» l'un de mes enfans, entre mes genoux, pour
» que j'arrange les boucles de tes cheveux. »
Tubal, étonné mais ravi, s'assied; Ahrimane,
tressaillant d'une joie féroce, s'empare de sa
proie : ses mains avides saisissent sa tête, après
que ses lèvres brûlantes ont appliqué sur sa
bouche des baisers de feu ; il appuie son visage
contre son sein palpitant et dispose sa chevelure en lui disant d'une voix entre-coupée par
des soupirs : « Mille fois je l'ai dit à mon époux :
» Vas donc chercher ton frère! je sais que son
» épouse, que ses enfans ne peuvent plus suf-
» fire à son cœur ; qu'il lui faut une amie,
» confidente de ses peines! amènes-le dans notre
» retraite! il versera ses pleurs dans mon sein;
» ma main appuyée sur son cœur rallumera
» dans le sien la flamme de la tendresse! » La
fausse Zulma dit, prend sa main, la presse sur
son cœur et lui prodigue les caresses : ainsi le

tigre semble jouer avec l'agneau qu'il va dévorer.

« O mon amie, s'écrie Tubal, en la ser-
» rant avec transport! tu me rends une nou-
» velle existence! je le sens aux vives agi-
» tations de mon cœur! Non! non! douce
» Zulma, ne me regarde pas, ne me serre pas
» ainsi! je frissonne! je suis en feu! attends
» que cette vive flamme pénètre plus doucement
» mon cœur! Mes yeux ne soutiennent pas
» l'éclat de tes yeux! tes caresses me brûlent!
» Poses ta main sur mon cœur; quels bondis-
» semens! Cependant une sueur froide glace
» mes sens comme à l'instant fatal où je re-
» poussai dans les flots le vieillard qui s'atta-
» choit à notre nacelle : quel est ce trouble?
» quelle terreur! » Infortuné! c'est le père du
Crime et du Malheur que tu serres dans tes
bras.

« Oui, mon frère, dit la fausse Zulma! ré-
» primes ces élans impétueux ; ils fatigueroient
» ton ame! » En lui parlant ainsi, elle donne
à ses attraits un charme plus puissant ; elle
paroît si séduisante et si belle, que Tubal crain-
droit de les profaner, si des caresses plus hardies
ne le réveilloient de cette extase d'une admiration respectueuse. Il presse dans ses bras son
perfide ennemi qui, par une feinte defense ,
découvre des appas plus puissans pour achever
de l'égarer. « O Zulma, s'écrie Tubal, laisses-
» moi donc te presser sur mon sein! laisses-
» moi donc aspirer sur tes lèvres la vie et le
» plaisir! Zulma! Zulma! non, ne me repousse
» pas, si tu ne veux que j'expire à tes pieds
» de douleur et d'amour! » Ahrimane se lève
comme pour échapper à ses ardentes caresses;
Tubal tombe à ses genoux, baise ses pieds d'al-

bâtre, se relève plus téméraire; la fausse Zulma fuit! Tubal vole sur ses pas; une seule fois il peut saisir ses vêtemens, elle les lui abandonne, et sa nudité, les accens de sa voix tantôt suspendus par une feinte terreur, tantôt précipités par une joie doucement ironique, transportent jusqu'à la fureur Tubal qui la poursuit.

Satan, sûr de sa victime, la conduit en fuyant jusques auprès de la cabane de son frère, puis tout-à-coup il se soustrait à sa vue dans les bocages. Tubal, désespéré, redouble de vîtesse pour l'atteindre : ô surprise! il voit Adul, son frère, paisiblement assis sous le feuillage, auprès de son épouse, et lui prodiguant de tendres baisers! Tubal reste immobile! la Jalousie, la Rage, le regret de plaisirs qu'il croyoit assurés, la Honte, les Remords luttent dans son cœur! il se rappelle les vives caresses de Zulma; le calme de sa sœur lui fait croire qu'elle reçoit avec indifférence celles de son époux : à cette pensée, il se trouble, s'irrite; il est prêt à s'écrier : « Arrêtes, Adul, arrêtes ces transports! » cette femme est à moi! gardes-toi de porter » sur elle une main téméraire! elle ne t'aime » plus! elle est à moi! » Son sang bouillonne! il va se précipiter sur la vertueuse Zulma pour l'arracher à son époux! ses nerfs tremblent! ses idées se confondent! sa raison s'égare! les Remords se taisent! il ne voit que Zulma; il ne sent que le désir et la certitude de la posséder!

Le voile de la nuit avoit enveloppé la terre; les ténèbres étoient plus épaisses sous le feuillage; un dernier trait des feux du crépuscule, passant entre les rameaux, éclairoient le visage enchanteur de la belle Zulma; Adul lui dit: « Je vais chercher un asile pour la nuit. » Il

s'éloigne ; un heureux hasard livre à Tubal
celle que la présence de son frère déroboit à
ses transports : ses désirs sont impétueux, irrésistibles! Adul est le seul obstacle à son bonheur ! Tubal le suit d'un pas léger; ses yeux
étincellent de rage, d'amour et des feux de
l'enfer : inspiré par le féroce Ahrimane, il
s'arme d'un caillou, atteint son frère, lui
porte sur la tête un coup mortel : Adul tombe!
le meurtrier franchit son cadavre et vole auprès
de Zulma qu'il saisit avec transport : muet de
plaisir, sa bouche avide dérobe mille baisers sur
les lèvres de Zulma qui, trompée par les ténèbres et son silence, le croit son époux, répond à ses caresses par des caresses plus tendres ;
attisant ainsi, victime innocente, les criminelles
ardeurs de Tubal ! Il l'entraînoit ; un rayon de
la chaste lune s'échappe entre deux nuages
écartés par l'Ange protecteur de l'Innocence, il
éclaire le visage enflammé de Tubal ! Zulma
jette un cri d'horreur, le repousse et lui échappe!
forcené d'amour, il la poursuit ; dans sa course
il se heurte et tombe sur le corps de son
frère dont il entend le dernier soupir : les rayons
de la lune font briller à ses yeux le sang qui
ruisselle de son front ; ses mains baignent dans
ce sang.

A cet aspect, sa flamme adultère s'éteint ;
la Pitié, les Remords lui succèdent ; il essaye
de rendre son frère à la vie : « Adul ! Adul !
» s'écrie-t-il, réveilles-toi! » il l'agite pour lui
donner le mouvement ; il essuye le sang qui
coule de sa blessure ; il le soulève ! le corps
échappe à ses mains défaillantes et retombe
pesamment sur la terre. Tubal désespéré fuit
dans la forêt : le spectre sanglant d'Adul le

poursuit en tous lieux ; sans cesse il entend le plaintif soupir de son frère expirant.

Ainsi pour la première fois le sang de l'homme coula , versé par l'homme lui-même ! Le féroce Ahrimane a poussé le cri du triomphe ; il épouvante la Nature ! ses regards étincelans de joie allument la foudre ; les battemens précipités de ses ailes rapides répandent les ténèbres sur toute la terre ; l'atmosphère est ébranlée par les mouvemens de son impétueuse alégresse ; le globe tremble ; l'ame des mortels est oppressée par des terreurs inconnues , funeste pressentiment des maux qui vont les accabler ! Bientôt l'homme deviendra l'agent le plus actif de la Mort ; il joindra ses fureurs à celles des élémens conjurés , des Génies infernaux , des bêtes féroces pour détruire ses semblables ! Plus cruel que le tigre qui ne dévore pas le tigre , l'homme dévorera l'homme !

LIVRE XIV.

LE FER. LA PROPRIÉTÉ.

Tubal, déchiré par les Remords, se roule sur la terre; ses traits se crispent; ses yeux tournoyent hideusement entre ses paupières clignotantes; le tremblement de ses nerfs, ses cris annoncent que les Remords déchirent son cœur. Il frappe du pied la terre : « O terre, s'écrie-t-il, » entr'ouvres-toi! engloutis-moi! que je ne voye » plus ce cadavre sanglant! » et la terre étant sourde à sa prière, il s'arrache les cheveux, frappe à coups redoublés sa poitrine retentissante; puis échappant à sa malheureuse épouse qui cherche à calmer des fureurs dont elle ne connoît pas la cause, il se jette la tête baissée contre un arbre et retombe mourant entre ses bras. Sélima soutient avec peine son époux pâle comme un cadavre, immobile de douleur et de honte; elle essuye son visage inondé de sang. Tubal promène lentement autour de lui des regards étonnés : « Où suis-je? dit-il : comme » tout est triste et sombre autour de moi ! quelle » teinte lugubre ! Quel est ce spectre sanglant » qui se dresse devant moi? que me veut-il? » Il essaye de fuir, et retombe sur la terre ; il frissonne; ses cheveux se hérissent ! « Adul ! » Adul ! s'écrie-t-il; quoi tu resteras toujours

» ainsi devant moi ! quoi tu me montreras tou-
» jours cette plaie sanglante ! tu feras toujours
» retentir dans mon cœur ce dernier soupir !....
» Sélima ! hâtes-toi de t'appesantir sur moi de
» toutes tes forces ! mes pieds nagent dans le
» sang ! ses flots se grossissent ! ils m'entraînent!
» Sélima ! Sélima ! retiens-moi ! » Tout son
corps, couvert de sueur, tremble avec violence;
d'une main il serre fortement Sélima contre son
cœur, l'autre est étendue comme pour repousser
le spectre de son frère ! ses yeux sont fixes,
sa bouche entr'ouverte, ses lèvres tremblantes.
« Sélima ! dit-il, couvres mes yeux, mes oreilles;
» que je ne voie pas ce spectre, que je n'en-
» tende pas ses cris ! Ciel ! il s'approche ! Sélima,
» caches-moi dans ton sein ! enveloppes-moi de
» tous tes vêtemens ! la présence d'une femme
» vertueuse effarouchera ce spectre ensan-
» glanté !..... »
Sélima essaye de le calmer. « Tais-toi, dit-il
» à voix basse ; tais-toi !... n'entends-tu pas une
» voix solennelle qui remplit le silence de la
» Nature ? elle dit : — Tubal, qu'as-tu fait de
» ton frère ? — Qu'ai-je fait de mon frère ?
» Étois-je chargé du soin de le garder ?.....
» Sélima ! ne sais-tu pas où est ce frère que
» cette voix menaçante me redemande ? vas le
» chercher, je t'en conjure ! qu'il se présente !
» que je n'entende plus cette voix effrayante qui
» me demande mon frère !.... Mais le voilà,
» ce frère ! il est étendu sur la terre, pâle comme
» un cadavre; le sang ruisselle de son front !
» qui l'a frappé ? Sélima, laves donc aussi
» sa blessure !......... Quelle main féroce
» nous a frappé tous deux ? mon front est mouillé
» de sang !....... Quoi ! tu ne vois pas Adul?

» il est là ! devant toi ! palpitant sur la terre !
» Tu n'entends pas son dernier soupir ? Comme
» sa poitrine se gonfle ! comme ses bras s'éten-
» dent, se roidissent ! combien il souffre ! Mais
» pourquoi me montre-t-il toujours sa blessure ?
» est-ce moi qui l'ai frappé ? » Sa conscience et
les Remords lui répondent : « Oui, c'est toi !
» — C'est moi ! quelle horrible imposture ! j'au-
» rois frappé mon frère ! Sélima, peux-tu le
» croire ?..... » Il reste long-temps muet, immobile ; puis revenant à lui comme d'un songe,
il dit effrayé : « A travers les ténèbres qui en-
» veloppent mon esprit, j'entrevois Adul tom-
» bant sous le coup que ma main.... ô crime
» affreux ! » Sélima croit sa raison égarée ; elle
cherche à le calmer par les plus tendres discours.
« Oui ! s'écrie-t-il, c'est à moi que cette voix
» redemande mon frère ! c'est moi qui l'ai frappé
» pour me saisir de son épouse ! ce n'est qu'à
» moi qu'il peut montrer sa blessure ! » Sélima
saisie d'horreur, fuit : ranimée par sa tendresse,
elle revient, se jette à genoux ; d'un bras elle
soutient son époux tremblant, l'autre est comme
étendu vers l'ombre de sa victime.

« Cher Adul, s'écrie-t-elle, pardonne à ton
» malheureux frère ; un mauvais Génie seul a
» pu l'égarer ! vois combien il souffre ! Adul !
» toi qui étois si bon et si doux ! aye pitié de
» son supplice ! ombre d'Adul, retournes au cé-
» leste séjour, ou bien auprès de l'infortunée
» Zulma ! laisses-nous à notre désespoir ! » —
« Zulma ! s'écrie Tubal : quel nom viens-tu de
» prononcer ? Zulma ! c'étoit elle que j'allois
» posséder ! c'est pour jouir de cette volupté
» que j'ai frappé mon frère ! Ciel ! quelle fureur !
» les ténèbres se dissipent ! Fuis, Sélima ! que

» toute la Nature frémisse d'épouvante à mon
» aspect ! que les mortels gémissent en entendant
» prononcer mon nom ! j'ai tué mon frère ! »

Tubal s'assied et cache dans ses mains son visage sombre ; il reste long-temps absorbé, méditant l'horreur de son crime, et lorsque Sélima veut le distraire ou bien étancher son sang, il la repousse et lui dit : « Ne t'occupes
» plus à laver mes blessures ! laisse-moi mourir
» afin que j'échappe aux Remords qui me dé-
» chirent ! Eh quoi ! tu me prodigues tes ca-
» resses ! ne crains-tu pas de souiller tes mains
» du sang de mon frère ? Sélima ! je t'en con-
» jure au nom de la pitié, au nom de la ten-
» dresse, laisse-moi mourir ! Ah ! si tu savois
» combien je souffre ! toi-même tu désirerois
» ma mort ! Que ferois-je de la vie ? mon
» crime me la fait abhorrer ! j'ai parcouru ma
» funeste carrière ; je l'ai souillée de sang ! Je
» suis dévoré de remords ! Se peut-il que le cœur
» d'un mortel puisse endurer, sans mourir, de
» si cruels supplices ? Je me sens sous la main
» d'un mauvais Génie : que veut-il encore de
» moi ?... Pour toi ; pour tes enfans ; laisse-moi
» mourir ! songe donc que les enfans sont cau-
» tions envers le Ciel du crime de leur père :
» je ne laisse aux miens que trop de vengeances
« à subir. » Sélima, frappée de terreur, reste muette, immobile, et bientôt des torrens de pleurs roulent de ses yeux.

Tubal renouvelle ses prières pour que Sélima ne l'empêche pas de se délivrer de la vie ; elles raniment sa vigilance inquiète : plus il la conjure, plus il la repousse, plus il emploie d'adresse et plus elle lui résiste. La rapidité de sa marche ne la fatigue point ; sa constante immobilité ne la rebute point ; ses fureurs n'obtiennent d'elle que des caresses plus vives ou des larmes plus amères, et n'ébranlent point sa constance : une tendre épouse est comme une providence infatigable : toujours active, toujours vigilante, elle épie tous ses mouvemens : nuit et jour dans les alarmes, elle le surveille ; au moindre geste, elle oppose un obstacle à son désespoir.

Les tendres soins, les discours de Sélima, l'épuisement semblent avoir affoibli les premiers accès de la fureur de Tubal : il paroît se résigner à la vie pour se punir de son crime : il ne cherche qu'à tromper Sélima, qui ne cesse de l'observer ; il lui dit : « Sélima, tu essayes en vain d'adoucir
» mes supplices ; tu peux les partager ; tu ne les
» diminueras pas ! la Mort est dans mon cœur !
» mais avant qu'elle me frappe, je veux t'éloigner
» de ces horribles lieux ! je veux te conduire loin
» de tous les mortels pour ne pas te laisser seule
» avec tes enfans au milieu d'eux : ils vont imiter
» mes fureurs. Les noirs pressentimens de mon
» père sont accomplis ; le pacte avec le malheur
» est contracté : ma main vient d'ouvrir la bles-
» sure d'où s'écouleront à jamais des torrens de
» sang ! Fuyons les mortels ; ils vont nous ab-
» horrer ! »

Tubal entraîne son épouse et ses enfans dans des contrées lointaines. Cette famille éplorée quitte en gémissant les lieux théâtre de leur félicité perdue. Tubal s'éloigne à pas précipités, il croit que la rapidité de sa marche calmera ses tourmens ; il ne détourne la tête que pour reprocher à Sélima sa lenteur : elle conduit par la main ses enfans qui la suivent à peine et Tubal ne voit pas qu'elle redouble inutilement d'efforts ; il est sourd à ses plaintes, aux cris de ses enfans dont les pieds déchirés laissent à chaque pas une trace de sang : il ne songe qu'à fuir le spectre qui le poursuit ; il n'entend que le dernier soupir de son frère.

Aux approches de la nuit, Tubal s'arrête dans des lieux sauvages : son épouse et ses enfans, accablés de fatigue, succombent dans les bras du sommeil ; il leur échappe pour errer au gré de sa douleur : il s'enfonce dans les sombres fôrets de cèdres et de cyprès ; aucun bruit ne peut l'y distraire de ses remords ; il n'y a que le triste hibou qui, d'un ton monotone, annonce par intervalles à la Nature les menaces et le triomphe de la Mort. Tubal gravit à la pâle clarté de la Lune, les rochers les plus élevés ; il atteint sans frayeur leurs cimes inaccessibles à tout autre qu'à celui que le Désespoir égare ; il affronte les périls ; il désire la Mort : des masses informes et menaçantes pendent sur sa tête, il attend leur chute, et sa main la provoque en essayant de les ébranler.

Le spectre de son frère lui apparoît plus terrible dans les ténèbres. Tantôt une sueur froide couvre ses membres ; son sang se glace, oppresse son cœur : tantôt il fuit et court effrayé, croyant entendre les pas du spectre qui le poursuit ; tout-à-coup il s'arrête stupéfait, haletant, et détourne la tête en tremblant pour voir si le spectre a disparu : du tronc d'un arbre, d'une touffe de ronces, de l'entrée d'une caverne, du milieu des rochers, sort le spectre menaçant et cette voix terrible : « Tubal ! qu'as-tu fait de ton frère ? » Il fuit, s'arrête, fuit encore, se blottit sous des touffes de ronces, s'enfonce dans une caverne, se cache et tient sa tête entre ses mains ; mais dans la profondeur des ténèbres, il voit toujours le cadavre et le torrent de sang qui coule autour de lui : s'il fixe ses regards sur les cieux , des ruisseaux de ce sang semblent rouler sur les flancs des nuages embrâsés : il fuit en délire , et dans sa course, il heurte les chênes antiques minés par le Temps ; ces voûtes de branchages s'écroulent sur sa tête , le frappent, l'enveloppent, l'attèrent ; il croit sentir le spectre lui-même qui le saisit ; il est immobile , dans la stupeur.

Un sombre mugissement frappe ses oreilles ; il s'avance vers les lieux d'où partent ces bruits inconnus ; il arrive sur les bords de l'océan dont les flots heurtent avec fracas le rocher qui le supporte. L'aspect de cette mer immense sur laquelle il n'aperçoit aucun objet qui puisse arrêter ses regards lui présente l'effrayante perspective du long avenir dans lequel il n'aperçoit aucun terme à sa douleur : ces vagues qui se soulèvent , se tourmentent, s'engloutissent et disparoissent dans leur propre immensité , mues par une main invisible qui ne les fait sortir de l'abyme que pour les y replonger, sont l'image de son ame agitée par les Remords. Les mugissemens sourds et profonds des flots qui se précipitent dans les cavernes du rivage , en ressortent avec fracas , des bruits étranges dont les sons lugubres , effrayans se prolongent, se répètent , imitant des plaintes , des soupirs, tout l'agite ; sa raison se trouble ; égaré par le Désespoir, il se jette dans les flots ! mais Ahrimane dont les projets ne sont pas accomplis , veille sur sa victime ; il repousse sur le rivage Tubal meurtri , déchiré de plaies par les rochers : le malheureux se traîne péniblement sur le sable , maudissant l'océan qui refuse de l'engloutir. Les premiers rayons du jour viennent éclairer sa misère ; il lave ses blessures, croyant pouvoir tromper les regards inquiets de son épouse , et retourne à regret auprès d'elle , dirigé par ses tendres cris et les clameurs de ses enfans qui l'appellent.

Pour la première fois, depuis le jour de sa fuite, Tubal calmé par cette crise du désespoir regarde avec quelqu'attention cette tendre épouse : il la voit pâle , les yeux rouges de pleurs , épuisée de fatigue , plongée dans la plus sombre tristesse : la malheureuse Sélima connoissoit l'horreur de sa situation ; accoutumée dès l'enfance à partager les sentimens de celui qu'elle aime , elle partage sa douleur, son repentir, même ses remords ! loin que son époux lui soit odieux, loin de lui reprocher un amour adultère , elle s'accuse de n'avoir pu suffire à sa tendresse : par excès d'attachement, elle ne sépare pas sa conscience de celle de Tubal , et supporte avec lui le poids du crime ; elle souffre des tourmens qui devroient être inconnus à son cœur innocent : sentimens rares et sublimes ! ils étonneront les ames vulgaires toujours prêtes à se replier sur elles-mêmes pour abandonner leurs amis dans le malheur.

L'aspect de Sélima fait sur Tubal une impression profonde ; il s'attendrit : n'osant la presser dans ses bras criminels , il se jette à ses genoux.

« Eh quoi ! s'écrie-t-il , mon crime et mes fu-
» reurs n'ont pas lassé ton indulgence ! tu souffres
» la présence du meurtrier de ton frère ! tu
» m'aimes encore ! Ciel ! tu veux me presser sur
» ton cœur ! ne redoute-tu pas cette main souillée
» du sang d'Adul ? ne vois-tu pas que j'en suis
» tout couvert ? » Sélima veut le relever : « Non !
» non ! laisse-moi ramper et gémir à tes pieds !
» je trouve quelque soulagement à m'humilier
» devant toi ! Je le sens à mes remords , mon
» cœur n'étoit pas né pour le crime ! un mauvais

» Génie plaça dans ma main un caillou, me fit
» frapper mon frère ! et que pouvois-je contre
» ce Génie ? N'ai-je pas entendu le cri de sa joie
» féroce répondre au dernier soupir de ton mal-
» heureux frère ? »

Sélima tremblante le regarde avec terreur, et
tout-à-coup emportée par sa tendresse, elle le
prend dans ses bras pour le relever : ses enfans lui
prêtent leur secours, il les écarte. « O mes en-
» fans ! n'approchez pas de votre père ; je ne le
» suis plus ! Sélima, n'approche pas de ton époux ;
» il ne l'est plus ! il ne doit plus avoir d'enfans,
» plus d'épouse : il a tué son frère ! il ne doit
» plus être aimé !

» Dans quelles ténèbres, dans quelle affreuse
» solitude se trouve le meurtrier !..... Je n'ai
» pour compagnon que le spectre de ma vic-
» time !.... Non ! non ! ne me serrez pas dans
» vos bras ! vos caresses irritent mes douleurs !
» les enfans de mon frère le serroient aussi dans
» leurs bras ! à qui demanderont-ils un père ?....
» Que nul d'entre vous ne prononce le mot de
» frère ! il déchire mon cœur !.... J'ai tué mon
» frère. » Il ajoute, en versant pour la première
fois depuis son crime un torrent de larmes : « O
» tendre Sélima ! que je suis malheureux !

» Le jour, j'appelle la nuit, je la conjure de
» me délivrer de la vue de tous les objets qui me
» rappellent mon crime; la nuit, j'invoque le jour
» pour qu'il me délivre des songes affreux qui me
» tourmentent; le jour et la nuit je suis également
» supplicié ; je ne fais que changer de tortures !
» Que sont devenus les heureux jours de mon
» innocence ; maudit soit celui où je suis né !
» pourquoi la Mort m'a-t-elle épargné ! Je lan-
» guis dans le désir de cette mort ; à qui pour-

» rai-je adresser mes vœux pour l'obtenir ? tout
» est sourd à mes cris ! tous les êtres sont insen-
» sibles pour moi. J'invoque le Soleil, il ne ré-
» chauffe point mon cœur glacé par la terreur ;
» le soir il me laisse seul à mes noires pensées !
» j'invoque l'astre de la nuit ; il ne fait qu'ac-
» croître mon abandon et ma tristesse ; il me livre
» au spectre de mon frère. Les échos ne font que
» répéter mes cris et le dernier soupir d'Adul !
» Pour fuir le spectre, je me suis précipité dans
» l'océan (Sélima frémit), et les flots m'ont re-
» jeté sur le rivage. Je ne puis implorer que toi,
» tendre Sélima ! je t'en conjure, abandonne-
» moi ! je m'enfoncerai dans une caverne som-
» bre ; j'y méditerai l'horreur de mon crime ;
» je m'y livrerai moi-même à ce spectre qui me
» poursuit ; je lui dirai : tiens ! saisis-moi,
» étouffes-moi dans tes bras pour te venger :
» mais cesse de déchirer mon cœur par tes sou-
» pirs ! S'il me repousse, je le fatiguerai par ma
» résignation à souffrir, à le contempler : je me
» laisserai mourir sous ses yeux, de faim et de
» douleur, et ma mort expiant mon crime, il ne
» retombera pas sur ta tête, sur celle de tes en-
» fans : car, je te le répète, les enfans sont cau-
» tions envers le Ciel, des crimes de leurs pères !
» toutes les morts dont nous avons été le témoin
» ne nous l'ont-elles pas assez appris ! et quelle
» effrayante mesure de vengeances je vous lègue !
» Laisse-moi donc expier seul et lentement mon
» crime pour vous en alléger le poids ! laisse-moi
» seul avec mes Remords ! seul avec ce cadavre
» ensanglanté !

Il dit, et se prosterne le front dans la poussière
aux pieds de Sélima : ses enfans l'accablent de
caresses, son épouse le relève en le pressant étroi-

tement dans ses bras : « Que le ciel ! s'écrie-t-elle
» avec transport, nous fassent partager tes peines
» si nous pouvons les alléger : non, dût-il nous
» rendre plus malheureux, nous ne te quitterons
» jamais ! tu ne serois pas coupable si j'avois pu
» suffire à ta tendresse : cause de ton égarement,
» je partagerai ton supplice ! »

Effrayée par les regards inquiets que Tubal
promène sur les tristes lieux d'alentour, Sélima
l'entraîne au loin, oubliant que le meurtrier emmène toujours avec lui le spectre de sa victime :
elle lui remet sans cesse sous les yeux l'effrayante peinture des maux que ses enfans auroient à souffrir seuls (car elle ne lui survivroit
pas) dans cet affreux désert, et par la douce éloquence de son cœur, elle parvient à changer la
funeste résolution de Tubal. « Oui, s'écrie-t-il,
» je dois vivre pour expier mon crime, et non
» mourir, pour vous en aggraver les peines : si
» la mort m'enlevoit à ces supplices, ils retom-
» beroient sur vos têtes ! Lâche meurtrier ! c'est à
» toi seul de les endurer ; tu as bien eu le courage
» de les mériter !... Sélima ! je comprimerai la
» douleur dans mon sein ! qu'elle le déchire à son
» gré, pourvu que vous soyez moins malheu-
» reux ! » Il dit, et cette pensée le rattache à la
vie ; mais alors toute l'horreur de sa situation se
fait sentir plus vivement à son cœur.

Poursuivi par le spectre ensanglanté de son
frère, Tubal a traversé d'immenses déserts ; il se
trouve avec sa famille dans des contrées où l'Hiver
rigoureux, descendu des pôles du monde, exerce
déjà son empire. Combien la Nature y est différente de ce qu'elle étoit aux lieux qu'ils ont quit-
tés ! Ils errent sur de vastes plaines dont la triste
uniformité n'est interrompue que par des fon-

drières remplies d'eaux infectes, par des ravins comblés de roches roulées par les torrens, et bordés de broussailles, ou des monticules sous lesquels gissent, à demi-recouverts, les ossemens amoncelés des hommes et des animaux submergés ; ils y sont entourés par des masses de rochers informes et stériles dont la cime est déjà chargée de glaces.

Le bruit sourd des torrens qui sortent des cavernes profondes ou s'y précipitent dans des abymes, a remplacé le doux murmure des ruisseaux : la terre n'est plus ornée de verdure ; ce n'est qu'un mélange de sable et de limon : les arbres ne sont pas chargés de fruits, ce ne sont que de tristes cyprès. Les Frimats rigoureux, le dur Aquilon frappent les membres délicats des enfans de Tubal, et pour comble de maux, la Faim cruelle les tourmente. Pour trouver quelques fruits, il faut qu'ils s'enfoncent dans des forêts humides, hérissées d'arbustes épineux ; il faut qu'ils marchent sur un sol imbibé d'une onde bourbeuse et noirâtre qui jaillit sous leurs pieds : les animaux immondes qui s'y repaissent de débris fuient autour d'eux, ou bien les arrêtent par leurs morsures : nus, il faut qu'ils parcourent péniblement des champs recouverts de ronces qui les déchirent, et partout ils ne peuvent recueillir que des fruits aigres ou des graines amères.

Lorsque la triste nuit vient mettre fin à leurs recherches souvent infructueuses et toujours insuffisantes, des ombres épaisses les enveloppent d'une profonde et triste obscurité. Ensanglantés par les épines, tremblants, gelés par la pluie, la grêle ou les frimats qui blanchissent leurs chevelures, ils se cachent sous des touffes épaisses de plantes rampantes dont les rameaux forment au-dessus d'eux une voûte humide : les serpens leur disputent ou partagent cet asile. Là ces infortunés enfans languissent blottis dans les bras de leurs parens, sous un amas de mousse et de feuillage : ils souffrent des rigueurs de la faim, de l'âpreté du froid, de la piqûre des insectes ; ils attendent, dans les tourmens de la douleur et de l'ennui, l'instant où le Soleil viendra, si le ciel s'éclaircit, les réchauffer et leur permettre de chercher des alimens dont ils sentent vivement et toute la nuit le besoin cruel. Les cris lugubres et glapissans des oiseaux de proie ajoutent à la tristesse de leurs pensées : ils ne peuvent fermer un instant les paupières ; ils sont continuellement éveillés par les rugissemens des ours qui parcourent ces forêts, ou par les cris lugubres des animaux que ces monstres déchirent. Lorsque le Soleil vient éclairer leur misère, il ne fait que changer leur supplice, en étendant à leurs yeux la stérile solitude dans laquelle ils sont captifs sous la dent aiguë de la Faim.

Le désir de soustraire son épouse et ses enfans à ces supplices, force le malheureux Tubal à supporter la vie : il leur construit une retraite avec des rameaux entrelacés et des nattes que son épouse, ses enfans ont tissus. Au milieu de cette retraite brille un feu qui les ranime : Tubal en recueillit les étincelles dans un amas de débris incendiées par la foudre, et ses enfans l'entretiennent avec soin comme un don inappréciable du Très-Haut ; ils lui en offrent chaque matin la première flamme.

Le hasard fait trouver à Tubal, dans les forêts, les peaux de quelques cadavres d'animaux dévorés par les insectes ; il revêt de ces dépouilles les plus foibles de ses enfans. Hélas ! bientôt il sera réduit à poursuivre ces animaux pour s'en procurer ! il sera réduit à se nourrir de leurs chairs ! Mais il n'a pas encore le courage de les frapper, tant le sang lui fait horreur : il nettoye le terrain qui entoure leur retraite de toutes les plantes inutiles dont il est recouvert ; il remue la terre avec des branches d'arbre et lui confie les graines qu'il a recueillies, pour assurer par une récolte abondante la subsistance de sa famille.

Bientôt l'aurore n'est plus assez diligente : chaque matin Tubal la devance pour se livrer à ses travaux ; souvent l'astre de la nuit, témoin naguère de son désespoir, le voit, dédaignant le sommeil, profiter de sa clarté. Le soir lorsqu'il rentre dans sa retraite, excédé de fatigue, il pose sa tête sur le sein de Sélima, laisse tomber autour d'elle ses bras appesantis ; son épouse essuye son front inondé de sueur, elle le couvre de baisers et lui fait de tendres reproches sur l'excès de son zèle. « Le Ciel, lui répond Tubal, ne vous a pas » créés pour que vous fussiez mes victimes ! puis- » je trop faire pour vous alléger des tourmens » dont je suis la cause ? Ah ! que ne puis-je tra- » vailler ainsi pour les enfans de mon frère ! Qu'il » est affreux pour un cœur déchiré de remords, » de ne pouvoir, à force de caresses et de soins, » donner aux malheureuses victimes de ses fureurs » autant de félicité qu'il leur a causé de maux ! »

Ces pensées le rendant à sa tristesse, à ses re- mords ; il retombe dans une profonde mélancolie : depuis long-temps victime de l'infortune, il est maintenant effrayé du calme dont il commence à jouir ; il éprouve que pour goûter le repos du cœur, il faut une conscience pure, et que le calme n'est qu'un allégement instantané, toujours in- quiétant pour un coupable.

Sélima pour le distraire, lui fait entrevoir la perspective lointaine d'un bonheur qu'elle feint de concevoir ; elle-même n'en espère plus dans ces sauvages contrées. Mais d'affreux souvenirs nourrissent le sombre désespoir de Tubal : Sélima, sans paroître avoir le dessein de l'apaiser, joue sur la flûte sonore quelques airs mélancoliques, et captive son ame par le charme de sa voix : elle passe à des airs plus doux ou plus tendres, et calme les violentes agitations de ce cœur bourrelé de remords.

Enfin arrive le jour heureux de la première moisson ! Les enfans en offrent les prémices à l'Eternel : il n'ose se joindre à eux ; sa conscience lui dit que le Ciel rejette l'hommage du meurtrier. Cet heureux succès l'encourage, il recommence ses travaux avec plus de zèle : mais les branches d'arbre avec lesquelles ils déchiroient péniblement le sein de la terre s'émoussoient, promptement usées par la dureté du sol ; il les arma de pierres aiguës : cette ressource fut insuffisante encore ! Le Hasard ou plutôt Ahrimane, pour exécuter ses terribles projets d'anéantissement de l'espèce humaine, a placé parmi les pierres du foyer de Tubal, un morceau de métal, qui s'amollit et se durcit tour-à-tour : Tubal inspiré par ce cruel ennemi, frappe ce fer avec un dur caillou, lui donne la forme des instrumens que les insectes ont reçu de la Nature pour remuer la terre. Bientôt, hélas ! il forgera des armes pour se défendre contre les animaux qui, rompant la clôture de ses champs, de ses vergers, viennent dévorer ses moissons : puissent ses enfans ne jamais tourner contre leurs semblables ces armes redoutables ! mais comment pourront-ils échapper au féroce Ahrimane qui a fait choix de cette famille et de sa postérité pour

faire pulluler sur la terre des essaims de barbares, poussés par la Faim cruelle, et qui rava-
geront toutes les contrées cultivées, embellies
par les Arts.

L'ingénieuse Sélima suggéroit souvent à son
époux de nouveaux moyens de succès dans ses
travaux. Tubal avoit une ame forte et constante;
son intelligence et son adresse surmontoient tous
les obstacles ; les difficultés augmentoient son
ardeur ; il ne trouvoit rien d'impossible lorsqu'il
s'agissoit d'ajouter quelque chose à l'aisance de
sa famille : l'homme marche à pas de géant dans
la carrière des arts, lorsqu'il est stimulé par
l'Amour et la Nécessité.

Souvent Tubal dit à sa famille : « O mes en-
» fans ! le travail est une source inépuisable de
» consolations, de jouissances : sans lui le repos
» n'a plus de charmes, les mets n'ont plus de
» saveur ! sans lui comment supporter le poids
» d'un long jour d'oisiveté ? il dissipe les sombres
» vapeurs de la mélancolie : je me sens moins mal-
» heureux lorsque j'employe pour vous toutes
» mes forces : j'allége mes tourmens en m'occu-
» pant d'adoucir les vôtres. »

Les enfans de Tubal le secondent avec ardeur
dans ses travaux ; plusieurs ont atteint l'âge des
amours ; ils s'unissent, et leur nombre s'augmentant chaque année, l'enceinte qu'ils cultivent n'est
plus assez vaste pour fournir à leurs besoins ; ils
sont obligés de s'éloigner de leur père pour aller
former ailleurs d'autres habitations, y défricher
un sol nouveau, l'entourer de barrières contre les
animaux qui viennent ravager leurs moissons.
Ainsi ces mortels ne forment plus une seule famille ; chaque chef dit : ma cabane, mon champ,
ma récolte ! Ahrimane, se croit vainqueur ! le

sang de l'homme a coulé, versé par l'homme
lui-même ; il lui a fait connoître l'usage du fer ;
il lui a fait connoître la Propriété ! que de maux
son funeste génie saura faire éclore de ces révé-
lations fatales !

L I V R E XV.

TRIOMPHE D'AHRIMANE.

AHRIMANE rentre triomphant dans son ténébreux empire : il y est aussitôt entouré par les Anges qu'il entraîna dans sa révolte contre le Tout-Puissant, par les mauvais Génies auxquels il promit une proie.

La Mort avide , ce précepteur sévère mais inutile du genre humain , frappe de ses ailes sombres les Ténèbres qui soutiennent autour de son squelette une robe noire parsemée de larmes , l'Esclavage aux épaules ensanglantées, la Peste entourée de vapeurs mortelles , les Maladies dévorantes , la Luxure aux yeux ardens , l'ignoble Intempérance , l'Avarice insatiable , la Famine aux membres décharnés , la Guerre dont le cœur est comme un cancer toujours avide de chairs palpitantes , la Tyrannie ombrageuse , armée d'un sceptre à pointes acérées , l'Esprit de parti qui dévore ses propres enfans ; tous ces monstres attendent avec impatience que l'Ange rebelle leur annonce l'exécution des promesses qu'il leur a faites de la dévastation de la terre ; il leur dit :

« Je n'avois pas jugé digne de moi d'anéantir
» le globe sublunaire et ses odieux habitans:
» je trouvai plus doux pour ma vengeance de

» charger de la ruine de cette terre les Anges
» auxquels mon rival en avoit confié le soin.
» Egarés par moi, l'un d'eux incendia ce globe,
» l'autre le recouvrit de toutes ses ondes : trem-
» blans à la voix menaçante de leur souverain,
» tous deux se sont hâtés de réparer le désordre ;
» mais mon génie fécond fera concourir encore
» à la destruction de cette terre et des mor-
» tels les moyens que la Nature employe pour
» réparer les ravages exercés par les Anges
» rebelles.

» Je m'étois précipité dans les entrailles de
» la terre afin d'attiser les feux allumés dans
» son sein qu'ils vont consumer ; j'en sortois
» triomphant pour aller conquérir d'autres
» astres : ô surprise ! je vois les restes de ces
» mortels échappés au déluge, voguer sur un
» océan sans limites ! Famine, je te les avois
» donnés pour ta proie ; l'Eternel te l'a ravie !
» cette terre fut bientôt toute repeuplée de
» ces êtres que je croyois avoir anéantis ! Ma
» haine mieux réfléchie calma mon indigna-
» tion : c'eût été une faute que d'effacer ces
» mortels de dessus le globe ! pour mieux sa-
» vourer les délices de la vengeance, il falloit
» les charger de leur propre destruction et les
» voir renaître sans cesse, pour sans cesse les
» livrer à vos fureurs. Par mes suggestions,
» pour la première fois, le sang de l'homme
» a coulé versé par l'homme lui-même ! ce
» premier crime enfantera d'autres crimes ; ce
» sang sera la source intarissable du sang qui
» doit inonder la terre : afin d'assurer cette gé-
» nération de forfaits, il falloit que les hommes
» connussent le fer et la propriété ; les succès
» ont surpassé mon attente !

» Ainsi donc je partage à présent et pour
» toujours avec mon rival l'empire de la terre!
» les élémens y secondent mes fureurs! à ma
» voix, les Tempêtes bouleversent l'Océan et
» poussent ses flots destructeurs sur les contrées
» fécondes. Les feux renfermés par moi dans
» le sein de cette terre, la secouent par des
» commotions violentes : des foyers immenses,
» éternels dévorent son sein ; ils y creusent
» des abymes qui engloutiront des continens
» avec tous les êtres qui les habitent ! Ces
» torches ont allumé la foudre dans les cieux,
» et contre leurs traits il n'est point d'asile sur
» tout le globe: dans les entrailles de la terre,
» à la cime des monts, seuls, entourés de pro-
» tecteurs, les mortels sont réduits en cendres
» par ces traits ! la voix de ces tonnerres cé-
» lèbre mon triomphe, promène dans l'espace
» le bruit de mes victoires et de ma renommée!
» les traces de ce triomphe sont gravées sur
» le sein de la terre toute sillonnée de tom-
» beaux : des monceaux d'ossemens s'élèvent
» à ma gloire sur cette masse imbibée de leurs
» larmes, de leur sang, grossie par leurs ca-
» davres. L'homme est devenu l'agent le plus
» actif de la Mort : il joint ses fureurs à celles
» des élémens conjurés à sa ruine. Plus mé-
» chant que vous qui n'aggravez pas vos mal-
» heurs par des haines et des vengeances, plus
» cruel que les bêtes féroces qui épargnent leurs
» semblables, l'homme égorge l'homme et le
» dévore.

» Génies infernaux, une éternelle et pénible
» oisiveté devoit être votre supplice ; je vous
» donne aujourd'hui le moyen d'alléger cette
» pesante éternité : tout ce qui respire est la

» la proie de vos fureurs. Une crainte m'arrête!
» cette vile proie ne vous paroîtra-t-elle pas
» indigne de vous? »

Les agens d'Ahrimane, avides de larmes et
de sang, le rassurent par d'horribles clameurs;
ils redoutent de voir ajourner leurs jouissances.
Ahrimane continue :

« Car se peut-il qu'il m'ait coûté si peu d'ef-
» forts pour dégrader au rang des animaux
» cette espèce humaine si chérie de mon rival?
» se peut-il que la mort d'un seul d'entre eux
» ait privé la race entière de ses qualités et de
» ses droits? En combien peu de temps ces
» prétendus chefs-d'œuvres ont été dépouillés
» de leur prééminence ! la facilité de mon
» triomphe en diminue la gloire.

» Je les ai vus de près, ces prétendus chefs-
» d'œuvres de mon rival ! je me suis abaissé
» jusqu'à prendre leur forme ! quelle horrible
» destinée pour des Intelligences, s'il est vrai
» qu'ils méritent ce nom, que d'être ainsi cap-
» tives sous la pesante matière, de ne plus
» communiquer avec l'Univers qu'à l'aide de
» cette hideuse matière qui les enveloppe et
» dont la nature, les formes fixent le degré
» de leur pouvoir, l'étendue de la perspective
» qu'ils peuvent saisir de cet Univers ! quelle
» honte d'être réduites à n'occuper toutes ses
» pensées que du soin de conserver cette ma-
» tière; de s'en nourrir, d'en être tellement
» enveloppées, qu'elles doutent même si cette
» matière n'est pas leur propre, leur unique
» substance. A peine y sont-elles attachées
» qu'elles l'emploient à gémir, à verser des
» larmes ! elles frémissent de se voir enfermées
» dans cette enveloppe qui leur fait éprouver

» les cruelles morsures de la Douleur avant
» même qu'elles aient connu la première im-
» pression des plaisirs (1) : elles ne peuvent goû-
» ter ces plaisirs que par quelques foibles or-
» ganes, et chaque point de leur être devient le
» siége d'une intolérable douleur. Si l'Imagina-
» tion enlève cette peau mince où réside leur
» prétendue beauté, elle ne découvre que des hi-
» deurs ! En vain les riches, les puissans de la terre
» s'enveloppent-ils de matières qu'ils nomment
» précieuses pour cacher leur fange ; hommes,
» vêtemens, tout n'est que vile poussière, et
» je conspue sa dignité grotesque.

» Ce ne sont que des machines dont le ha-
» sard détermine la nature et le mouvement :
» existantes par la nécessité d'être, mues par
» des forces étrangères à leur essence, les
» mêmes causes produisent toujours en elles les
» mêmes effets : merveilleuses machines dont
» un souffle, une vapeur peut changer la vi-
» gueur en défaillance, le prétendu génie en
» délire ; qu'une piqûre, un foible contact
» peut briser ! Cependant combien d'efforts il en
» coûte à leur auteur pour achever ces faux
» prodiges ! que d'essais informes, que de ma-
» chines avortées ! combien peu, parmi ceux
» qui naissent, atteignent à cet état de pré-
» tendue perfection qu'ils ne gardent qu'un
» instant ! Êtres éphémères, ils apparoissent sur
» la terre, ils entrevoient la lumière : tout-à-
» coup elle s'éteint ; ils ont rêvé la vie ! Un
» peu plus de ces fluides qui les animent en

----

(1) Le contraste et la réfutation de ce tableau de l'Homme
des matérialistes est aux dix-neuvième Livre et suivans.

» élève quelques-uns au-dessus de leurs sem-
» blables , leur fait croire qu'ils sont des
« Demi - Dieux : la renommée des plus il-
» lustres, des plus intelligens d'entre ces mor-
» tels démontre la foiblesse de l'espèce ; ils pa-
» roissent tous calqués l'un sur l'autre à travers
» le voile du Temps : tous, s'ils osent porter
» un regard en arrière sur leurs actions, leurs
» sentimens, rougissent d'eux-mêmes en recon-
» noissant combien , dans toute leur conduite,
» ils furent inconséquens, méprisables, crimi-
» nels! ils sont les uns pour les autres et pour
» eux - mêmes des énigmes inexplicables. Ces
» hommes puissans, ces hommes de génie qui
» sembloient nécessaires à l'humanité disparois-
» sent, brusquement enlevés par la Mort, et
» leur absence est insensible ; l'ordre n'est pas
» troublé sur la terre ; l'honneur de l'espèce
» s'évanouit avec eux, mais l'espèce subsiste.
» Encore si, quoique foibles, ils étoient immor-
» tels , leur orgueil pourroit se concevoir ; mais
» mourir ! quelle affreuse ! quelle humiliante
» destinée! leur orgueil n'est-il pas un délire?
» Rebuts de l'Univers, ils se croient au-dessus
» des animaux, mais dans leur enfance et dans
» leur vieillesse, ils sont comme ces animaux ;
» au milieu de leur âge ils sont insensés : toute
» leur vie n'est qu'une vaine poursuite du bien,
» une lutte plus vaine contre la Douleur ! ils
» possèdent un instant de l'éternité, les insensés,
» fatigués de cet instant , emploient toute
» l'énergie de leurs facultés pour remédier au
« malheur de l'existence et faire plus promp-
» tement écouler ces jours sitôt absorbés par
» l'éternité. Assemblages informes de qua-
» lités incohérentes qui s'entredétruisent , ils

» n'ont plus d'intelligence que pour mieux
» concevoir leur néant, plus de forces et de
» sensibilité que pour se faire plus de mal,
» éprouver plus vivement la douleur ; plus de
» lumières que pour mieux connoître l'opacité
» de leurs ténèbres ; plus de prévoyance que
» pour pressentir de plus loin leurs malheurs
» et la mort. Êtres nécessairement imparfaits,
» pour lesquels la recherche même de la per-
» fection est dangereuse , ils prétendent , à
» l'aide des Sciences et des Arts , atteindre cette
» perfection idéale qui les rapprocheroit des
» Intelligences ; insensés qui n'obtiendront ja-
» mais que la certitude et la perfection de leur
» misère : leur cercle étroit est tracé , ils y
» circuleront sans cesse et n'en sortiront ja-
» mais ! Cette orgueilleuse raison qu'ils disent
» avoir en commun avec les Intelligences ,
» désenchante pour eux la vie : ceux qu'ils
» osent nommer sages, devenus les justes appré-
» ciateurs des hommes et des choses , redisent
» tristement en les contemplant : Vanité des
» vanités.

» Ils n'ont pas l'attribut des Intelligences ,
» le pouvoir de diriger à leur gré leurs pensées;
» elles roulent ou se traînent confusément dans
» leur foible tête comme des nuages ; leurs
» idées les moins basses, leurs conceptions les
» moins étroites ne sont jamais qu'une vile
» sécrétion d'un organe matériel, masse spon-
» gieuse , principe de toutes leurs facul-
» tés (1), et dont l'enveloppe bizarre , fragile
» dépositaire du sceau dont mon rival a marqué

____

(1) Le cerveau ; système des matérialistes.

» ses favoris, est le siége de la prétendue ma-
» jesté de ces tyrans de la terre.

» Leur ame ardente a besoin de toute cette terre
» pour l'occuper, et tout leur y échappe : l'un
» d'eux l'a-t-il conquise (1)? il frémit de sa
» solitude, du néant des grandeurs, de l'étroi-
» tesse du globe. La Fortune l'a comblé de
» presque tous ses biens, mais le moindre
» qu'elle lui refuse semble toujours le plus
» précieux ! Lorsqu'il se promène orgueilleu-
» sement sous la coupole des cieux, en se di-
» sant : «Tout ce que vous couvrez est à moi ;
» tous les êtres qui y respirent sont mes ado-
» rateurs ou mes esclaves ; tout l'espace que
» vous renfermez est rempli du bruit de ma
» renommée! » il sent retentir sous ses pieds le
» vide de la tombe; il entend le bruissement
» des vers qui l'y attendent : de toute cette
» terre, il n'est pas sûr de posséder toujours
» l'espace étroit de son tombeau ! En vain ses
» adulateurs essayent-ils de l'élever au rang
» des Intelligences sur les vapeurs de l'encens,
» elles se dissipent et la divinité factice tombe
» dans le cercueil, pâture de la Corruption :
» je n'ose arrêter mon imagination sur sa proie
» hideuse, elle révolte ; eux-mêmes, dans
» la crainte d'y penser, n'osent dans aucune
» langue lui donner un nom !

» Ô mon rival ! est-ce bien là ton chef-d'œu-
» vre ? ne nous trompes-tu pas ? sont-ce bien là
» tes favoris ? un tel ouvrage peut-il réclamer un
» Génie pour auteur ? un Génie ose-t-il bien
» s'avouer l'auteur d'un tel ouvrage ? Oui ! je con-

---

(1) Alexandre.

» çois que tu ayes créé des Intelligences pour
» peupler la solitude de ton empire, admirer tes
» ouvrages et chanter tes louanges ; la flatterie
» peut plaire même dans les cieux : la création
» et la possession d'un Univers peuvent être
» insipides sans admirateurs : mais quel sorte
» de plaisir peux-tu trouver à faire pulluler,
» sur un point de poussière, des éphémères
» dont les éloges ne peuvent valoir plus qu'eux-
» mêmes ? le plus grand d'entre eux est-il plus
» qu'un insecte dont le bourdonnement ne peut
» atteindre jusqu'à toi ? Que m'importeroit l'exis-
» tence de ces êtres ? qu'y a-t-il de commun
» entre eux et moi ? il n'y a que ton amour
» qui puisse leur mériter l'honneur de ma
» haine.

» Et toi, stupide Nature, n'est-ce que pour
» former de tels êtres que tu te fatigues à d'éter-
» nels travaux ? Pourquoi favoriser leur multipli-
» cation ! ne règnes-tu pas avec plus d'empire
» dans les déserts ? Et vous tous, Astres bril-
» lans qui remplissez les cieux de votre éclat,
» n'est-ce donc que pour plaire aux regards
» de ces éphémères que vous restez immobiles
» sur la voûte des cieux pendant toute l'éter-
» nité ? O Soleil, toi qui remplis l'espace de
» ta clarté ; toi qui as pu consumer le globe,
» n'est-ce donc que pour éclairer ces êtres
» et les échauffer que tu parcours éternel-
» lement le même orbite ? Lâches ministres
» de mon rival, contemplez donc cet être se
» débattant dans la fange sous ma main puis-
» sante ! ne rougirez-vous pas d'être les esclaves
» de ce vil tyran ? dites donc à votre souve-
» rain : « Est-ce pour de tels êtres que tu nous
» imposes les plus durs travaux ? anéantis ces

» ingrats, ces vils habitans de la terre que
» nous embellissons, et repeuples-la d'êtres plus
» nobles et plus reconnoissans, ou nous l'aban-
» donnons aux fureurs d'Ahrimane! » ô Soleil!
» dis-lui : « Laisse-moi porter dans d'autres
» sphéres et répandre aux yeux d'êtres moins
» avilis les flots de ma lumiére! » Dites-lui tous:
« Il seroit moins honteux pour nous de subir
» le joug d'un ennemi puissant, d'Ahrimane,
» que de porter les fers d'un esclave! »

» Je ne vois pas le Soleil s'arrêter ou quitter
» son orbite pour s'élancer dans l'immensité!
» je ne vois pas les mers captives sortir de leurs
» limites! tous ces Génies se résignent lâche-
» ment à leur honteux esclavage! Eh bien,
» continuez vos travaux! ma main toute-puis-
» sante saura vous forcer encore à concourir
» à la ruine de ces humains. Soleil, tu dessé-
» cheras de nouveau d'immenses contrées! Ange
» des Tempêtes, tu recouvriras souvent le globe
» de tes ondes! O terre! ton sein ébranlé jus-
» ques dans tes profonds abymes renversera
» sur eux les montagnes! par eux, tu seras
» toujours jonchée de leurs cadavres!

» Mais jusqu'où m'égare la haine! non! non!
» Génies conservateurs de cette race odieuse,
» ne cessez jamais de concourir à la multipli-
» cation de cette proie! Laissez les mortels
» pulluler et se répandre sur tout le globe!
» qu'ils habitent également la cime des mon-
» tagnes et les entrailles de la terre, les glaces
» du pôle et les déserts brûlans de l'équateur!
» O Nature! effrayée de la prodigieuse multi-
» plication de tes enfans, tu seras réduite à
» m'en livrer toi-même le plus grand nombre
» pour sauver l'espèce; tu seras réduite à m'

» demander mon appui pour te défendre contre
» leurs forfaits.

» O mon rival ! pour amuser tes loisirs par
» les stériles hommages de ces Intelligences,
» tu les enchaînas dans les liens de la matière,
» et pour multiplier ces vils adorateurs, ridi-
» cule moyen ! tu séparas les mortels en sexes
» différens ! j'applaudis à ton invention ; mais
» si toi qui veux le bonheur de ces êtres, tu
» leur donnas les facultés de se reproduire et
» de soutenir mutuellement le fardeau de l'exis-
» tence ; moi qui veux leur misère , je me ser-
» virai de ce moyen pour augmenter ma proie !
» n'ai-je pas autour de moi cette foule d'agens
» dont je dois occuper les loisirs et satisfaire
» la soif pour le sang et pour les larmes ?
» (Tous les monstres qui l'entourent expriment
» leur joie). Non ! non ! ô mes agens fidelles !
» je ne laisserai point à d'autres Génies le soin
» de persécuter les mortels ; ils ne feront que
» seconder vos fureurs.

» Amours ! Plaisirs ! Volupté ! réunissez donc
» ces deux sexes , embrâsez-les de tous vos
» feux ! énivrez-les de tous vos délices , afin
» qu'un trait de lumière venant tout-à-coup
» à les éclairer, ils ne se disent pas d'un com-
» mun accord : « Cessons de nous reproduire
» pour être le jouet de la matière qui ne nous
» soustrait pas à la Douleur ! » Que cette union
» des mortels de sexes différens doit être fé-
» conde en malheurs ! Amour ! j'entends ces
» insensés célébrer par toute la terre ton triom-
» phe, et bénir jusqu'aux supplices que tu leur
» fais endurer ! la Guerre avide te demande une
» proie : donnes-lui pour satisfaire sa soif de
» sang, l'excédent de la population des peuples !

» La Discorde acariâtre et turbulente exige
» aussi de toi des victimes : donnes-lui ces
» mortels de sexes différens, liés l'un à l'autre
» pour leur infortune, par tes chaînes : l'Eter-
» nel les a créés pour vivre attachés sous le
» même joug; il est juste qu'ils restent unis,
» afin que les deux moités de l'espèce humaine
» soient l'une pour l'autre composées de bour-
» reaux et de martyrs.

» Douleur, Misère, Intempérance, humiliez
» ce front orgueilleux ; traînez dans la fange
» ensanglantée ce prétendu roi de la terre !
» courbez sous le poids de la fatigue et des
» infirmités cette stature qui en impose aux
» autres êtres ! obscurcissez son intelligence !
» rétrécissez sa mémoire ! attachez son imagi-
» nation aux plus vils objets ! que le soin de
» sa subsistance et de sa multiplication soit
» toujours pour lui, comme pour les autres ani-
» maux, l'unique objet de toutes ses pensées !
» Et vous tous, mes agens, employez toutes
» les ruses ! servez-vous de tous les moyens !
» harcelez, poursuivez sans cesse le Bonheur
» par toute la terre ! empêchez-le de se fixer
» dans aucun lieu ; de se reposer auprès des
» mortels !

» L'homme ne veut que ce Bonheur ; c'est
» ce Bonheur qu'il faut sans cesse lui disputer
» et lui ravir ! Si l'insatiable avidité de son ame
» le porte à quitter le sein de la Nature pour
» se confier à la civilisation ; que les affreux
» désordres de ce qu'il appellera l'ordre social
» l'accablent de tant de maux, qu'il soit épou-
» vanté de ses destinées et veuille se rabaisser
» au rang des animaux !

» L'homme n'a qu'un moment à passer sur

» la terre, employez-le tout entier à son sup-
» plice! Passions fougueuses, agitez ces mortels
» de perpétuelles convulsions; ne leur laissez
» jamais le temps de réfléchir, la Réflexion est
» ennemi de l'Erreur et du Crime; que chacun
» d'eux n'agisse jamais que par votre impul-
» sion; que les peuples entraînés par vous ou-
» blient les malheurs de leurs ancêtres et les ter-
» ribles instructions du passé! le crime doit ser-
» vir de modèle au crime et non de leçon;
» ce ne doit pas être pour les rendre meilleurs
» que nous les rendrons malheureux! Ne crai-
» gnez pas que cette vile espèce soit anéantie
» par vos fureurs; long-temps elle subsistera
» pour vous servir de jouet! et lorsque le
» théâtre de vos ravages ne sera plus assez
» vaste, je reculerai ses limites au-delà des
» bornes de l'océan!

» Des mortels imprudens, conduits par l'Am-
» bition et la soif de l'or à travers les plaines
» de l'océan, doubleront la création en dé-
» couvrant de nouveaux mondes, théâtres de
» nouveaux, de plus atroces forfaits. Esclavage
» cruel, transportes dans ces contrées nouvelles
» les peuples de l'ancien monde, pour les fé-
» conder par leur sang! Fanatisme sanguinaire,
» poursuis jusques dans ces contrées la Liberté,
» la Tolérance fugitives; ensanglantes cette
» terre long-temps vierge de tes forfaits!

» Tempêtes fougueuses! redoutables Ton-
» nerres! ah! gardez-vous de les frapper lors-
» qu'ils parcoureront audacieusement les mers!
» Vents impétueux, portez-les plutôt sur vos
» ailes rapides partout où leur passions vou-
» dront les conduire! né craignez pas qu'ils
» usurpent vos domaines! vous n'aurez point

» à vous repentir de leur avoir permis de tra-
» verser l'océan.

» Qu'à ma voix, d'un pôle à l'autre, des
» rives de l'océan jusques dans ses plus pro-
» fonds abymes, de la surface de la terre jus-
» ques dans ses entrailles, une guerre à mort
» s'allume entre tous les animaux! à l'homme
» aboutit cette chaîne d'êtres qui s'entre-dévo-
» rent; que l'homme soit chargé seul de sa des-
» truction! que des nations acharnées à la ruine
» des autres nations se portent des coups si
» terribles qu'elles ne puissent jamais se par-
» donner! que la Paix soit pour toujours chassée
» de la terre! que les traités entre les peuples
» ne soient que des armistices qui leur laissent
» reprendre des forces pour se déchirer avec
» plus de fureur! que les monumens du triom-
» phe des vainqueurs soient pour les vaincus
» d'éternels stimulans à la vengeance!

» Ambition insatiable, rompt de siècle en
» siècle l'équilibre établi par de longues guerres
» entre les puissances de la terre, pour leur
» assurer une longue suite de combats et de
» calamités avant qu'il puisse se rétablir, malgré
» tous les efforts des plus grands hommes! que
» la Guerre heurte sans cesse les nations les
» unes contre les autres, et sème la terre des
» débris des trônes, des ruines des villes et des
» chaumières : que les frontières soient toutes
» blanchies d'ossemens !

» Lorsque ces nations seront amollies, cor-
» rompues par les douceurs d'une longue paix,
» Révolution fanatique et sanguinaire , brise
» leurs fers polis, allégés par l'usage, pour que
» l'Esclavage les charge aussitôt de fers bruts et
» plus lourds! Anarchie délirante , enveloppe

» la Liberté de tes haillons ensanglantés pour
» la rendre odieuse en la confondant avec toi !
» retrempez ces ames énervées dans les larmes et
» dans le sang ; qu'elles reprennent toute leur
» énergie pour s'entre-détruire ; que par vous le
» crime enfante toujours le crime ! que les larmes
» et le sang versés soient la source de torrens de
» larmes et de fleuves de sang : que la terre en
» soit toute abreuvée : que cette terre soit comme
» un vaste échaffaud sur lequel les Douleurs
» tortureront l'Humanité ! O mon rival ! je l'at-
» tends de ta justice même et de leur méchan-
» ceté cette longue série de vexations et de ven-
» geances , suite interminable de forfaits qui
» rempliront ses annales. J'entendrai sans cesse
» les mortels , accablés par le Malheur , vomir
» les imprécations contre toi, te reprocher de
» les avoir créés pour souffrir.

» Fausse Philosophie , fille de la Science et
» de l'Orgueil, brise tous les liens de la Nature;
» laisses à chaque mortel l'Egoïsme pour prin-
» cipe et pour but de toutes ses actions , le
» Crime adroit ou audacieux pour moyen de
» se procurer le bonheur aux dépens de tous !
» que la Force mette la Foiblesse hors des lois !
» que chaque point de cette terre soit à chaque
» moment un théâtre de crimes , de meurtres,
» de douleur : fais plus , ravis-leur le seul bien
» qui leur reste dans le malheur , l'idée d'un
» Dieu ! qu'égarés par les fausses lumières des
» Sciences, ils croient trouver dans la matière
» impuissante à les soulager la cause de l'Uni-
» vers ! précipites l'Eternel de son trône dans
» le néant ! que les plus puissans d'entre les
» mortels en deviennent les Dieux ! et quels
» Dieux auront-ils ? qu'ils soient tous frappés

» d'épouvante en entendant des puissans de la
» terre dire aux nations asservies : «Troupeaux
» d'esclaves, soumis à nos caprices, êtres éphé-
» mères destinés à payer à la Renommée le
» prix de l'immortalité de nos noms, armez-
» vous pour notre gloire ! nous allons élever
» nos arcs-de-triomphe avec vos ossemens (1) ci-
» mentés de vos larmes et de votre sang ! plus
» nous en aurons fait verser, et plus près, dans
» votre stupide admiration, vous nous rappro-
» cherez des Dieux.

» Mais si les mortels enhardis, épouvantés
» par le Crime, méconnoissent leur créateur
» et nient son existence, ils seront toujours
» forcés de reconnoître en frémissant que j'existe
» et que c'est moi, le Genie du mal, leur im-
» placable ennemi, qui, par la puissance de
» mes conceptions, ordonne tout pour leur
» plus grande misère ; ils n'oseront jamais sou-
» rire de dédain en prononçant mon nom, comme
» ils le font en parlant de mon rival ; les maux
» dont je les accablerai seront trop la réalité !
» Oui, tous seront toujours frappés d'épouvante
» en voyant avec quel art je ferai naître, des
» plus grands biens, les plus grands maux ; car
» telle sera désormais la loi de l'Univers !

» O mon rival ! je prévois tous les obstacles
» que tu prétends opposer à mes fureurs ; tou-
» jours je tournerai contre toi tes propres armes !
» les chances de ce combat occuperont cette
» éternité que tu m'as rendue pesante, que tu
» ne peux me ravir.

» Mais que t'importeroit que nous abreu-

____

(1) Tamerlan.

» vions la terre du sang de ces mortels, que
» nous la jonchions de leurs cadavres, si dans
» ton aveugle tendresse tu leur réserves une
» éternelle félicité? Me crois-tu tellement in-
» sensé que j'emploie toute ma puissance à
» multiplier, par leur prompte destruction, les
» essaims de ces générations que tu te pro-
» poses d'accumuler dans ton séjour pour en
» faire les tristes compagnons de ton immobile
» éternité? oh non! c'est de ce séjour que je
» veux les précipiter dans les cavernes sombres
» de mon empire! le soin de leurs supplices
» n'y sera-t-il pas une occupation délicieuse
» pour moi? leurs cris de désespoir ne seront-ils
» pas un concert aussi agréable pour moi que
» le sont pour toi leurs louanges? n'ai-je pas
» dans ces cavernes sombres de nombreux su-
» jets, le Désespoir, les Remords, les Tortures
» auxquels j'ai promis cette proie? ils errent
» affamés sur ces rivages sombres : entends leurs
» cris aigus qui me la demandent! Et leur part
» de ces mortels sera toujours plus nombreuse
» que la tienne! à peine quelques-uns pourront-
» ils parvenir jusques à ton temple; le reste,
» appesanti par la vile matière dont tu les en-
» veloppas, retombera dans ces abymes.

» Mais ne serions-nous que le ministre subal-
» terne de tes vengeances? ne frapperions-nous
» jamais que des têtes coupables? portons nos
» coups sur ces Génies sauveurs et régénérateurs
» des nations, dont la mort mettroit la terre en
» deuil et compromettroit ses destinées. Je crois
» reconnoître en eux des Intelligences célestes
» revêtues de formes humaines pour le bonheur
» de l'Humanité : elles se sont fait hommes,
» qu'elles soient hommes pour souffrir! qu'elles

» payent de tous les maux de cette Huma-
» nité, de l'ingratitude, de l'exécration des
» méchans, cette lâche complaisance pour mon
» rival !

» Eh quoi ! toi-même, entraîné par une
» aveugle tendresse, tu revêts une forme mor-
» telle pour venir me disputer cette proie ! Tu
» te fais donc ma victime ! Avec quels délices
» je te fais boire par leurs mains la coupe de
» l'amertume jusqu'à la lie ! avec quels délices
» je me sers de ces mains parricides, pour te dé-
» chirer de verges, te clouer sur la croix du sup-
» plice et de l'infamie ! avec quel plaisir je vois
» couler ton sang ! je savoure déjà le spectacle
» de ta longue agonie ! Il faut que la grandeur
» de ce crime te force à exterminer la race de
» ces abominables parricides !

» Tant de forfaits ne lassent pas ton inconce-
» vable indulgence ! je ne vois pas réduit en
» poudre ce globe teint de ton propre sang ! tu
» leur as pardonné ! tu as lavé dans ce sang tout
» le sang de leurs frères dans lequel ils s'étoient
» baignés ! tu leur permets de renouveler chaque
» jour le sanglant sacrifice, en attachant ta di-
» vine substance à la vile matière ! Eh bien ! ne
» crois pas que ton avilissement, tes douleurs,
» que ta longue agonie, que ton sang puisse
» désarmer ma colère et me payer ma proie !
» Non ! non ! ne crois pas assouvir ma vengeance
» en offrant à ma rage cette dépouille mortelle !
» Ne crois pas que ce sang en se mêlant à leurs
» substance puisse les purifier et me les ravir :
» non ! non ! vain sacrifice ! avilissement inutile !
» tourmens endurés en pure perte ! chaque jour
» ils le souilleront par leurs crimes ; il ne fera
» qu'un plus grand nombre de plus grands cri-

» minels, tant par moi sera noire leur perver-
» sité! L'abominable et journalière profanation
» de ton sang, te fera me livrer plus de vic-
» times! Cette union monstrueuse et féconde en
» forfaits de la substance matérielle de toi qui
» te dis le Tout-Puissant à ces ames coupables
» étoit au-dessus de mes conceptions; je te la
» dois et t'en rends grâces, ô mon rival!

» Je ne m'abaisserai pas comme toi jusqu'à
» revêtir sans cesse des formes humaines; je les
» ferai prendre à mes agens; je les asseoirai sur
» les trônes de la terre! tour-à-tour conquérans
» ou despotes en délire, ils égorgeront les
» peuples; les peuples reconnoîtront combien
» ils sont peu de choses en se voyant le jouet de
» ces insensés : les sages attristés se diront:
» malheureuse espèce humaine!

» Oui! ma part de ces mortels doit être plus
» nombreuse que la tienne; tu ne peux te men-
» tir à toi-même : ta justice glaçant ton indul-
» gence te réduit à me livrer ma proie! J'en-
» tends retentir des quatre coins du monde la
» trompette fatale! la voix des anges convo-
» cateurs appelle à ton tribunal les générations
» éteintes! ils brandissent dans les airs leurs
» épées flamboyantes ; leurs éclairs tuent
» d'épouvante les dernières nations! ils pro-
» clament le jour du jugement!

» La voilà donc arrivée cette heure du der-
» nier jugement, du partage et de mon triom-
» phe! Tous les mortels sont morts! le Soleil
» n'éclaire plus la terre! la Nature, veuve de
» tous ses favoris, gémit et pleure dans la soli-
» tude des déserts! les ténèbres inondent l'Uni-
» vers! ô mon rival! tu me rends le chaos!

» Tout-à-coup, ô prodige que mon allégresse

» me force d'admirer, tu exécutes une seconde
» création pour me livrer ma proie ! la terre se
» fend , se soulève de toutes parts pour me
» rendre ces corps qu'elle avoit soustraits à mes
» fureurs ! Du fond de l'abyme de l'océan s'élè-
» vent tous ceux qu'il avoit engloutis ; ces flots
» bouillonnent agités par leurs nombreux es-
» saims. Tous les hommes , depuis les anciens
» jours de la création jusqu'à ceux de leur en-
» tier anéantissement , ressuscitent : les osse-
» mens épars se rejoignent ; les cadavres se re-
» lèvent , livides , stupéfaits , réveillés de l'an-
» tique sommeil de la mort. Ces monstrueux
» édifices , forteresses de la Peur, s'éboulent ! les
» mânes des rois sortent effrayées de ces tom-
» beaux ! ils s'écrient : — Pourquoi troubler le
» repos de la tombe ? pourquoi cette seconde
» naissance ? n'avons-nous pas assez souffert ?—
» Ils veulent , épouvantés , refermer leurs cer-
» cueils ; les anges convocateurs les enlèvent
» de ces tombes renversées ; ils les chassent par
» milliers devant toi. Toutes les pâles nations
» des morts paroissent tremblantes à ton aspect !
,» tu vas devenir mon émule en vengeances !

» Ces innombrables générations passent par
» essaims aux pieds de ton trône ; ils se pressent
» et se succèdent à tes yeux avec leurs rois ,
» leurs grands hommes et leurs héros ! Un ange
» tient ouvert le livre des Vengeances ; il pro-
» clame le nom de ces peuples coupables ; ta
» voix tonnante prononce un éternel supplice ,
» et ton souffle les précipite dans mes Enfers !
» Vois en quelle multitude ils y tombent ! quels
» bruyans concerts d'inutiles clameurs ! Tu pâlis
» de douleur sur ton tribunal ! tu regrettes de
» les avoir créés !

» Génies infernaux , ouvrez , élargissez les
» portes de l'abyme ! poussez ! pressez ! amon-
» celez ces essaims de victimes ! elles sont votre
» proie pour l'Eternité.

» O mon rival ! vois combien est petit le
» nombre de tes élus ! de quels êtres vils il se
» compose ! Pour toi , les foibles, les pauvres
» d'esprit, les infirmes ! pour moi, des hommes
» illustres, des héros qui payèrent leur renom-
» mée avec les larmes et le sang des nations, des
» philosophes audacieux qui ébranlèrent ton
» trône , des Génies qui révélèrent ton im-
» puissance ! N'étoit-ce que pour augmenter
» de tels êtres le cortége de tes adorateurs,
» n'étoit-ce que pour me fournir une moins
» vile et plus abondante proie que tu employas
» ton éternité ?

» Le partage est consommé ! chacun de nous
» possède son empire ! Ces cavernes remplies
» de flammes, ces plages de feu sont peuplées
» de mânes criminelles : des limites immuables
» séparent à jamais nos domaines ! ici s'anéantit
» ta toute-puissance détruite par ta justice ! le
» sacrifice de ton sang est consommé pour la
» dernière fois ! tu ne peux plus me dérober mes
» victimes !

» Laissez ! laissez entr'ouvertes les portes des
» Enfers ! que ce père entende les cris, les grin-
» cemens de dents de ses fils chéris se débattant
» dans les angoisses de la Douleur, sous la serre
» des Supplices !

» O mes agens ! je viens de tracer à vos yeux
» le tableau de mon triomphe ; c'est à vous d'en
» précipiter l'instant ! »

Ahrimane dit ; et par toutes les portes des
Enfers , sortent tumultueusement les Génies

malfaisans et destructeurs qui se jettent sur les malheureux mortels ! L'histoire dont toutes les pages sont teintes de sang ou mouillées de larmes, a tracé l'épouvantable récit de leurs forfaits et de l'accomplissement des terribles imprécations d'Ahrimane.

LIVRE XVI.

LES ENFERS (1).

Lorsqu'Ahrimane, après avoir savouré pendant des siècles le spectacle des fureurs exercées par ses féroces agens sur les malheureux mortels, descendit aux Enfers pour y contempler, y aggraver le supplice de ses innombrables victimes, la Mort faisoit célébrer une fête séculaire en mémoire de la submersion et de l'incendie du globe : il s'entoure d'un voile de ténèbres pour ne pas la troubler par sa redoutable présence : il franchit les fleuves fétides que la Corruption roule autour de ses redoutables enceintes, et s'enfonce dans une mer de vapeurs épaisses, entre-coupées de flammes qui permettent à l'œil de sonder leur profondeur. Les fantômes hideux qui se plaisent à voltiger sous les voûtes des catacombes noircies par la fumée des torches funèbres se pressent autour de lui : il se voit entouré des ames de ces insensés qui se revêtirent des livrées de la Mort pour errer dans les

____

(1) Socrate, le prince des Philosophes, avant de boire la ciguë, fit à ses disciples la démonstration de l'immortalité de l'ame et de la réalité des peines, des récompenses éternelles (*Voyez le Phédon de Platon*).

B. v. Fuessli inv.

ténèbres en traînant des chaînes bruyantes autour des chaumières et dicter les prétendus arrêts du Destin à leurs habitans épouvantés.

Il repousse ces spectres de ses ailes puissantes, et s'approche du centre des vastes et ténébreux empires de la Douleur. Il entend une musique funèbre dont aucun art humain ne pourroit imiter les étranges beautés ; ses modulations, d'une tristesse pénétrante, feroient verser des larmes à des cœurs revêtus d'un triple airain ; le féroce Ahrimane y trouve des charmes : elle est formée par les prodigieux accords des gémissemens, des plaintes, des soupirs de plusieurs femmes tourmentées par les Supplices : ces bruits confondus avec des chants passionnés, des exclamations violentes, sont interrompus par de lamentables cris semblables aux éclats de la voix de jeunes vierges luttant contre le Crime : les Echos répétent, prolongent ces bruits dans les cavernes profondes, et les rapportant, plus graves et plus solennels, les mêlent à de nouveaux bruits ; leur ensemble produit cet infernal concert. Ahrimane, captivé par le plaisir, s'en approche ; il aperçoit au milieu des ténèbres une enceinte éclairée par une clarté pâle et lugubre : il s'avance ; ô surprise ! des mortels des deux sexes, à demi-nus exécutent des danses voluptueuses, en s'accompagnant de leurs voix.

Dans sa colère, Ahrimane est prêt à troubler, par un cri de fureur, cette fête qui lui rappelle trop vivement celles des mortels aux temps heureux de l'innocence ; mais retenu par le charme de cette musique infernale, il garde le silence. Une voix plus sonore dominant sur les autres voix, toutes se taisent pour l'entendre ; c'étoit celle d'un vieillard vêtu de blanc et couronné

de roses : les femmes les plus belles lui sourioient amoureusement : il tenoit à sa main une
lyre d'or étincelant : dans ses traits, ses gestes,
toute sa personne, on reconnoissoit qu'il avoit
été l'un des prêtres de la Volupté ; mais l'éclat de
sa lyre, en se réfléchissant sur son visage, laissoit entrevoir, à travers le rire forcé qui l'animoit, les traces de l'abrutissement et les crispations involontaires causées par des souffrances
intérieures que sa vanité cherchoit à cacher. Sa
barbe et sa chevelure étoient blanches, et cependant il n'inspiroit pas le respect ; le Vice
en cheveux blancs ne paroît que plus hideux.
Il préludoit en accordant sa lyre ; puis la faisant retentir mollement sous ses doigts légers,
il dit :

« Environnez-moi pour m'entendre, multitude
» innombrable des mânes qui errez dans le Té
» nare ! Que d'autres chantent les héros vain
» queurs de la terre ; je chante le vainqueur de
» ces heros ! Qu'un autre chante l'Eternel et
» l'Univers ! je chante la Mort et son empire !
» Que d'autres allument leur génie au céleste
» flambeau ; le mien reçoit toute sa flamme des
» torches funèbres ! qu'ils promènent leur ima
» gination sur des objets enchanteurs ; la mienne
» s'égare dans ces vastes domaines de la Mort,
» et la sublime horreur qu'ils m'impriment me
» tient lieu de verve ! O Mort ! puisque c'est
» toi que je chante, je braverai toutes les règles
» prescrites par le timide Génie des mortels :
» qu'importent leurs usages, leurs lois ? ils ne
» sont que tes esclaves ; auroient-ils le droit
» de me commander ? Entraîne, égare mon es
» prit ! il te suivra dans l'espace ! tes écarts se
» ront ses beautés ; tes fougues, son élan ; son

» génie, ton délire ! qu'il soumette à ton joug
» tout ce qui est ! qu'il combine, ordonne,
» dispose de toute la matière ! que l'Univers
» obéisse à ses caprices comme à ceux de la
» Divinité que je chante !

» C'est à vous que je dédie mes chants, il-
» lustres dépopulateurs de la terre, Chefs de bar-
» bares nés pour le malheur et la destruction des
» peuples ! à vous tous agens de la Divinité que je
» chante ; qui peuplâtes ces contrées de tant
» d'ombres plaintives ! Mais non, ce ne peut être
» à vous ! vous errez tous aujourd'hui, obscurs,
» inconnus dans la foule de vos victimes !

» C'est plutôt à toi que je dois les dédier,
» grande et malheureuse nation dont l'ambition
» insatiable asservit toute la terre ! Mais non,
» je veux que mes chants soient éternels, et
» déjà tu n'es plus ! les flots de ta postérité dé-
» truite sont tombés dans le Ténare : il ne reste
» de tes illustres enfans qu'un peuple asservi !
» Tu dominois la terre ! le Luxe, la Corruption
» rongèrent ton colosse couronné par la Vic-
» toire ! tu partageois cette terre à ses rois en-
» chaînés, et ton sénat fut égorgé dans tes murs !
» tu commandois aux nations barbares et tu
» devins leur esclave ! tu tombas comme ces
» statues dorées dont les vers criblent les flancs !
» lorsque le Temps posa sur ta tête sa main
» pesante, tu fus réduite en poussière ! il ne
» reste de toi que les ornemens épars qui ca-
» choient ta misère ! Tes générations nombreuses
» et tous les peuples qui formèrent le cortége
» de ton triomphe ou grossirent tes légions ne
» sont ici qu'un foible essaim parmi les mânes
» qui peuplent les Enfers !

» C'est donc à toi seule, ô Mort, que je con-

» sacre mes chants ! ils seront éternels comme
» ton empire ! Qu'ils doivent être sublimes pour
» être dignes de toi ! les ministres des Dieux
» ne sont que d'humbles mortels ; tes agens, ô
» Mort, sont des héros et des rois ! l'empire
» des Dieux sur ce qui respire n'est que d'un
» instant ; le tien est de toute l'éternité ! les
» humains osent arrêter sur eux leurs regards
» et discuter leur essence ; est-il un de ces mor-
» tels qui, seul avec lui-même, dans les téné-
» breuses profondeurs de la nuit, ose, sans
» frémir, arrêter sur toi ses regards ? les mortels
» osent dire des Dieux : *ils n'existent pas !* le
» peuvent-ils dire de la Mort ?

» Ils ont dompté l'océan, dérobé la foudre,
» soumis, décomposé les élémens ; pourront-
» ils jamais détourner tes coups, ou seulement
» retarder tes pas ?

» Fille chérie du puissant Génie du mal, tu
» es avec lui le vainqueur de la vie, la domi-
» natrice du néant, la souveraine de l'Univers
» et de l'éternité. Tu as posé les bases de ton
» trône sur les globes habités ; tu les as pris
» pour domaines ! déjà plusieurs promènent inu-
» tilement dans l'espace leur globe moissonné
» par ta faux (1).

» Tu commandes sur toute la terre ; tes ca-
» prices y font ta tout-puissance : tous les êtres
» animés frémissent à ton aproche. Tu dis aux
» nations : *disparoissez !* il ne reste rien d'elles,
» pas même un nom !

» Combien tu as plus d'empire que les Dieux
» sur les êtres animés ! Pour créer ces êtres dont

---

(1) Les astronomes supposent que la lune fut habitée.

» les générations ne peuvent se multiplier que
» dans les siècles, il leur fallut plusieurs jours,
» et toi dans un seul jour, d'un seul coup de
» ta faux, tu les as précipités tous dans le vaste
» bûcher du globe ! d'un seul mouvement de
» tes ailes tu les as plongés tous dans l'océan !
» quel triomphe ! quelle gloire !

» Les temples élevés sur la terre en l'honneur
» des Dieux sont bientôt renversés dans la pous-
» sière par la main du Temps, et les tiens, vastes
» catacombes, subsistent, immuables, au milieu
» de ces contrées naguère si populeuses, que
» tu as changées en déserts ; ils y bravent les
» siècles ! Les autels des Dieux ne sont élevés
» que dans quelques endroits ; on ne leur offre
» en sacrifice que quelques portions de la ma-
» tière ; tes autels sont dressés sur tous les
» points de la terre ; et les nations armées t'im-
» molent des nations.

» Aucun obstacle ne s'oppose à tes triomphes !
» les tombeaux dont la terre est surchargée par-
» lent éternellement de ta puissance et de ta
» gloire à toutes les générations ; ils tracent éter-
» nellement, à leurs yeux épouvantés, ton image
» et ton nom.

» Tu frappes d'un coup imprévu les chefs des
» peuples qu'ils avoient arrachés des mains san-
» glantes de la Guerre civile, de l'Anarchie, de
» celles des barbares naguères acharnés à leur
» ruine : leur tombe devient un abyme dans
» lequel s'engloutissent les espérances de ces
» peuples encore abandonnés à toutes les fureurs
» des agens d'Ahrimane.

» Arbitre suprême de la gloire, c'est devant
» toi qu'apparoissent en tremblant tous les
» grands hommes ! ce n'est que ton flambeau qui

» répand un véritable éclat sur leurs qualités et
» leurs vertus ! Souverain arbitre de la Renom-
» mée , tu prononces sur eux le jugement que
» répétera la postérité ! tu apposes à leurs noms
» le sceau de la gloire ou de l'infamie ! tu les
» offres aux hommages ou bien à l'exécration des
» siècles à venir.

» Tu sanctionnes ou détruits tous les projets
» de ces héros : ce n'est qu'avec ton consente-
» ment qu'ils terminent leurs plus glorieuses
» entreprises.

» Tu es la plus sage conseillère des mortels :
» le silence des tombeaux est plus éloquent pour
» eux que la voix de la Nature ou des Cieux !
» la lueur des lampes sépulcrales les éclaire
» mieux dans la route de la vie que les célestes
» flambeaux ! ils apprennent mieux à se connoître
» en méditant sur un cercueil, en contemplant
» les débris de ta proie, qu'en méditant sur les
» riches productions de la Nature.

» Comment ces mortels ne t'adoreroient-ils
» pas de préférence à tous leurs Dieux ? tu es
» pour eux la mère des consolations, le terme
» des tourmens, le refuge après lequel soupire
» la foule innombrable des malheureux qui,
» poursuivis par les chagrins dévorans, se cachent
» sous ton voile épais, comme l'enfant épouvanté
» sous les vêtemens de sa mère ! Tu les arraches
» des mains de la Misère, aux serres du Remords,
» aux convulsions du Désespoir ! tu les dé-
» livre du pesant fardeau de la vie ! Il n'en est
» pas un seul qui n'ait invoqué ton secours, qui
» ne se soit écrié : « Que la Mort seroit douce
» auprès des maux qui m'accablent ! »

» L'homme poursuivi par le Malheur se traîne
» long-temps entre les tombeaux qui ont en-

» glouti les tristes restes de ses amis , de ses enfans ;
» tu lui ouvres le sien , il s'y réfugie comme dans
» un asile inviolable ! tu fermes sa tombe et
» poses un marbre entre lui et les traits de la
» Douleur.

» Pourquoi les mortels te redouteroient-ils ?
» tu les réveilles du songe de la vie ! tu ouvres
» tout-à-coup devant eux les portes d'un Avenir
» inconnu ! tu leur donnes l'Infini qu'ils désirent !
» c'est alors qu'ils commencent leur véritable
» existence : pour eux plus d'incertitudes, plus
» d'illusions ! tout devient d'une éternelle réalité.
» Ton empire est le véritable empire ! ton flam-
» beau donne seul la véritable lumière ! tes lois
» sont seules immuables ! tu es tout ce qu'il y a
» de certain dans l'Univers ! »

Ainsi chanta le vieillard : ses dernières paroles
lui échappoient involontairement ; un autre être
paroissoit s'exprimer par sa bouche ; car sur son
visage , comme sur celui des femmes qui l'entouroient , étoient tracées les crispations de la
douleur. Le vieillard attise par ces mots la flamme
dont elles étoient consumées.

« Puissante souveraine du ténébreux empire ,
» tu nous permets d'y connoître encore la vo-
» lupté dont nous nous enivrâmes sur la terre
» dans les bras de ces enchanteresses ! que notre
» vie passée nous serve de leçon ! sachons mieux
» profiter de cette seconde existence ! le Plaisir
» se présente , hâtons-nous d'en jouir : demain
» peut-être il n'en seroit plus temps ! vous aurez
» toujours le loisir d'écouter mes accens ! »

Il dit : un souffle impétueux dissipe les vapeurs
qui enveloppoient l'enceinte lumineuse , et tout-
à-coup se développent aux yeux d'Ahrimane des
plaines immenses dans lesquelles les pâles géné-

rations des morts recommençant leur turbulente existence, se hâtent d'en jouir sous les yeux de la Mort qui sourit à leur délire. Toutes les innombrables scènes de la vie des mortels se renouvellent à ses regards : des fêtes, des jeux, des travaux, des combats, des batailles, des carnages, des supplices ! presque toute l'ancienne humanité rassemblée dans ces lieux depuis les jours de la création, active, inquiète, féroce, agitée par tous les passions, fourmille, bourdonne, s'entre-heurte, s'entre-déchire, sans que l'on puisse deviner le motif de tant de mouvemens. Toutes les scènes d'horreurs, toutes les grandes causes de destruction d'un plus grand nombre d'hommes; les terribles effets des incendies, du pillage des villes, de la peste, de la guerre, se réalisent aux yeux d'Ahrimane !

Il contemple avec avidité deux armées s'avançant sur des plaines immenses au milieu desquelles sont élevés des arcs-de-triomphe, monumens éternels de haîne et de vengeance entre les vainqueurs et les vaincus. Elles sont précédées de mille foudres d'airain dont la bouche béante va vomir mille morts : elles s'enflamment, détonnent ; les voûtes de l'enfer en sont émues, et les corps des guerriers tombent par rangs entiers sur le sol inondé de leur sang, recouvert de leurs membres dispersés : les blessés bondissent sur la terre dans les contorsions de la douleur ; l'air est déchiré par leurs cris ! Les armées rapides se heurtent, et bientôt à ces cris se mêle le bruit sourd des corps retentissant sous les coups dont ils sont frappés, le piétinement de ces frénétiques, mutilés, hideux, dégoûtans de sang, luttant corps à corps pour se renverser sur des monceaux de cadavres et les grossir de leurs cadavres ! Ahrimane, tant l'illusion est parfaite, Ahrimane se mêle à l'action ; il précipite les combattans les uns sur les autres ; il anime les guerriers écumans de rage ; il pousse leurs bras lorsqu'ils plongent leurs armes dans le sein de leurs semblables pour les en retirer sanglantes, brillans trophées de gloire ; il sourit aux horribles convulsions de la rage expirante ; il applaudit, car la paix ne doit pas être le prix de la victoire, il applaudit au féroce délire des chefs qui, transportés par le fanatisme de la Gloire, parcourent en bouillant de rage les rangs des soldats indécis, les stimulent au carnage et leur reprochent en blasphémant d'être trop lents à s'entre - tuer ; comme s'ils n'étoient pas déjà la proie de la Mort.

Bientôt la surprise d'Ahrimane cède à son indignation. « Pourquoi, dit-il, la Mort auroit-elle dépeuplé la terre, si, de mon empire, elle fait une terre nouvelle où les hommes retrouvent la vie ? » Sa rage alloit éclater ! un coup de foudre interrompt les travaux, les jeux, les batailles ! un large éclair illumine la voûte du Ténare, et sur ce voile de feu s'étend le bras de la Mort. Toutes les ombres qui, revêtues de formes mortelles se livroient à leurs occupations accoutumées, subitement changées en squelettes hideux, continuent leurs mouvemens. Des peuples nombreux de cadavres décharnés s'agitent sous les yeux d'Ahrimane qui sourit à ce spectacle inattendu : l'Imagination hardie n'en soutiendroit pas l'effrayant et bizarre aspect ; il captive l'attention du Génie du mal. La Reine barbare du ténébreux empire n'avoit permis à ces mânes infortunées de reprendre un instant leurs formes et leurs occupations préférées sur la terre, que pour rompre en elles l'habitude des tourmens qui pourroit en adoucir les rigueurs.

Des amans surpris par cette infernale métamorphose dans les bras des Plaisirs, ne sont plus que d'horribles squelettes épouvantés d'eux-mêmes. Ceux qui formoient la cour de la femme la plus belle s'enfuient à son aspect, effrayés par les serpens qui, réfugiés dans ses entrailles, dardent contre eux leurs langues menaçantes : elle repousse avec horreur les caresses de ses hideux amans ! d'autres, qu'elle avoit dédaignés, insultent à son changement ; ils oublient leur propre difformité : leurs gestes horriblement grotesques contrefont sa démarche et ses minauderies.

Le roi puissant, naguère entouré de toute la pompe de sa cour, n'est plus qu'un squelette auquel d'autres squelettes rendent leurs burlesques hommages : le spectacle est d'autant plus ridicule qu'ils sont tous revêtus des riches ornemens qui les avoient décorés sur la terre. Une foule de Barbares conquérans portent en triomphe leur chef exhaussé sur un bouclier : ils veulent forcer les autres squelettes à courber respectueusement leurs têtes devant lui ; mais tous lui insultent ou prennent la fuite ; et lui-même pour qui ce bouclier de triomphe est un miroir trop fidelle, honteux de sa difformité, se désespère de ce que ses soldats le montrent ainsi hideux à tout un peuples d'ombres.

O vous vivans ! dont l'imagination active voit ces morts, qui souriez à leur démence, songez que vous traînez laborieusement un pareil squelette en vous ! faut-il que pour lui des larmes ou du sang soient versés : faut-il que toute la terre attentive à ses mouvemens, le craigne ou l'adore : est-il le seul être admirable ou puissant dans l'Univers ?

Ces squelettes, images trop naïves des mortels,

poursuivent éternellement sur ces vastes plages l'ombre du Bonheur que la Mort fait apparoître et fuir devant eux. Ils le poursuivent avec la même ardeur et plus inutilement que sur la terre: ils renversent tous les obstacles ; foulent encore aux pieds les corps de leurs semblables , de leurs amis, de leurs enfans, de leurs pères. La fougue des passions y est plus impétueuse , l'Ambition plus ardente , l'Avarice plus affamée ; mais aucun objet ne peut satisfaire ces passions ; il n'en est aucun qui puisse même les tromper !

Une multitude innombrable de ces squelettes errent sans cesse çà et là : quoiqu'aucun ornement ne puisse les faire distinguer , ils ont les uns pour les autres un profond mépris ; ils se tiennent isolés pour n'être point souillés par leur contact mutuel : tous interrogent avec empressement les mânes qui arrivent dans les Enfers ; elles s'écrient à-la-fois : « Avez-vous entendu le » bruit de ma renommée ? » L'un dit : « Je suis » ce roi puissant qui fit élever pour son tom— » beau la plus haute des pyramides. » Un autre : « Je suis ce guerrier qui ne connut de bornes » à ses conquêtes que les rives de l'océan qu'il » couvrit de ses innombrables vaisseaux. — Je » suis le statuaire qui sculpta ce marbre auquel » il donna la vie, la divinité. — Je suis ce poëte » qui chanta les Dieux et les héros ; mes vers » doivent être éternellement transmis de bouche » en bouche jusqu'à la dernière génération des » mortels. »

« Non, non, répondent à chacun d'eux les » mânes qu'ils ont interrogées ! la Renommée, » comme l'Echo, ne répète un instant que quel— » ques noms ! Roi puissant, des torrens de sables » descendus des montagnes ont recouverts les

» plaines fécondes au milieu desquelles tu forças
» de nombreux esclaves à te dresser de pom-
» peux édifices, un immense tombeau : ces py-
» ramides imposantes subsistent, mais la contrée
» qu'elles dominent est déserte : les cris des hi-
» boux ont long-temps retenti sous les voûtes
» éboulées de tes palais jadis remplis d'harmo-
» nieux concerts ; ils sont devenus la retraite des
» brigands ou des bêtes féroces ! le Temps les a
» renversés et leurs débris sont à demi-plongés
» dans une mer de sables : les voyageurs mau-
» dissent l'insensé qui fit succomber des milliers
» d'hommes sous le poids de la fatigue pour
» élever quelques pierres au-dessus du niveau du
» globe ; et parmi ces ruines, ils n'en retrouvent
» pas une qui indique où tu gît ! Si le Temps
» respectoit nos tombeaux , il ne resteroit pas
» assez de place sur la terre pour dresser la chau-
» mière du pauvre et semer le grain dont il se
» nourrit.

» Artiste ! les statues qui devoient te rendre
» immortel, ont été mutilées , et des barbares
» ont fait de leurs débris des appuis de leurs
» chaumières , des foudres de la Mort ! Poëte,
» tes vers sublimes, la langue même dans la-
» quelle tu les dictas , sont oubliés ! Tout est
» effacé sur la terre , jusqu'au souvenir des an-
» tiques nations qui l'ont ravagée : on n'y re-
» trouve d'elles que quelques pierres sur les-
» quelles sont sculptés leurs forfaits , et des noms
» en caractères inconnus.

» Souverains insensés ! les cent voix de la
» Renommée fussent-elles éternelles , ne pou-
» voient pénétrer jusqu'à vos mânes, à travers
» les foibles ais de vos tombeaux , ils repoussent
» ses clameurs : mais les accens de la reconnois-

» sance, les éloges de vos contemporains pou-
» voient former pendant votre vie d'harmonieux
» concerts, et vous les avez dédaignés ! Vous
» aviez cru pouvoir par vos monumens, vos ins-
» titutions, vous emparer de l'avenir, il ne vous
» appartenoit pas : il devint le présent pour
» d'autres générations qui en disposèrent à leur
» gré pour changer ou détruire ce que vous aviez
» fait ; il devint aussi pour elles le passé, rêve
» obscur sur la terre, mais qui pèse en ces lieux
» sur leurs têtes coupables ; il fut la base du der-
» nier jugement, et vous assure un avenir d'éter-
» nels supplices. »

Toutes ces ombres sont désespérées de ces ré-
ponses qui leur annoncent l'entier oubli de leur
renommée ; mais bientôt elles renouvellent les
mêmes questions pour renouveler leur désespoir.

Au milieu d'arides déserts errent lentement,
sans motif et sans but, les squelettes des mortels
qui, ne pouvant supporter le fardeau de la vie,
se tuèrent eux-mêmes ; de ces lâches qui, de
deux maux, la vie et la mort, choisirent celui
qu'ils croyoient le moindre, la mort. Sous un
beau ciel, dans des contrées délicieuses, entourés
d'objets qui pouvoient flatter les sens, amuser
leur esprit, ayant pour soutiens des parens, des
amis qu'ils pouvoient aimer, ils ne voulurent pas
vivre quelques instans de plus ! dans le ténébreux
empire, au sein de la plus triste solitude, où nul
objet ne peut égayer leurs sombres pensées, aucun ami les consoler, où leur unique et pénible
occupation est de n'en point avoir ; ils sont éternellement attachés à la vie ! ils existent davantage
par cela même qu'ils détestoient davantage l'existence ! le pesant Ennui les écrase, et sous son

poids il faut qu'ils vivent l'éternité : pour eux le Temps est immobile.

Quelques-uns de ces lâches suicides , moins coupables parce qu'ils furent plus malheureux , ont le triste privilége de pouvoir s'occuper à compter avec des grains de sable le nombre infini de siècles qu'ils ont passé dans ce désert , et ceux plus nombreux encore qu'ils y passeront : ils espèrent , en amoncelant les sables sur les sables , en accumulant les nombres sur les nombres , trouver le terme de leurs maux ; le produit de leur calcul est toujours la désespérante Eternité.

Une lueur incertaine attire Ahrimane vers l'extrémité d'un antre foiblement éclairé par les regards étincelans de spectres dressés contre ses murs : au fond brille , d'une lueur vacillante , une lampe sépulcrale , toujours prête à s'éteindre , et qui , par intervalle , jette une lugubre clarté sur des squelettes suspendus à la voûte de ce séjour : des torrens de larmes et de sang tombant par les fentes de cette voûte , rejaillissent et se répandent sur le sol. Cet antre , habité par une Sibyle , est tout entier rempli d'ombres avides de connoître l'avenir : toutes ont interrogé l'oracle des Enfers ; elles attendent en tremblant l'arrêt fatal qui prononcera sur leur destin. Cette foule est composée des mânes d'hommes de tous les âges , de toutes les conditions , de tous les pays : Ahrimane y retrouve même plusieurs de ces mortels orgueilleux qui nièrent l'existence du Très-Haut et l'éternelle félicité : ils ne peuvent à présent nier celle d'Ahrimane et des éternelles douleurs.

Il distingue entre elles une jeune beauté qui s'avance en tremblant , l'œil hagard , la démarche incertaine , les cheveux encore chargés de l'humidité des tombeaux : elle est conduite et soutenue par la Crédulité. Arrivée près d'un cercle tracé sur le sable, au milieu duquel brille la lampe funèbre, elle frémit et d'une voix étouffée par la crainte, elle demande l'amant auquel, dans son amoureux délire, elle sacrifia tout, jusqu'à sa mère ! Une voix lugubre lui crie : « Que me » veux-tu ? » Son corps agité par un mouvement convulsif, se couvre d'une sueur froide : du fond de la caverne s'avance lentement un spectre que les ténèbres qui l'entourent voilent à demi pour le présenter plus grand et plus terrible : il marche les bras étendus, ranime, en la secouant, la lampe sépulcrale, et soulevant son voile, il laisse voir la face hideuse d'une femme usée par le Temps et la Débauche : à travers les rides de son visage se montrent les dernières traces de son antique beauté : à présent ministre du Destin, elle le fut autrefois du Démon de l'Amour, et ne cessa de tromper les mortels. Elle interroge, d'une voix imposante, la jeune beauté qui lui demande dans quelles contrées du royaume sombre elle pourra retrouver les mânes de son amant : un morne silence succède à sa voix. La Sibylle écumante convoque les mânes : un bruit confus de voix plaintives, mêlées de gémissemens, se fait entendre avec ces mots : « Est-ce moi ? est-ce moi » que tu appelles ? » La lampe se ranime, et devant la jeune amante se dresse, porté par des vapeurs roulantes sur le sol, l'ombre de cet amant enveloppé des langes de la Mort ! la jeune beauté tombe renversée dans les bras de son guide ! l'ombre s'évanouit !

Cette apparition a ranimé dans le cœur de cette infortunée le désir ardent de se rejoindre à son amant : elle le cherche éternellement, parmi les myriades d'ombres errantes pêle-mêle sur ces

plages, et ne le trouvant pas, elle revient continuellement à l'antre de la Sibylle pour l'interroger encore ! Son supplice naît de sa crédulité ; les
mânes lui accorderoient des larmes si, dans les
enfers, il étoit permis d'être sensible !

Ahrimane insulte à la curiosité de toutes ces
ombres avides de l'avenir, il leur dit : « A quoi
» bon interroger ici le Sort ? votre destin est d'y
» souffrir l'Eternité ! »

LIVRE XVII.

ÉPISODE.

LA curiosité d'Ahrimane est excitée par la vue du spectre d'une femme penchée sur le corps d'une jeune beauté étendue sur le sable : ses gestes et ses soupirs indiquent assez qu'elle en est la mère : elle essaye de la ranimer en lui versant dans bouche une coupe qu'elle a remplie de ses larmes. Cette scène promet au cruel Ahrimane le récit de malheurs qui pourront lui donner d'atroces jouissances ; il l'interroge : cette mère lève la tête ; loin d'être effrayée de son aspect imposant et terrible : « Génie puissant, » s'écrie-t-elle, daignez rendre l'existence à ma » fille ». Ahrimane, souriant de dédain, lui dit : « Ce ne pourroit être que pour qu'elle souffrît » autant que toi ». Cette mère, dont l'espérance est si facile à ranimer, se hâte de peindre ses malheurs pour exciter sa pitié.

« Mon crime, dit-elle, est d'avoir trop aimé : cet amour affoiblit dans mon cœur la tendresse que je devois aux auteurs de mes jours, et le le Ciel qui fit de ces sentimens ses premières lois, m'en a cruellement punie. Je déshonorai les auteurs de mes jours : quelque temps je parvins à cacher les suites de mon crime ; mais la Nature me trahit et mon aveugle passion me fit abandonner mes parens dans leur vieillesse pour fuir avec le père de cette tendre fille de mon amour. Le Ciel, terrible en ses vengeances différées, parut nous laisser goûter ce que nous appellions le bonheur; mais hélas! celui qui le partageoit avec moi, celui que je chérissois plus tendrement encore depuis que je lui devois ma fille, me trahit, égaré par l'ambition de ses parens, peut-être fatigué de mon trop tendre amour: il me laissa traduire, avec cet ange d'innocence, devant les juges du crime. Le voile qui couvroit ma honte et sa naissance fut déchiré en présence de mon malheureux père, de ma mère désolée qui cherchoient encore à me défendre, me croyant une victime involontaire. Quel supplice! falloit-il sacrifier à l'honneur de mes parens la vie de celui que l'on nommoit ravisseur? falloit-il sacrifier l'honneur de ma fille et la priver d'un père? Combattue, attérée, je gardai le silence, malgré la stupeur de mon père, malgré les sanglots, les caresses de ma mère: ce silence me déclara coupable, et nous fûmes, ma fille et moi, condamnées à l'infamie, à l'exil dans le désert, en présence même de mon complice: tant de barbarie peut-elle entrer dans le cœur d'un père? Je ne me trouvai pas trop sévèrement punie, on me laissoit ma fille, et j'avois vu les larmes de la honte souiller la barbe blanchie par la vieillesse de mon malheureux père; j'avois vu ma mère désespérée, déchirer ses vêtemens, se rouler dans la poussière aux pieds des juges attendris; j'avois entendu ses douloureux sanglots! cette image, cette voix plaintive, qui me faisoient connoître l'horreur de mon crime, n'ont cessé de me poursuivre; après des siècles, elles déchirent encore mon cœur.

» Mes parens, malgré leur foiblesse et mon

crime, auroient voulu me suivre; la loi sévère les retint attachés à leur foyer solitaire: ils ne purent, dernier acte de tendresse, que m'indiquer un asile et me donner tout ce qui pouvoit m'aider à l'atteindre : la loi vouloit notre mort, mais une mort lente, douloureuse et ressentie ; tant est grande l'horreur naturelle des hommes pour ceux qui font le malheur de leurs parens.

» Dans les déserts de la zone torride , vastes contrées jadis incendiées par le Soleil (Ahrimane sourit au souvenir de son triomphe et l'écoute plus attentivement), dans ces contrées le noyau de la terre est à nu, les sables le recouvrent à peine , comme vous voyez ma peau recouvrir les aspérités de mes ossemens décharnés ; des roches brûlées s'élèvent au-dessus des sables; aucune plante ne peut y décorer la terre ; aucun arbre ne peut y fixer ses racines ; aucun ruisseau ne peut y promener ses ondes. Le tapis de verdure qui partout ailleurs recouvre le sol, s'arrête aux frontières de ces pays incendiés ; le sable est revêtu d'arbustes hérissés d'épines, qui se traînent sur les roches; ils y sont placés par la Nature pour arrêter le voyageur imprudent qui veut pénétrer dans ces vastes solitudes. Inutilement les nuages y laissent-ils tomber quelquefois leurs ondes argentées, elles sont aussitôt absorbées ; à peine les animaux qui s'y sont égarés ont-ils le temps de lécher la terre un moment humide.

» Ce fut dans ces pays brûlés par les rayons d'un Soleil toujours ardent que nous fûmes conduites, abandonnées par les bourreaux, sans guide, sans défense : nous quittâmes en pleurant les rives du fleuve paternel, et nous nous enfonçâmes dans ces immenses déserts pour atteindre la tente hospitalière d'un vieillard vertueux qui pourroit nous recevoir parmi ses esclaves, moi née pour commander ! il habitoit avec sa famille, près d'une source, dans un bois de palmiers laissé par les sables au milieu de ces plaines arides, comme une île verdoyante au milieu du vaste océan (1).

» Courbées sous le poids des vases d'eau et des corbeilles de dattes, nous marchions lentement sur le sable mobile. Les cheveux de ma fille retomboient sur ses épaules ; aucun zéphir ne se jouoit dans leurs ondes : ses yeux étoient sans cesse fixés sur moi : je la tenois par la main pour soutenir ses pas mal affermis ; l'une et l'autre n'étions point accoutumées à tant de fatigue. Le soir, mes regards inquiets cherchoient un asile pour la nuit : nous trouvâmes les premiers jours des buissons épineux ; mais bientôt nous n'eûmes pour retraite que la foible saillie d'une roche ou le revers d'un monceau de sable qui pouvoit nous engloutir, si les vents venoient à le soulever. Eliza fatiguée fermoit les paupières ; inquiète je veillois à ses côtés : comment aurois-je pu me livrer au sommeil ? aussitôt que les ténèbres recouvroient la terre, les chacals glapissoient en troupes nombreuses ; les hyènes hurloient dans le lointain et formoient une confusion de cris discordans et lugubres. Dès que les échos avoient répété les premiers sons de la voix du lion, aucun d'eux n'osoit plus se faire entendre ; ses rugissemens prolongés retentissoient seuls dans ces vastes déserts : ses prunelles ardentes brilloient à l'horizon ; je tressaillois d'épouvante, et recouvrois ma

---

(1) Un Oasis.

fille de sable pour la lui dérober, prête à me présenter moi-même à sa dent vorace ; et tandis que
mes mains creusoient la couche précaire de mon
Eliza, des larmes amères rouloient dans mes yeux
à la déchirante pensée que bientôt, peut-être, je
creuserois sa tombe, si nous ne pouvions atteindre
la tente hospitalière.

» Nous nous étions d'abord désaltérées avec tous
les amas d'eau que la Nature conserve dans les
feuilles des plantes pour la boisson des oiseaux
qui fréquentent les limites de ce désert ; cette ressource nous manquant, je fus réduite à puiser
dans nos urnes qui devenoient chaque jour moins
pesantes : déjà quelques-unes et des corbeilles
laissées vides sur le sable, indiquoient de loin en
loin la route que nous avions suivies : mes parens
avoient cru ma provision plus que suffisante pour
le voyage que nous avions à faire ; mais hélas !
plus nous nous étions enfoncées dans le désert,
plus nous nous y étions égarées. Comment trouver un bosquet de palmiers placé dans l'immense
étendue de ces plages sablonneuses, où rien ne
peut servir d'indice.

» Après plusieurs jours de cette marche pénible,
incertaine, un seul vase me restoit, gage précieux
de la vie de ma fille : souvent je mesurois des
yeux l'eau que cette urne contenoit encore ; hélas !
elle ne s'élevoit plus que jusques au milieu ; quelques jours encore elle sera vide, me disois-je, il
faudra mourir ! Chaque matin, je gravissois les
flancs des collines qui s'ébouloient sous mes pas ;
aucun objet sur ces plages nues ne m'indiquoit ni
ma route, ni ce qu'il nous restoit de désert à traverser ; je ne découvrois même pas un abri contre
l'ardeur dévorante du Soleil qui dès son lever
dardoit des rayons brûlans, présages d'une cha-

leur plus vive que celle qui nous avoit accablées la veille.

» Ma fille traînoit avec peine ses pieds ensanglantés sur un roc dur et brûlant : l'air en feu, la fatigue faisoient ruisseler la sueur sur son visage, épuisoient ses forces : elle versoit des larmes, que sa langue desséchée recevoit avidement. Elle n'osoit me demander de l'eau, dans la crainte de m'en priver ou de renouveler ma douleur en me rappelant qu'à peine il m'en restoit ; elle retenoit ses soupirs et redoubloit d'efforts pour ne pas me fatiguer en s'appuyant sur mon bras, quoique cependant elle eût préféré la mort à cette marche pénible : mais enfin, ses forces ne répondant plus à son courage, l'excès de la fatigue l'accable ; elle tombe sur le rocher. « O ma mère, me dit-» elle, continue seule ta route ! je ne puis plus « te suivre ! garde pour toi l'eau qui nous reste ; » je t'attendrai dans ce désert. » La foiblesse étouffe sa voix ; ses yeux se ferment ; désespérée je me penche sur elle, et la ranime en lui versant dans la bouche une onde rafraîchissante ; je la soulève, la porte sur l'un de mes bras, à l'autre est suspendue l'urne précieuse : je marche avec plus d'ardeur ; l'amour maternel enflammé par le péril qui nous menace, me donne une force plus qu'humaine.

» Soit excès de fatigue, soit que l'un de ces cruels Génies que le féroce Ahrimane a chargés de faire aux mortels, en tous temps, en tous lieux, tout le mal possible, frappât mon bras, l'urne tombe sur le roc et se rompt en éclats ! je pousse un cri, me jette sur le sable pour lui disputer l'onde qu'il absorbe en un instant ! en vain je ramasse les tessons encore humides pour que mon Eliza suce les dernières gouttes : l'air ardent les a bien-

tôt desséchées : je me trouve avec ma fille mourante, au milieu du vaste désert, sous les feux
d'un soleil dévorant, sans eau, sans alimens, sans
espoir de secours ; les cris aigus que je pousse
dans mon désespoir sont le seul bruit qui trouble
le silence de ces immenses solitudes.

» Je lui présente mon sein, il est desséché : je
voudrois lui donner mon sang ; à peine quelques
gouttes de ce sang brûlé par les feux du désert
font-elles encore palpiter mon cœur. Tantôt suppliante, j'invoque le ciel en m'écriant : « O toi
» dont la main puissante a versé le fleuve qui
» inonde nos contrées, daigne faire couler un
» filet d'eau sur ce désert. » Trouvant le ciel insensible à mes cris, j'invoque les Vents, et les
conjure d'amener un nuage d'où puissent tomber
quelques gouttes d'eau ; j'invoque les rochers
pour qu'ils laissent sortir de leurs flancs une
foible source : tout est sourd à mes cris ! furieuse,
j'essaye de déraciner les roches ; je creuse précipitamment à leurs bases, et parvenant à déplacer
quelques masses, je me hâte de poser ma fille
dans le creux foiblement humide qu'elles ont
laissé : le Soleil a bientôt desséché cet asile ! Je
gravis avec une sorte de rage des masses de rochers : entreprise inouie pour toute autre que
pour une mère ! je me glisse avec effort entre
leurs fentes, au risque de ne pouvoir m'en retirer ; je brave les serpens qui dardent contre mon
bras leur langue venimeuse ; j'y puise dans les
creux du roc une onde épaisse et fétide ; j'accours
ivre de joie, la verser dans la bouche d'Eliza :
infortunée, dont la douleur égaroit la raison, et
que le désespoir réduisoit à regarder comme
inappréciable le poison que je donnois à ma
fille ! Eliza ranimée par l'amertume de cette bois

son, baise tendrement ma main ! je reçois et lui rends avec transport ses caresses : je me hâte de profiter de ce réveil pour la porter vers d'autres roches.

» Le ciel exauceroit-il enfin mes vœux ? au milieu du jour j'aperçois autour de nous un lac immense, qui étend ses ondes sur le sable ; je cours long-temps et inutilement au-devant d'elles pour y puiser sans pouvoir les atteindre : hélas ! ce lac n'étoit qu'une vaine apparence que mon approche faisoit reculer ! les rayons du Soleil formoient avec les vapeurs qui recouvroient la terre, cette image des eaux : elles irritoient la soif ardente dont nous étions dévorées, elles aigrissoient mon désespoir. Tout-à-coup l'air prend un aspect formidable ; le ciel, toujours d'une pureté fatiguante, se trouble ; le Soleil perd de son vif éclat, sans perdre de son ardeur ; son disque est violâtre et livide : ce n'est plus l'air, c'est de la flamme que nous respirons ! cette flamme dont les tourbillons tourmentent l'atmosphère et remplissent le désert, est épaissie par une poussière âpre, brûlante qui nous pénètre, nous consume ! Où trouver une retraite sur un sol de roc, au milieu d'une vaste plaine de feu ? je ne puis que poser le visage d'Eliza mourante et le mien sur la roche nue ; je ne puis que couvrir sa tête de vêtemens, pour qu'elle ne soit pas suffoquée : dans cette attitude, exposées à toute l'ardeur du Soleil dont les rayons, prenant plus de force à travers ces vapeurs, tombent aplomb sur nous, dévorées par une soif déchirante, nous attendons que la nuit ou la Mort terminent nos supplices.

» Tout est sans mouvement, tout est mort autour de nous ; pas un insecte, pas un seul être qui nous rappelle l'idée de la vie, ni l'espoir du secours : nos ames accablées s'évanouissent dans le vague du néant qui nous entoure : l'existence nous échappe : nous nous semblons à nous-mêmes comme ces fantômes qui passent et se perdent dans les ténèbres de la nuit. Dans cette défaillance délirante qui précède le trépas, l'une et l'autre ne savons si celle qu'elle aime vit encore ; à peine nous voyons-nous, nous ne nous entendons plus ; nous doutons si nous ne rêvons point ; nous doutons de notre propre existence.

» Elle est venue, cette nuit tant désirée ! la Mort libératrice n'est point avec elle ! Je reprends courage, je me relève et marche encore en portant ma fille ; j'espère trouver derrière les nuages les palmiers, terme de nos maux. Un vent brûlant dissipe ce voile, et devant moi s'étend toujours l'immense désert : mes regards se prolongent encore et se perdent sur un horizon uni comme la mer, et sans limites.

» O bonheur inespéré ! la Lune me fait apercevoir les cimes lointaines de quelques édifices et des lueurs errantes dans les ombres : ce n'est point une illusion, je les vois ! ces lieux sont habités ! J'entends comme des cris d'animaux domestiques ! je tressaille d'allégresse ! ma course précipitée ranime ma fille qui entr'ouvre ses mourantes paupières, entrevoit ces feux et sourit à l'espoir du salut de sa mère. Je marche toute la nuit pour l'atteindre, et me trouve à l'aurore au milieu d'un temple ; je pénètre sous les voûtes obscures ; ô délire de la joie ! j'y trouve un vase, et le présente brusquement à ma fille dont les lèvres avides le saisissent, dont les mains le repoussent aussitôt ; elle n'a bu que des cendres !

» Mon imagination rapide franchissant l'intervalle de siècles écoulés depuis que la Vie a dé-

serté ces édifices, j'avois cru que ce vase contenoit une onde rafraîchissante ! des ossemens blanchis qui se rompent sous mes pieds , le morne
silence de ces solitudes , les débris épars de ce
temple presqu'enseveli par les sables , les statues
usées par le temps , tout me prouve mon erreur :
je pousse des cris douloureux qui réveillent les
échos endormis des sépulcres ; leurs voix lugubres répondent seules à mes cris dans ces ruines,
antique séjour d'un peuple oublié.

» Les cris que j'avois entendus étoient ceux des
chacals qui hurloient leurs amours ; les feux que
j'avois aperçus étoient ceux des prunelles ardentes de l'hyène immonde qui rodoit la nuit
parmi les ruines pour dévorer les cadavres des
voyageurs venus , comme nous, épuisés de soif,
mourir auprès de ces antiques tombeaux.

» Eliza me dit d'une voix éteinte : « Presse-moi
» sur ton cœur ! que je reçoive encore tes douces
» caresses ! donne-moi le dernier baiser ; je me
» sens mourir ! ô Dieu ! conduis ma mère hors
» de ce désert ! » Une flamme rapide , dernier
trait des feux de son amour , jaillit de ses yeux ;
elle expire ! Je ne crois point à mon malheur ; je
ne le conçois pas ! la mort de ma fille est impossible ! je la reprends , la presse sur mon sein , lui
présente mes mamelles , couvre de baisers son
front pâle , et la regardant avec tendresse , je me
complais en sa beauté : je ne vois pas que déjà le
visage de ma fille est livide , que ses bras retombent sans mouvement ! Je m'assieds , la pose sur
mes genoux , la couvre de baisers , la presse avec
impétuosité sur mon cœur , et prends pour des
signes d'existence les mouvemens que mes caresses impétueuses impriment à ses membres va-
cillans.

» Ma raison me fit connoître enfin mon malheur :
« Ma fille est morte ! » me dis-je en gémissant : à
la clarté de la Lune, je creuse sa tombe dans le
sable et l'y dépose mouillée de mes larmes : à
genoux sur ce tombeau, je lui dis : « Pauvre
» Eliza ! voilà donc la première nuit que tu vas
» passer dans la terre !..... hors des bras de ta
» mère ! » La douleur m'égare !....je me reproche
ma cruauté... « Quoi ! étouffer moi-même sous ce
sable pesant, ma fille qui n'étoit qu'évanouie ! » Je
disperse le sable, je la saisis, la relève et la presse
sur mon sein : je la caresse avec transport comme
si je l'avois ressuscitée.

» Eliza ! Eliza ! » Ce nom de ma fille répété d'une
voix éloignée, frappe mes oreilles : je tressaille
d'allégresse ; je regarde au loin autour de moi,
je ne vois rien ; les échos des ruines redisent : Eliza !
Eliza ! ce sont mes cris de désespoir qu'ils me
répêtent. « Eliza ! Eliza ! » redit une voix plus forte
et plus proche. Ciel un jeune voyageur accourt !
il est près de nous : il me présente une coupe, je
la saisis : je la pose sur les lèvres de ma fille pour
lui verser la vie : l'onde trop tardive retombe de
sa bouche fermée par la Mort ! Inutilement secon-
dée par les soins empressés du jeune voyageur,
je redouble d'efforts ; nos mains n'agitoient qu'un
cadavre : je m'écrie désespérée : « Ma fille est
» morte ! » Son corps m'échappe et tombe pesamment sur le sable ; je me jette mourante sur
lui, pour ne plus le laisser sortir de mes bras.

Le jeune et vertueux Azaël, propriétaire de
nombreux troupeaux, brûloit pour ma fille,
quoique si jeune encore, d'une flamme discrète
et pure : lorsqu'au retour de ses courses pasto-
rales il apprit notre fuite et prévit nos malheurs,
il partit à la tête d'une caravane nombreuse pour

suivre nos traces dans le désert. Guidé par les urnes et les corbeilles abandonnées sur le sable, il atteignit jusques à nous. En vain il me prodigue ses soins ; assoupie dans les bras de la Mort, je ne veux point retourner à la vie, ma fille ne la partagera plus ! en vain il emploie l'éloquence brûlante d'un cœur attendri ; en vain il essaye de me faire entrevoir dans l'avenir, sinon le bonheur, du moins le calme ; non, non ! il n'y a plus d'illusion, plus d'espoir pour une mère qui a perdu sa fille ; rien ne peut réparer sa perte ! Ces secours trop tardifs aigrissent ma douleur. « Quelques jours plutôt, m'écriai-je » avec désespoir, ma fille vivoit ! » cette déchirante pensée m'accable : le tendre Azaël veut me détacher du corps de mon Eliza pour m'emmener dans sa patrie ; mon désespoir s'exalte ; j'expire en serrant avec transport ma fille sur mon cœur.

Le pieux et tendre Asaël, pour éterniser notre mémoire, fit embaumer nos corps ; il consacra une partie de ses richesses à nous élever un tombeau sur le lieu funeste où ma fille étoit expirée ; ne croyant pas à mon crime, il y fit graver ces mots : « Ici reposent les dépouilles mortelles » de deux Anges. Voyageurs, invoquez-les ! » Pour rendre notre souvenir et ce monument plus durables, il y fit creuser un puits, source précieuse où viennent se rafraîchir les voyageurs qui traversent le désert : ils se transmettent l'histoire de nos infortunes ; ils immortalisent mon crime et sa punition ; ils bénissent le nom de celui dont la tendre pitié leur procura ce secours et le triste plaisir de s'abandonner à de mélancoliques rêveries sur le tombeau qui, pour les cœurs sensibles, peuple ces vastes solitudes.

» Le Ciel a précipité mes mânes sur ces plages brûlantes ; je ne le maudis pas ; il eut pitié de ma foiblesse et ne m'a pas trop sévèrement punie ; il me laisse le corps de ma fille : mes larmes, que je tâche de lui faire boire, la rappelleront peut-être à la vie. J'espère ! je lui vois quelquefois faire de légers mouvemens ! Souvent aussi, à travers le bruit des clameurs déchirantes qui remplissent ici l'espace , j'entends les cris douloureux de son malheureux père ; mon cœur s'élance vers lui : je l'appelle , il ne m'entend pas ; et je ne puis quitter ma fille pour aller partager , adoucir ses douleurs ! O vous ! Génie puissant qui vous intéressez au récit de mes malheurs, ne pourriez-vous de votre souffle lui rendre le mouvement ? ne pourriez-vous nous réunir avec ma fille à son père ! nous serions moins malheureux quoiqu'aux Enfers. »

Ahrimane étonné de son tendre délire , s'éloigne dans la crainte d'en être touché. Il lui dit, sans détourner la tête : « Sache que l'abandon et le déshonneur de ses parens est un crime irrémissible ! »

LIVRE XVIII.

LES SUPPLICES.

A la voix tonnante d'Ahrimane, les Démons ont reconnu leur souverain : sa main écartant le voile qui l'enveloppoit , il se dresse à leurs yeux dans toute la hideur de son effroyable majesté ! il frappe du pied le sol brûlant , et ce choc ébranlant les voûtes des Enfers , toutes les pâles nations des mânes frémissent épouvantées ! la Mort avertie de sa présence , accourt se prosterner à ses pieds.

« O Mort ! s'écrie-t-il , est-ce le moment de
» t'amuser à des fêtes ! tu t'occupes d'un vain
» simulacre de triomphe ? tu restes nonchalam-
» ment appuyée sur ta faux pour écouter tes
» louanges ! Crois-tu la terre entièrement dé-
» peuplée ? oublies-tu que mes agens t'y pré-
» parent une foule innombrable de victimes ?
» Retournes-y donc à la hâte , lance sur les
» mortels toutes tes flèches à pleines mains !
» qu'aucune d'elles ne soit perdue ! attaque cette
» humanité de toutes parts ! Toujours avide ,
» toujours active , frappe ! frappe ! en tous
» lieux , à tout âge , en tous temps , frappe
» sans cesse ! Et ne t'amuse pas à compter
» tes victimes ; elles pullulent derrière toi ! à
» peine as-tu ravagé l'un des continens , l'autre

» s'est recouvert de cette race odieuse, inépui-
» sable! parcours donc à tire d'aile tout le globe!
» ne te plains pas de tant de fatigues! je te
» donne, pour te seconder, la Guerre, la Peste
» et la Famine. Ne laisse pas aux Maladies, à
» la Vieillesse l'honneur de la destruction de
» ces grands hommes qui font la gloire et la
» félicité des nations; hâtes-toi d'éteindre ces
» Génies bienfaisans, au moment de leur plus
» vif éclat, empêche-les de consolider les em-
» pires, d'éclairer les peuples, de leur léguer
» la Paix et le Bonheur! Pars donc et poursuis
» le cours de tes triomphes! tu ne sais pas quelle
» proie je te prépare! Oui! pour animer ton
» zèle et le récompenser, je te promets la plus
» illustre des victimes! Je te livrerai mon rival
» lui-même! il doit s'unir à la vile matière,
» en faire sa substance; il doit revêtir une forme
» mortelle et venir sur la terre lutter contre
» moi, corps à corps, pour me disputer ma
» proie! Rassemble pour lui toutes tes horreurs!
» prolonge son affreuse agonie! que j'entende
» sa voix gémissante se plaindre de l'amertume
» du calice de douleur que je lui ferai boire
» jusqu'à la lie! Nous le ferons expirer par la
» main de ses enfans sur le poteau de l'infamie!
» ô Mort! quel triomphe et que de gloire!

» Pars donc! dépeuple entièrement cette
» terre! que sa surface soit toute sillonnée
» de tombeaux; que je n'y puisse faire un pas
» sans y fouler aux pieds un cadavre! ce sont-là
» les fleurs dont tu dois, pour me plaire, y jon-
» cher ma route! Et jusqu'au terme glorieux de
» tes travaux, frappe, frappe toujours! Si mon
» rival, pour peupler son temple d'un plus
» grand nombre d'adorateurs, anime d'autres

» portions de matière et leur donne pour de-
» meure un astre nouveau ; notre lutte recom-
» mencera ! je serai toujours prêt ! mes agens,
» mes armes seront les mêmes, et mon triom-
» phe aussi certain ! Et toi, tu étendras ton voile
» sur tous les astres habités par des Intelligences
» unies à la matière ! tu les convertiras en dé-
» serts ! il ne restera plus dans l'espace entier
» que tes sombres domaines ! ils seront l'Uni-
» vers ! Lorsque tu viendras m'annoncer que
» cette terre, que tous ces astres sont enfin dé-
» serts, alors pour te récompenser, je t'insti-
» tuerai mon égale, ma reine ! tu t'assoiras, près
» de moi, sur la ruine des mondes !

» Long-temps j'ai vu les Démons, mes agens,
» ravager la terre, je viens savourer ici de nou-
» velles jouissances ! j'y viens ordonner le sup-
» plice des ames criminelles qui servirent d'ins-
» trumens à mes fureurs ! j'y viens présider,
» ajouter à leur torture ! Du moins ici régnerai-
» je toujours en souverain ! je ne crains pas que
» mon rival m'y dispute ma proie ! Non ! non !
» les portes de l'enfer ne s'ouvrent que pour
» laisser entrer les victimes ! Le poids des chaines
» dont le Crime enveloppe les ames est trop
» lourd, les serres des Remords sont trop ai-
» guës, les tenailles des Tortures sont trop te-
» naces pour qu'il puisse les en arracher !

» O Mort ! va donc reconquerir cette terre !
» ici tu ne peux qu'ordonner des scènes bizarres,
» là tu réaliseras des scènes d'horreurs : laisses-
» moi supplicier ces ames que j'ai ravies à mon
» rival, et consacrer à la Douleur leur funeste
» immortalité ! »

Ahrimane dit : la Mort, obéissant à la voix
de son Souverain, sort des Enfers pour aller

frapper les nations ! toujours infatigable , elle fait sans cesse le tour du globe, et le jonche de cadavres.

Les Tortures armées d'instrumens de supplices se rassemblent autour de leur souverain : à la tête de ce féroce cortége , il commence l'inspection des Enfers ! il parcourt des contrées immenses et recouvertes de flammes comme le lac de bitume bouillonnant dans les entrailles d'un volcan : là sont des myriades d'ames volti-geant sur le sol brûlant, comme ces étincelles qui tournoyent , jouet de flammes , sur l'aire d'une fournaise.

Là se trouve ce peuple fléau qui soumit et ravagea toute la terre : là se trouve cette cou-pable Antiquité qui remplit toute l'histoire du récit de ses forfaits ! là se trouvent des anti-quités encore plus reculées , dont la renommée s'est perdue dans le vague de l'immensité des siècles : leur gloire s'est éteinte ; elles y sont sans éclat et sans nom , avec les nations aux-quelles elles faisoient remonter leur obscure origine ; elles y sont avec tous leurs faux grands hommes , toute leur nombreuse et coupable postérité ! elles s'étonnent d'y retrouver si mé-prisables et si malheureuses , ces postérités dont elles crurent acheter le suffrage et le bonheur par tant de crimes : elles y fourmillent pêle-mêle comme on voit fourmiller dans les eaux corrompues des myriades d'êtres imperceptibles. Plus ces nations avoient d'éclat et de puissance, plus elles y sont avilies : plus elles avoient de richesses , de jouissances , plus elles y ont de misère et de douleurs ! Leur moindre peine est un long et pesant ennui : toutes ces mânes , de nations différentes , sont inconnues les unes aux autres : isolées au milieu d'une multitude innumérable , elles n'y forment pas un seul groupe d'amis : aucune ne peut ni ne daigne entendre le récit des peines de ses compagnes ; elle se croit plus malheureuse et sa langue leur seroit inconnue : la Pitié , qui parcourt sur le globe tous les asiles des malheureux , ne descend pas aux Enfers.

Ahrimane a bientôt remarqué les grands criminels qui lui servirent d'agens ; il a bientôt discerné , dans ces tourbillons de mânes tremblantes , toutes les espèces de ses victimes. La plus remarquable à ses yeux est le malheureux Tubal , l'assassin de son frère : après tant de siècles écoulés depuis son crime, fatal exemple de tant d'autres crimes ! son désespoir tantôt est plus violent, tantôt plus sombre : il a toujours devant lui le spectre sanglant de son frère ; il est toujours entouré des mânes de ses descendans , féroces imitateurs de son forfait ; ils le maudissent et lui reprochent son crime et leur supplice : père toujours tendre , chaque génération de coupables lui apporte de nouveaux reproches , de nouvelles douleurs. « Je te salue, » (lui dit ironiquement Ahrimane, ingrat comme » le sont tous les méchans envers ceux auxquels ils ont fait commettre un crime) , je te » salue, ô toi ! le premier et le plus illustre des » meurtriers; toi qui as fait pour ta postérité la » conquête de ces vastes empires , et leur assura » d'éternelles douleurs : je te dois une récom- » pense digne de ce haut fait. »

Tubal à cette voix, qu'il a reconnue, frémit; les convulsions de son désespoir sont plus impétueuses : Ahrimane donne à l'une des Furies, le visage de Zulma, l'épouse de ce frère qu'il tua pour la posséder. Tubal entre les deux spectres est la proie de la Rage sanguinaire, de l'Amour forcené : par un infernal pouvoir, il éprouve leurs agitations sans qu'elles s'entre-détruisent : elles anéantiroient un mortel ; aux Enfers on ne meurt plus de douleur.

Ahrimane reconnoît le vieillard qui naguére chantoit les louanges de la Mort : il auroit allégé son supplice, si ce vieillard n'avoit fait que nier l'existence de l'Eternel ; mais il osa révoquer en doute celle d'Ahrimane ! il osa se rire de ceux d'entre les mortels qui redoutoient sa puissance ! Ahrimane en fait la proie d'un Remords qui lui répète :

« Qui donc avoit pu t'assurer que tu n'avois » pas une ame immortelle pour la douleur ? sur » quelle preuve pouvois-tu donc asseoir la har- » diesse de cette assertion ? Connois-tu bien à » présent l'éternité des supplices ? n'est-elle pas » une réalité ? Après avoir abusé de toutes les » jouissances ; après t'être rassasié de délices, tu » entras avec sécurité dans le tombeau ! savois- » tu bien où te menoit cette porte de l'éternité ? » Tu te couchas dans le cercueil comme dans un » lit de repos ! qui t'avoit dit que ce n'étoit pas » le piége où te prendroient les Supplices ? Tu » osas, téméraire, t'embarquer sur cette nef » fragile pour traverser l'océan de l'éternité ; ses » ais se sont écartés sous le poids de ton ca- » davre, ils t'ont laissé retomber dans les Enfers ! »

Le vieillard, désespéré, vomissoit contre la Mort des imprécations ; il crioit avec rage : « Hideuse et perfide Mort ! toi sur qui je fon- » dois toutes mes espérances d'impunité, tu » m'as trahi ! tu me livres aux Supplices ! dé- » goûtante Déité, ta bouche horrible sourit à

» mes douleurs ! ton squelette hideux s'agite
» par des mouvemens burlesques pour contre-
» faire mes contorsions ! Fuis ! ton aspect est le
» plus affreux de mes tourmens ! » Dans sa rage
ce vieillard frappoit des pieds le sol brûlant et
s'écrioit : « Terre ! terre ! entr'ouvre-toi ! en-
» gloutis-moi pour me soustraire à sa présence !
» Mais quoi ! le sol s'agite comme pour me re-
» jeter de son sein ! Je ne puis donc ici m'é-
» tendre dans la tombe et mettre un marbre
» entre mon cœur et les Supplices ! le sol est
» plus dur que le fer ; on ne peut y creuser
» un tombeau ! »

Par la voûte entr'ouverte du Ténare tombe
aux pieds d'Ahrimane une ombre dont le visage
est mutilé, le corps couvert de fange et de sang :
d'autres ombres précipitées avec lui l'accablent
d'imprécations : animées d'une implacable rage,
elles sont prêtes à le déchirer ! la crainte les
retient encore loin de lui ; comme on voit une
meute menacer, en aboyant, un tigre blessé.
Elles crient d'une commune voix à cette ombre
stupéfaite de sa chute :

« Comment, du faîte de ta puissance, es-tu
» tombé dans cet abyme ? comment, toi qui
» t'instituas le défenseur de l'Être-Suprême,
» deviens-tu la proie des Furies ? Tu parcourois
» la capitale de ton empire, traînant à ta suite
» un sénat enchaîné ; l'armée de tes fanatiques
» sicaires portoit inscrit sur ses vêtemens ton
» nom avec celui de la Mort dont ils menaçoient
» tes concitoyens ! et ton corps mutilé, couvert
» de fange, fut traîné par tes ennemis au milieu
» des insultes, des menaces d'un peuple qui
» vouloit te déchirer ! Tu jetois l'épouvante dans
» le cœur des nations et des rois ; des hommes

» de néant ont, de leur pied fangeux, frappé
» ton corps couvert de boue! long-temps exposé
» à leurs outrages, ils t'ont conspué; ils se sont
» dit : — Le voilà ce conspirateur contre notre
» félicité! Est-ce bien-là celui qui courba nos
» têtes sous le joug de la Terreur? est-ce bien-là
» celui qui nous décimoit? — Etendu demi-mort
» sur un marbre, sous les premiers portiques
» du sénat, tu entendis les imprécations de tes
» ennemis, les accens de la joie de tout un
» peuple ravi de ta chute : tu eus le temps de
» méditer ta ruine, de reconnoître qu'il y avoit
» dans l'Univers d'autres lois que ta volonté,
» d'autre pouvoir que le tien, la volonté de
» l'Eternel, le pouvoir de son bras punisseur.
» D'autres te redoutoient encore : ils se di-
» soient en tremblant : *il respire!* A peine la
» hache t'eut-elle frappé, tous ceux que tu
» retenois tremblans sous cette hache active et
» sanglante relevèrent la tête et se dirent l'un
» à l'autre en poussant un soupir de soulage-
» ment : *il est mort!* et l'on entendit dans tout
» l'empire se mêler aux cris d'une vive allé-
» gresse, cette exclamation : *il est mort!* »

Ahrimane, pour satisfaire la fureur des complices de ce monstre qui les a sacrifiés à sa lâche
jalousie, leur abandonne son ombre tremblante,
épouvantée de leurs menaces : tous à-la-fois se
précipitent sur lui, le déchirent, s'en disputent
les lambeaux! les Furies viennent leur arracher
cette proie pour en rassembler les débris et
former de nouveau le corps du tyran, le rendre
à ses féroces ennemis qui le déchirent ainsi
toute l'éternité.

Le suprême ordonnateur des éternels supplices reconnoît à travers des clameurs doulou-

reuses, des gémissemens déchirans, les cris aigus de ce navigateur qui se hasarda sur les déserts inconnus de l'océan, pour aller faire la découverte d'un continent nouveau, et donner à l'ancien monde le funeste présent de ces terres maudites que les hommes civilisés ne peuvent féconder qu'avec les larmes, le sang et les cadavres des hommes de la Nature. Vivant, il fut le plus malheureux des mortels! tour-à-tour triomphant et chargé de fers; roi dans la misère; possesseur de la moitié du globe et mourant de faim; avide de gloire, espérant attacher son nom à ce nouveau continent et réduit à périr ignoré sur une côte déserte; ayant auprès de lui son fils décharné qui demande inutilement un morceau de pain à ce père dont il attendoit des empires! mort, il est encore plus malheureux! Son supplice est d'éprouver à lui seul toutes les douleurs que les infortunés habitans de ces terres nouvelles ont souffertes, douleurs que chaque siècle augmente en y ajoutant de nouvelles horreurs! Près de lui souffrent les mêmes martyres tous les conquérans de ces riches contrées : ils pleurent! ils gémissent! ils poussent des sanglots sans pouvoir jamais se consoler! ils s'écrient :

« N'est-il parmi les mânes innombrables qui
» peuplent cet affreux séjour, n'en est-il pas
» une qui puisse retourner sur la terre pour
» tracer à nos enfans la peinture des tourmens
» qui nous déchirent et qu'ils aggravent chaque
» jour par de nouveaux forfaits? n'est-il pas un
» être qui puisse aller leur dire : Abandonnez
» ces terres maudites, vous ne pouvez en jouir
» qu'en outrageant la Nature! le crime ne pro-
» fite jamais! le sang dont vous les arrosez ne

» peut produire que des poisons ! ce monde
» nouveau dévorera l'ancien monde ! »

Vaines leçons, invocations inutiles ! ce n'est
pas pour l'instruction des vivans qu'Ahrimane
ordonne le supplice des morts.

Devant eux sur un aride désert, au sein d'une
atmosphère de flammes, des hommes qui paroissent avoir été bercés par la Mollesse dans
le sein de l'abondance et des plaisirs, nus, chargés de fers, sont péniblement, avec leurs épouses
et leurs foibles enfans, courbés sur un sol dur,
aride qu'ils déchirent avec efforts, qu'ils arrosent
de leur sueur, de leurs larmes, de leur sang :
excédés de fatigue, ils peuvent à peine soulever
les instrumens de travail ; ils se relèvent en gémissant, s'appuyent sur eux et versent des pleurs ;
absorbés par une tristesse profonde, ils paroissent
privés de toute intelligence : des bourreaux,
teints des noires couleurs de la Mort, les aiguil-
lonnent avec des fouets armés de pointes de fer
acéré ! à ceux qui osent se plaindre, ils répondent avec une féroce ironie : « Ne vois-tu
» pas que la blancheur de ta peau, la débilité
» de tes organes, la foiblesse de tes membres,
» prouvent que tu es d'une espèce dégénérée,
» soumise par le Ciel à notre empire ? sur la
» terre tu en as fait autant à notre espèce au
» nom de la loi prétendue de la Nature ; ici je
» te rends tes supplices au nom d'un Dieu
» vengeur. »

Du milieu d'une vaste plaine où la Mort s'est
fait dresser des trophées avec les sceptres, les
couronnes, les joyaux des rois, les armures, les
étendards des héros, les dépouilles somptueuses
des riches, des hommes puissans, se fait entendre un bruit tumultueux de clameurs et de

vociférations , semblable à celui qui s'élève de l'édifice où des factieux rassemblés projettent et discutent le bouleversement de l'ordre social! ce bruit attire Ahrimane : il voit cette plaine toute couverte de tombeaux pressés les uns contre les autres ; à peine reste-t-il un passage entre leurs rangs innombrables : tous ont la même forme ; aucune inscription , aucun ornement ne les distingue ; ils sont tous de fer rougi par les flammes de l'Enfer , et tous renferment des hommes puissans dépouillés par la Mort ! ils y sont avec leurs familles qui dévorèrent la substance des nations , avec leurs favoris qui se partagèrent les honneurs et le pouvoir : ils y sont avec les illustres criminels dont la prospérité faisoit accuser le Ciel d'injustice et douter de sa vengeance ; avec ces égoïstes impitoyables qui , se riant de l'Eternel et méprisant les humains , en condamnèrent aux larmes , aux douleurs pour se procurer le plaisir , en plongèrent des milliers dans les ténèbres des tombeaux , pour briller un moment dans l'avenir : ces derniers avides de la renommée sur la terre , dans les Enfers , n'ont pas même un nom ; on les appelle tous ombres vaines : avides de l'immortalité , ils y sont en effet éternellement existans , pour être éternellement suppliciés.

Comme dans ces lieux où les Maladies et la Misère rassemblent des malheureux qui ont usé leurs corps au service d'une ingrate patrie , on voit des moribonds retenus par l'anéantissement de leurs forces , sur des couches pestiférées et n'ayant plus de mouvement que dans leur bouche pour exprimer leur supplice ; de même ces criminels sont couchés dans ces tombeaux !

il n'y a que leurs bras décharnés qui soutiennent péniblement, au-dessus d'eux, son couvercle pesant : ils en sortent la tête pour se reprocher mutuellement leurs crimes et leurs supplices. Les flatteurs accusent les grands de les avoir corrompus avec leur or ; les grands reprochent aux flatteurs de les avoir corrompus par leurs adulations. Par intervalle, toutes ces clameurs s'apaisent, toutes les imprécations de la Rage sont suspendues ; il se fait un silence profond ! une voix solennelle se fait entendre, et remplit l'immensité du Ténare ; elle dit :

« Hommes puissans que le sort avoit placés » au-dessus de vos semblables ! il vous étoit si » facile d'éviter ces supplices ; de vous procurer » les plus pures jouissances en vous occupant à » les rendre heureux ! »

Le sol tout entier tremble, agité par les convulsions du désespoir de ces captifs qui s'agitent violemment dans leur tombe ! l'air est déchiré par tous leurs cris qui se réunissent et ne forment que ce seul cri :

« Resterons-nous donc toujours enfermés » dans ces tombes brûlantes ? Ne pourrons- » nous jamais retourner sur la terre pour répa- » rer nos crimes ? »

La voix menaçante leur répond : « Toujours !... » Jamais ! »

Leurs douloureuses exclamations redoublent ; elles fatiguent Ahrimane qui, dans son impatience, fait retomber avec fracas le dessus de tous ces tombeaux, enfermant avec chaque coupable un Remords, une Torture !

Ahrimane a passé des siècles dans l'atroce jouissance de la contemplation des supplices ; toutes les mânes sont enfin distribuées aux

Tortures , et cependant il reste encore aux Enfers de vastes empires à peupler ! il reste encore un grand nombre de Génies infernaux qui n'ont pas de proie ! tous s'empressent autour d'Ahrimane et lui en demandent à grands cris : il leur sourit et voit avec délices combien il peut encore accumuler de malheureux dans les Enfers ! il les quitte en promettant à tous ces monstres de nombreuses victimes, et retourne plus féroce sur le globe pour exciter , seconder les fureurs de ses agens qui le ravagent : il fait tour-à-tour la conquête d'une partie de l'espèce humaine , et redescend aux Enfers préluder à son éternel supplice.

Mortels , tremblez ! invoquez le Très-Haut! sans lui, comment échapper au pouvoir d'Ahrimane, à tous les Génies infernaux ? toujours à vos côtés sous les traits des Passions séduisantes, de l'Amour, de la Gloire, de la Fortune, de la Volupté, ils vous attachent à des chaînes qui tiennent aux Enfers et vous y attirent. Qui pourroit vous défendre contre eux , si ce ne sont les Anges bienfaisans que l'Eternel envoie à votre secours ; si ce n'est la Raison, la Religion et la Vertu ?

LIVRE XIX.

LA NATURE CONSOLÉE.

LA Nature ne peut s'opposer aux fureurs exercées sur les mortels par le redoutable Ahrimane
et ses féroces agens : elle vient aux pieds du
Très-Haut implorer son secours; elle lui demande
que son bras puissant arrache des mains de leurs
infatigables ennemis ses enfans qu'ils ont éloignés
de ses domaines, leur véritable patrie ! « A peine,
» dit-elle, quelques-uns, réfugiés dans le sein
» des déserts, vivent-ils encore sous mes lois !
» tous les autres n'obéissent plus qu'aux agens
» d'Ahrimane ! et pour comble de maux ils se
» croient plus heureux sous leur joug ! plus ils
» s'éloignent de moi, plus ils se croient près de la
» perfection idéale qu'ils veulent atteindre. Il ne
» leur reste aucun souvenir de la félicité qu'ils goû-
» tèrent sous mes lois, dans cet heureux âge d'or
» dont le Génie du mal interrompit le cours en fai-
» sant répandre le sang d'un frère, source inta-
» rissable de tous les torrens de sang qui main-
» tenant inondent la terre ! Des mortels, poussés
» par Ahrimane, traversent les mers et vont porter
» à ceux qui vivent encore heureux sous ma pro-
» tection, les besoins, les passions, les vices de
» l'homme social : bientôt, sur tout le globe,
» il n'y aura plus une seule île qui soit encore
» une foible image de l'Eden. »

Les plaintes, les gémissemens de la Nature affligent les célestes Intelligences ; toutes ont les yeux fixés sur l'Eternel dans l'attente et comme pour implorer son appui ! le Tout-Puissant ordonne au Génie de l'ordre d'apaiser la douleur de cette mère des humains ; cet Ange lui dit :

« Le Génie du mal à qui l'Eternel permet,
» dans ses impénétrables décrets, d'exercer sur
» la terre un redoutable empire, osa, poussé
» par une ambition aveugle, lutter avec lui de
» puissance : toujours actif, quoique toujours
» vaincu, il renouvela ses inutiles tentatives.
» Tu as vu les masses que sa foible main avoit
» lancées contre le temple du Très-Haut, tom-
» ber aux pieds de ses colonnes immuables !
» maintenant obéissantes au mouvement que leur
» imprima son regard, elles parcourent, astres
» nouveaux, les déserts de l'espace et contri-
» buent à l'harmonie de l'Univers.

» Un être fantastique, le stupide Hasard,
» Esprit informe et dégradé, voulut, excité par
» Ahrimane, disputer au Très-Haut l'empire
» de l'Univers. Il entreprit, l'Eternel lui en
» avoit donné la force, la matière, il entreprit
» de créer un nouvel Univers pour le placer
» au-dessus des mondes sortis de la pensée de
» de Jéhovah, dont le souffle a fait rentrer dans
» le néant les masses informes que ce Hasard
» avoit pétries.

» L'Ange que notre souverain a chargé de
» diriger le Soleil, égaré par les perfides con-
» seils d'Ahrimane, voulut incendier la terre
» pour s'en assurer la conquête : l'Ange qui
» retient les masses liquides de l'océan dans les
» les limites que l'Eternel leur a tracées, les en

» chassant lui-même , submergea l'hémisphère !
» ces Ministres rebelles amenés , tremblans, au
» pied de son trône, ont fléchi sous le poids
» des regards de leur souverain irrité ! heu-
» reux d'en obtenir le pardon en réparant le
» désordre , ils ont uni leur puissance à la tienne
» pour embellir de nouveau la terre et donner
» à tes enfans plus de bonheur.

» Ahrimane , honteux de l'inutilité de ses
» efforts, reporta toute sa haine et toutes ses
» fureurs contre ces êtres que tu chéris le plus
» parmi les Intelligences unis à la matière. Après
» la submersion du globe, des Anges bienfai-
» teurs étoient descendus de ce séjour pour
» veiller à leur félicité ; le cruel Ahrimane, sous
» les traits du Dégoût, empoisonna cette féli-
» cité , leur rendit l'existence même importune :
» il alluma dans leur cœur ces désirs insatiables
» qui les privèrent de toutes tes jouissances,
» leur firent dédaigner tes bienfaits pour aspirer
» dans l'avenir à ce qu'ils ne possédoient pas. Fier
» de ce succès, Ahrimane fit verser le sang d'un
» mortel par la main de son propre frère ! triom-
» phant, il se hâta de descendre dans le Ténare
» pour délivrer et répandre sur la terre toutes
» les légions des Anges rebelles que les foudres
» célestes y ont précipités ! lui-même , à la tête
» de cet affreux cortége , a chassé le Bonheur
» de la terre.

» Tu voudrois soustraire entièrement les mor-
» tels à l'empire d'Ahrimane et de ses agens, à
» celui de la Mort ! le Très-Haut ne changera
» rien à ses immuables décrets; il ne les déli-
» vrera pas de ces ennemis sur la terre ; et si
» ton cœur l'exigeoit de sa bonté , tu renonce-
» rois toi-même à l'existence de tes enfans ! Pour

» des Intelligences unies à la matière, ce qui
» cause le plaisir doit causer la douleur; ce qui
» donne la vie doit donner la mort : à moins
» de condamner ces Intelligences à rester éter-
» nellement exilées; à moins d'accabler l'homme
» sous le poids de l'éternité que tous tes dons
» ne pourroient remplir pour lui de jouissances,
» il faut que l'Ange de la destruction et la Mort
» son ministre infatigable, obéissant aux ordres
» du Très-Haut en croyant l'offenser, séparent
» ces Intelligences de la matière, brisent leurs
» fers et les laissent remonter dans ce céleste
» séjour! trop souvent ces Intelligences elles-
» mêmes se plaindront à toi de leur long et dou-
» loureux esclavage.

» Dès l'instant qu'un être animé reçoit la vie,
» un autre doit la quitter, ou bientôt l'excès de
» la population couvriroit le globe d'une mul-
» titude innombrable d'hommes réduits à s'entre-
» dévorer! la terre, les ondes, se changeroient
» en de vastes cercueils! tu n'aurois à régner
» que sur des cadavres! Toi-même après avoir,
» aveuglée par ta tendresse, favorisé cette mul-
» tiplication excessive des mortels, tu recon-
» noîtrois de combien de maux elle est la cause;
» tu serois réduite à invoquer le secours des
» agens d'Ahrimane, de la Guerre, de la Peste,
» de la Famine que tu voudrois à présent voir dé-
» sarmées par l'Éternel! tu invoquerois la Mort,
» et la conjurerois de diminuer le nombre des
» individus dans la crainte de voir périr l'espèce.

» Mais si le Très-Haut ne soustrait pas en-
» tièrement les mortels à l'empire d'Ahrimane,
» ses regards paternels ne les abandonneront
» jamais! il ne retirera pas sa pensée de l'astre
» qu'ils habitent ! l'Homme est le plus parfait

» des êtres qui peuplent le globe ; il sera tou-
» jours l'objet des plus tendres affections de
» l'Eternel qui a tout fait pour lui , qui lui
» prépare de plus heureuses destinées : cette
» préférence du Très-Haut explique tous les mys-
» tères. Avant de lui faire atteindre ces des-
» tinées, que n'a point fait l'Eternel pour em-
» bellir la route qui l'y mène ? Il a disposé son
» corps pour tous les mouvemens , ses organes
» pour tous les objets, sa constitution pour tous
» les climats : les formes , les proportions de
» tous les êtres y sont en rapport, en harmo-
» nie avec ses formes et ses proportions pour
» lui faire trouver les jouissances dans les mer-
» veilles de la création ordonnée pour son bon-
» heur. Tout sur cette terre est disposé pour
» lui procurer plus de plaisirs : c'est pour lui
» seul que chantent les oiseaux ; ils n'ont pas
» de voix dans les déserts ! ce n'est que pour
» lui que les nuages décorent la voûte des
» cieux de perspectives enchanteresses ! c'est pour
» lui seul que cette voûte est parsemée d'étoiles
» brillantes ; les animaux ne fixent pas sur elles
» leurs regards.
» Suprême dominateur sur la terre , roi des
» animaux qui l'habitent avec lui, l'Homme les
» voit tous se soumettre à son empire : guidés
» par un instinct qui ne les trompe jamais ,
» doués de la portion d'intelligence strictement
» nécessaire à leur conservation , ils sont ses
» premiers instituteurs dans les arts qui ajoutent
» à ses jouissances. Si quelques-uns d'entre eux,
» destinés à limiter la reproduction excessive des
» êtres animés qui dévoreroient sa substance ,
» peuvent se soustraire à son empire et le me-
» nacer, seul il peut les craindre ; aidé de ses

» semblables, il devra les braver ! ces monstres
» fuiront toujours à l'aspect des rois de la terre ;
» ils s'enfonceront dans les forêts et les déserts
» à mesure que l'Homme étendra ses domaines !
» tous ces monstres seront constamment occu-
» pés à faire disparoître de la surface de la
» terre les restes hideux de la Mort ; tandis que
» tu couvriras de verdure et de fleurs les tom-
» beaux de l'humanité.

» L'homme ne connoît pas toute l'étendue de
» ses facultés : qu'il les développe sans cesse
» jusqu'aux limites que la main de l'Eternel a
» dû leur fixer pour sa propre conservation ! ses
» nobles tentatives, couronnées de succès tou-
» jours nouveaux , le conduiront à s'étonner
» de lui-même et de sa puissance : peut-être,
» oubliant les conseils de la Raison , en abusera-
» t-il ? mais oseroit-il alors reprocher au Créa-
» teur la prodigalité de ses bienfaits ?

» Dans la volonté de l'homme réside toute sa
» puissance : le Vouloir est la première, la plus
» forte de ses facultés ! elle soutient les grands
» hommes au-dessus des autres mortels et les
» mène au succès dans les plus grandes entre-
» prises. Que l'homme veuille , et la matière
» se soumet à ses lois ! qu'il réunisse ses forces
» à celles de ses semblables , il produira une
» puissance à laquelle toi-même tu seras soumise !
» Mais des facultés plus grandes, contraires l'une
» à l'autre , se seroient mutuellement détruites :
» ses yeux pouvoient-ils suivre les astres errans
» dans les profondeurs de l'espace , et voir les
» objets nécessaires à son existence ? sa voix
» pouvoit-elle dominer celle des Vents , sans
» épouvanter les êtres animés , et l'assourdir
» lui-même ? pouvoit-il jouir de la douce

» harmonie du chant des oiseaux et n'être point
» fatigué par le bruit des tempêtes ? L'Homme
» plus grand ou plus petit, avec des sens plus
» actifs ou plus foibles, ne seroit-il pas un
» être déplacé sur cette terre où rien ne seroit en
» rapport avec lui, tout y échappant à ses or-
» ganes, à ses jouissances?

» Voudrois-tu, mère aveuglée par ta ten-
» dresse, te soumettre à ses lois, obéir à ses
» caprices? tout, sur le globe, seroit bientôt
» un épouvantable chaos! égaré par le senti-
» ment de ses forces et de ton indulgence, il
» troubleroit l'ordre des saisons dont l'Éternel,
» dans sa sagesse, lui a refusé l'empire.

» La main du Très-Haut n'a mis de bornes à
» la puissance de l'Homme que pour le rendre
» plus heureux : s'il abuse de cette puissance,
» osera-t-il se plaindre de ses maux ? s'il em-
» piéte sur les domaines de l'océan et place son
» asile sur des rives usurpées, peut-il se plaindre
» lorsque des vagues impétueuses viennent les
» reconquérir ? s'il détourne les fleuves, in-
» cendie les forêts ; s'il amoncelle sur la terre
» les matières qu'il a tirées de son sein,
» peut-il se plaindre lorsque ces fleuves ren-
» versent leurs digues ; lorsque des amas d'eaux
» corrompues et stagnantes remplissent l'atmos-
» phère de vapeurs empoisonnées, lorsque les
» montagnes, dépouillées de leur antique che-
» velure, ne le défendent plus du souffle du ri-
» goureux Aquilon, ou contre l'haleine brûlante
» de l'Auster ; lorsque la terre privée des sources
» fécondantes que les monts alimentoient, n'offre
» plus que de vastes déserts?

» Il n'y a de désordres réels que ceux dont
» l'Homme est lui-même l'auteur : si parmi tes

» phénomènes quelques-uns, désordres apparens
» et nécessaires, obstacles à de plus grands
» maux, peuvent lui nuire, ce n'est que parce
» qu'il enfreint ou brave tes lois. Mais l'étude
» et l'observation de ces mêmes lois lui four-
» nissent de nombreux moyens de se prémunir
» contre ces désordres ?

» Les mortels ont reçu du Très-Haut l'em-
» pire sur les élémens ! aidés par le Travail et
» l'Industrie, ils peuvent les forcer à réaliser
» les plans hardis de leur génie créateur. Tu
» les vois changer, pour leur bonheur, la face
» du globe ! tu admires l'imposante magnificence
» des édifices qui les protègent contre les fu-
» reurs des élémens ! toi-même tu conserves
» leurs chefs-d'œuvres comme des monumens de
» la gloire et de la puissance d'une génération
» d'hommes illustres. Il détournent la foudre de
» leurs asiles ; ils arrêtent sur les rives de l'océan
» ses flots impétueux ! S'ils ne peuvent se sous-
» traire toujours aux fléaux qui ravagent la terre,
» du moins ils sont pour eux des avertissemens
» salutaires qui les rappellent à leurs futures et
» sublimes destinées : sans ces fléaux, l'Homme
» ivre de sa puissance et de sa gloire sur le globe,
» voudroit y attacher toute son existence, toutes
» ses pensées ; il oublieroit l'Eternel, il devien-
» droit à lui-même son Dieu : il faut que la voix
» des Ouragans et des Tonnerres lui redisent
» sa foiblesse et la force du Très-Haut. Dans
» les grandes catastrophes du globe, si la terre
» s'écroule sous ses pieds, qu'il élève vers Jé-
» hovah ses mains suppliantes, qu'il s'attache
» aux marches de son trône, et le bras de
» l'Eternel ne le laissera pas retomber dans l'a-
» byme du néant !

» Si l'Homme s'attache à la vile matière
» comme à son unique bien ; s'il renonce à ses
» destinées sublimes pour ne vivre qu'un mo-
» ment dans ce lieu d'exil ; doit-il accuser l'E-
» ternel de ne lui avoir donné que cette ma-
» tière pour objet de jouissances d'un instant ?
» Si l'Homme étouffe dans son cœur les plus
» tendres sentimens et fait de l'Egoïsme le pre-
» mier mobile de ses actions ; s'il détruit le culte
» du Très-Haut , nie son existence , renverse
» ses autels pour ne plus adorer que les agens
» d'Ahrimane , doit-il se plaindre de voir toutes
» les Passions déchaînées faire de cet ordre qu'il
» appelle social , un état affreux de désordres
» où la moitié des mortels gémit dans les fers ,
» sous le joug de l'autre moitié ?

» Si les nations , dans la fureur inspirée par
» la soif de l'or ou de la domination , ravagent
» des contrées fertiles , égorgent les autres peuples ,
» jonchent la terre de cadavres , oseront-elles
» dire que c'est l'Eternel qui , Dieu de ven-
» geances , arme les mains de la Guerre avide
» de sang , envoie la Famine et la Peste pour
» dépeupler cette terre ?

» Tous les autres êtres unis à la matière , bornés
» dans leurs facultés , ne peuvent exercer que la
» portion d'intelligence nécessaire à leur conser-
» vation ; enchaînés dans ces étroites limites , ils
» ne peuvent s'élever , par la pensée , au-dessus
» de la matière qui les nourrit ; ils ne connoissent
» pas la riante Espérance et la féconde Imagina-
» tion sa mère qui sait créer pour les mortels
» une existence plus heureuse , dans des mondes
» plus fortunés ! le ciel n'existe pas pour eux :
» les vastes empires de la Science , refuges invio-
» lables des vrais Plaisirs , leur sont fermés ;

» l'Homme est le seul parmi ces Intelligences qui
» puisse contempler le magnifique spectacle de
» l'Univers! le monde intellectuel est son véri-
» table empire! il est le seul qui puisse, par de
» sublimes méditations ou les douces extases du
» délire du génie, se dégager de la matière,
» exalter son ame, et s'élevant jusques auprès des
» Intelligences qui dirigent les corps célestes,
» se procurer un avant-goût des éternels délices!
» Ce n'est point en vain que brille sur son front
» la majesté du roi de la terre! son esprit saisis-
» sant les rapports entre tous les objets, peut les
» ordonner, les combiner, créer d'autres mondes
» pour augmenter ses jouissances! il peut ob-
» server les astres épars dans l'immensité; ad-
» mirer l'ordre qui y règne, entrevoir le vaste
» ensemble de l'Univers, embrasser l'éternité!
» Osera-t-il se plaindre si, dans l'orgueil de la
» Science, il nie l'existence de l'Eternel et de son
» séjour; s'il étouffe son imagination sous le
» poids de la matière, se ferme à lui-même
» l'Univers et se jette dans le Néant.

» L'Homme possède une faculté plus précieuse
» encore, celle de communiquer à ses semblables
» son esprit et son cœur par le langage! cette
» heureuse communication des ames peut rem-
» plir de jouissances tous les instans de sa vie:
» elle adoucit ses maux, double ses plaisirs, en
» les partageant avec un objet aimé; elle livre
» son cœur aux douces émotions de la tendresse:
» ce seul bien mérite toute sa reconnoissance,
» doit étouffer toutes ses plaintes! Vivre pour
» aimer ses semblables, adorer l'Eternel, est-il
» pour des êtres une plus heureuse destinée? les
» Anges qui entourent le trône du Très-Hau
» ont-ils une autre félicité?

» Mais il est un plaisir que ces Intelligences
» même ne connoissent pas, parce que leur per-
» fection les empêche d'en jouir. L'animal,
» pourvu de tout, n'a besoin d'aucun secours;
» il ne tient à rien, n'aime rien que lui-même;
» l'Homme, dépourvu de tout, s'attache à tous
» ceux qui le protègent. Si l'Homme est nu, c'est
» pour qu'il ne puisse vivre seul loin de ses sem-
» blables. Admires la profondeur des plans de
» l'Eternel, et la simplicité de ses moyens! le
» dard des insectes qui attaquent l'Homme est le
» premier aiguillon qui le stimule au Travail, père
» des vraies jouissances : les vêtemens dont ils
» l'obligent de s'envelopper sont les premiers liens
» de l'ordre social ; le soin de former leur tissu
» devient sa première occupation et le principe
» des Arts auteurs et conservateurs de sa félicité.
» O comble de bienfaits ! l'Homme seul, être
» privilégié parmi les habitans de la terre, a l'idée
» de l'Eternel ; il a seul le pouvoir d'élever vers
» lui son cœur embrâsé d'amour et de reconnois-
» sance ; seul entre eux tous, il peut se fortifier
» de sa toute-puissance. Osera-il se plaindre s'il
» repousse le bras de l'Eternel, pour s'appuyer
» sur la matière qui s'évanouit sous sa main et
» le laisse retomber dans les Enfers ?
» L'Eternel, unissant l'ame à la matière dont
» elle jouit et dispose, ne pouvoit la soustraire
» entièrement à son empire. Il ne pouvoit, sans
» rendre l'Homme insensible au Plaisir, le mettre
» à l'abri de la Douleur : la Douleur et la Vo-
» lupté sont inséparables; leurs excès les con-
» fondent : le Plaisir est une sensation délicieuse,
» son excès la change en supplice. Cette douleur
» est la première et la plus sage institutrice des
» êtres animés : sans ses avis, ils s'exposeroient

» aux fureurs des élémens et seroient anéantis.
» De toutes les douleurs, celles du corps ne sont
» que passagères ; les plus vives sont dans sa
» pensée : l'Homme peut les adoucir en fixant son
» esprit sur des images qui le distraient; en chan-
» geant son existence intellectuelle par l'aspect
» de nouveaux lieux, de nouveaux objets, par
» l'étude et la contemplation de tes chefs-d'œu-
» vres ; il peut les adoucir en élevant son esprit à
» l'idée de l'Éternel, son espoir à l'Eternité.

» L'Homme méditant sur lui-même s'étonne
» de son existence ; en lui l'intelligence confond
» l'intelligence ! tantôt il accuse le Tout-Puissant
» de l'avoir créé si foible ; tantôt il est prêt à se
» dresser à lui-même des autels, tant il trouve
» en lui d'imperfections et de vertus, de vices et
» de qualités sublimes ! ses vices, ses imperfec-
» tions appartiennent au corps qu'il doit rendre
» à la terre, ses qualités et ses vertus sont à cette
» ame que les cieux attendent. Mélange prodi-
» gieux d'esprit et de matière, ces deux élémens
» de sa substance doivent avoir l'un sur l'autre
» une action mutuelle : l'Homme soumis à ses
» destinées ne se dégrade pas au rang des vils
» animaux qui ne reconnoissent que la matière
» pour souverain ; il ne prétend pas s'élever,
» avant le terme fixé par les immuables décrets
» au rang des célestes Intelligences ! cet avilisse,
» ment ou cette orgueilleuse élévation le ren-
» droit le plus malheureux des êtres ! il attend
» que la Mort rompe ses chaînes pour le sous-
» traire à l'empire d'Ahrimane et le rendre à la
» vraie félicité !

» Toutes les fureurs que le Génie du mal et
» ses agens peuvent exercer contre l'Homme
» n'ont de cause que l'abus des dons de l'Eternel :

» mais à moins d'enchaîner ses sentimens et ses
» pensées dans le cercle étroit de ses besoins,
» l'assimilant aux animaux qu'il commande ;
» l'Eternel a dû lui laisser la liberté. La création
» de l'Homme, l'union à la matière, de son ame
» intelligence émanée des cieux, est moins éton-
» nante que l'accord de cette liberté avec la
» toute-puissance du Très-Haut ! c'est-là le plus
» précieux des dons célestes. L'homme est libre,
» pour faire le bien et pratiquer la vertu : c'est
» cet effort seul et non les chefs-d'œuvres de son
» esprit ou de ses mains, qui doit lui mériter
» l'admiration, la reconnoissance de ses sem-
» blables, l'applaudissement des Cieux !

» Sa liberté n'a de limites que la Nécessité :
» l'Homme pourroit-il refuser de s'y soumettre ?
» ne commande-t-elle pas aux célestes Intelli-
» gences ? le pouvoir de l'Eternel lui-même n'est-
» il pas restreint dans les bornes du juste et du
» possible dont les lois sont pour lui la Nécessité ?

» La loi la plus redoutable de cette Nécessité,
» c'est la mort ; mais la Vieillesse en adoucit
» pour eux les horreurs ; elle ne les tue pas,
» elle les éteint. A cette mort aboutit la puis-
» sance d'Ahrimane ; il ne tarira pas les sources
» de la vie. Si des nations, entraînées par le
» fleuve du Temps, passent de la barbarie à la
» civilisation, sont quelques momens florissantes,
» et bientôt, de la Corruption, arrivent à leur
» ruine ! les restes de ces peuples, délivrés des
» principes destructeurs, sont la tige féconde de
» générations nouvelles et plus heureuses qui
» recommencent les annales du monde et sont
» destinées à briller et s'éteindre dans l'avenir
» comme leurs ancêtres oubliés. Ces peuples nou-
» veaux peuvent goûter le Bonheur sous l'empire

» de la Vertu ! après avoir parcouru tous les
» périodes de l'existence, vieillis à leur tour par
» la révolution des siècles, ils sont remplacés par
» d'autres peuples ; formant ainsi la suite des
» nations toujours détruites et toujours renais-
» santes qui doivent peupler la terre. Mais ceux
» qui ne s'écartent pas de tes lois, voient s'étein-
» dre les nations civilisées et subsistent toujours;
» l'immuable simplicité de leurs mœurs leur as-
» sure l'immortalité (1).

» Les essaims de ces nations repeupleront sans
» cesse la terre, jusqu'à l'instant où les fluides qui
» l'enveloppent, épuisés par la reproduction suc-
» cessive des êtres, ne formeront plus de matière
» organisée, ne fourniront plus à la substance de
» tes nombreux enfans : alors l'Eternel pourra, si
» telle est sa volonté, redresser l'axe incliné du
» globe pour lui donner de nouveaux printemps;
» il pourra, s'il veut occuper ton zèle et ta ten-
» dresse, animer d'autres portions de la matière
» qui peupleront d'autres corps célestes errans
» dans les mers de l'immensité. Jusqu'à ce moment
» de triomphe, calme tes inquiétudes sur le sort
» des humains ! leur ame est créée pour l'immor-
» talité, leurs destinées sont attachées à celles de
» l'Univers ! tous doivent, s'ils ne s'écartent pas
» de la Vertu, rentrer dans ce temple, leur pre-
» mière patrie, pour y jouir d'un éternel bonheur.
» Pour leur en indiquer la route et les défendre
» contre les agens d'Ahrimane, des célestes In-
» telligences descendues sur la terre sont pour eux
» des guides sûrs, de puissans protecteurs.

––––––––––

(1) Les Scythes ou Tatars et les Arabes, ces pères des
nations (*voyez* Bailly), les Nègres, etc. sont ce qu'ils
étoient aux temps de Moyse et d'Homère.

LIVRE XX.

LES ANGES PROTECTEURS.

A la voix du Très-Haut, des Anges protecteurs sont descendus sur la terre pour veiller au bonheur des mortels. L'heureuse Insouciance, accompagnée du Courage et de la Résignation, émousse les aiguillons de la Douleur : amie constante de ceux qui vivent sous les lois de la Nature, au sein de ses domaines, elles les concentre tout entiers dans le présent, et fait pour eux, de la jouissance du moment, toute la vie : elle ne leur permet pas de regarder le chemin qu'ils viennent de parcourir, celui qui leur reste encore : elle laisse à la séduisante Espérance le soin d'embellir l'avenir des victimes de l'ordre social.

L'Espérance vient arracher ces malheureux au Désespoir : elle fait tomber le fer des mains de celui qui alloit devenir suicide ; elle renverse le poison qu'il avoit préparé ; son bras écarte en souriant la Mort qu'il avoit appelée. Fille de l'Imagination, elle exige toujours de sa complaisante mère qu'elle ordonne les événemens futurs au gré de ses désirs et transporte ceux qu'elle veut soutenir ou consoler à des temps plus heureux : elle en exige qu'elle étende à leurs yeux de brillantes perspectives, qu'elle y dessine les scènes riantes du bonheur dont ils jouiront. Dans ces tableaux tracés par l'Imagination , l'esclave se voit libre de ses chaînes, vivant au sein de sa famille ; l'indigent y voit la Fortune lui présenter le trésor qui l'arrache pour toujours, avec ses enfans , des mains de la Misère. Les haillons de la Pauvreté , la froide humidité des cachots , les brûlantes ardeurs de la zône torride , les frimats glacés du nord , les solitudes de l'océan n'effrayent , ne dégoûtent point l'Espérance ; et les prestiges dont l'amuse l'Imagination sont toujours plus beaux que la réalité. Les agens d'Ahrimane peuvent écarter du malheureux tous les autres Génies protecteurs ; mais l'Espérance voltige toujours au-dessus de sa tête et lui montre son voile orné des riantes perspectives de l'avenir : l'Univers entier l'abandonne-t-il pour ne lui laisser qu'une tombe , l'Espérance s'asseoit avec lui sur le bord de cet abyme : lorsque la Mort lève sa faux pour le frapper , l'Espérance fait asseoir son ame sur ses ailes brillantes, franchit avec elle l'abyme et la transporte dans les régions de l'éternelle félicité.

L'Espérance a pour compagnes fidelles les Illusions plus séduisantes encore : ces aimables Génies flattant l'amour - propre des mortels, semblent faire concourir tous les événemens, tous les êtres à leur futur bonheur. A leur voix le Vieillard , fils de l'Eternité , cache sa faux sous ses ailes légères et les rides de son front sous le masque de la Gaieté ; il s'enveloppe du manteau des Saisons qui promettent des plaisirs toujours nouveaux : les mortels le suivent , entraînés par les Désirs ; ils s'avancent sans y penser vers la tombe.

La céleste Bienfaisance et la douce Compassion impriment au cœur de l'Homme cette sensibilité qui le porte, par une douce impulsion, à partager ses richesses et ses plaisirs avec ses semblables, à les consoler en versant des larmes d'attendrissement sur les plaies de leurs cœurs ! elles lui font goûter les jouissances les plus vives et les plus pures, celles du cœur. Ses bonnes actions répandent du bonheur sur toute sa vie ; leur souvenir le console dans l'infortune : les cent voix de la Renommée ne sont pas aussi mélodieuses pour le héros, que la voix de la conscience lorsqu'elle dit à l'homme compatissant : *tu as fait le bonheur de ton semblable !* l'habitude des bienfaits pénètre son ame d'une inaltérable volupté dont le sentiment donne à ses traits une forme divine.

Lorsqu'un mortel sensible, mais emporté par ses passions, est prêt à leur sacrifier ceux dont le Ciel lui a confié la félicité ; la Compassion lui dit : « Crains de faire un pacte éternel avec la Douleur ! Si la Mort vient te ravir cette épouse, cet enfant que le ciel t'avoit chargé de rendre heureux, les Regrets te les représenteront alors avec toutes les heureuses qualités qui méritoient ta tendresse : ce sentiment se réveillera plus vif et plus profond dans ton cœur attendri : tu reconnoîtras, mais trop tard, combien ils étoient dignes que tu consacrasses ta vie toute entière au plaisir de les rendre heureux : les Remords te les montreront sans cesse, pleurans et gémissans sous ta main cruelle ! Alors, désespéré, tu les appelleras en vain de la tombe pour réparer tes torts en faisant à leur félicité le sacrifice entier de ton bonheur ; ils ne se réveilleront pas du sommeil de la Mort, et leur ombre plaintive

ne cessera de t'adresser des reproches déchirans ! Conduis-toi dès à présent envers eux
comme tu désirerois ardemment l'avoir fait si,
la Mort t'ayant donné cette terrible leçon en
les enlevant à ta cruauté, le Ciel daignoit les
rendre à ta tendresse.

» Et toi mortel puissant et voluptueux, jamais
tu ne cimenteras l'édifice de ton bonheur avec
le sang et les pleurs de tes semblables ! le cliquetis des chaînes, les cris des esclaves ne
peuvent former un agréable concert ? le Crime
ne donne jamais la Félicité ! tôt ou tard l'ingrat
Ahrimane vient frapper ceux qui lui ont livré
ses victimes. Tu chéris la Volupté ! le ton et le
sourire de la Bienveillance ne sont-ils pas plus
agréables que les gémissemens et les crispations
de la colère ? l'Amour n'est-il pas plus doux que
la Haine, le Pardon que la Vengeance ? Une
larme d'un infortuné tombée dans la coupe du
Plaisir suffit pour la rendre amère, et celles de
la Reconnoissance ont toujours adouci l'amertume du calice de la Douleur. Ne considère
pas le malheureux disgracié de la Nature, avili
par la Misère, comme un être hideux, fait pour
inspirer le dégoût et le mépris ; reconnois en
lui une ame céleste comme la tienne, condam-
née par le sort à mouvoir péniblement cette
machine informe qu'elle rendra bientôt à la
terre, pour s'élever dans les cieux plus brillante
et plus pure que ton ame dégradée par la Volupté ou par le Crime.

» Regarde, d'un œil de pitié, chaque mortel
sortant du sein de sa mère pour s'avancer en
chancelant dans la route pénible de la vie !
d'abord comblé de soins et de caresses, même
au sein de la misère, par les tendres parens qui

le soutiennent, il ne peut marcher sans leur appui. Bientôt sa Jeunesse lui inspirant plus de confiance, il croit pouvoir avancer seul dans cette route : il y admire tout ce qui l'entoure ; il s'apprête à jouir de tout ce que son imagination riante et ses forces lui promettent de plaisirs ; doté de l'avenir par l'Espérance, il s'y engage, et tout-à-coup assailli par la tempête, recevant la douleur de tous les objets qui devoient lui donner le plaisir, il ne peut plus que se traîner lentement sur cette route ! Il s'appuie sur le bras de l'Amour trop foible ou trop léger pour le soutenir : il prend le bras de l'Amitié, qui, sous les traits d'une femme, s'unit à son sort ; soutenu par elle, il marche quelque temps avec courage ; mais le cruel Destin, ou la froide Indifférence, ou l'âcre Discorde l'en sépare ; la Misère vient l'assaillir ; l'Amour fuit et laisse auprès d'eux le Dégoût et la Haine ! Alors ce mortel implore la Fortune qui lui tend la main en souriant : trop inconstante, elle lui retire tout-à-coup son appui, le laisse seul, n'ayant pour cortége que les Désirs, les Regrets : ranimé par la riante Espérance qui lui montre au loin le Bonheur assis près du Repos, il se relève, le poursuit encore et tombe dans les bras de la froide et douloureuse Vieillesse qui, dissipant sa dernière flamme, le change en une statue insensible que la Mort renverse bientôt dans le cercueil.

» Mortels, telle est pour vous tous la route de la vie ! vous y êtes comme ces malheureux proscrits que les bourreaux conduisent à la mort ! pourquoi vous disputer les rangs ? vous arriverez tous, et la terre est assez vaste pour renfermer toutes vos dépouilles ! pourquoi vous rendre les uns pour les autres, cette route plus ardue ? pourquoi la hérisser de ronces ? ah ! donnez-vous plutôt l'un à l'autre une main secourable ! que les plus forts d'entre vous prêtent leur secours aux plus foibles !

Et vous que la Fortune a fait les grands de la terre, ne dédaignez pas l'amour et l'appui de vos semblables ! un nombreux cortége d'adorateurs, une pompe brillante forme autour de vous , sur la route de la vie, des groupes séduisans : il vous entoure d'un vif éclat; il cache à vos yeux le précipice qui la termine. Leurs voix célébrant vos louanges couvrent la voix de la Mort qui vous appelle : mais ce brillant cortége sera tôt ou tard dispersé par elle ; tôt ou tard vous verrez toute votre félicité dépendre d'un seul de vos semblables : heureux si, naguère commandant à des hommes soumis à vos caprices, vous pouvez, mourant, faire écouter votre voix par un seul de vos serviteurs, en obtenir un foible allégement à vos souffrances, et ne pas expirer seul, dédaigné, sur un lit de douleurs (1)! Quelle suite effrayante de tardives pensées sur le néant des grandeurs , se développeront alors à vos yeux! que les traits de l'Ingratitude et du Mépris vous paroîtront acérés ! quel désespoir ! Précipités de vos trônes par les Maladies , entraînés par elles sur le bord de la tombe, vous vous roidirez en vain contre la Mort qui, les mains appuyées sur vous, va vous y renverser ; dès votre naissance l'impitoyable Nécessité rivoit à vos cols les chaînes avec lesquelles cette Mort vous entraîne.

Si vous avez répandu des bienfaits, la Recon-

____

(1) Mort de Louis XIV.

noissance entourera du léger duvet des fleurs, ces chaînes pesantes ! les groupes de sujets attendris dont vous vous verrez entourés dans vos lits funèbres, écarteront de vos yeux les fantômes, hideux cortége de la Mort ; le doux concert de leurs louanges vous endormira d'un sommeil paisible : leurs larmes même seront pour vos ames comme une boisson salutaire qui calmera ce feu brûlant qui vous consume, et les douces flammes de leurs cœurs émus réchaufferont vos cœurs glacés par la froide main de la Mort ! leurs prières à l'Eternel seront pour vous des promesses de l'immortelle félicité ; vous croirez entendre, parmi leurs voix, celle de l'Ange qui vient délivrer vos ames de la matière : elles s'envoleront sur les ailes de la Prière, vers le séjour du Très-Haut ! et ces mortels eux-mêmes croyant sentir la présence d'un messager céleste, vous chargeront de leurs vœux : leurs bienfaiteurs sur la terre, vous volerez vers les cieux, avec la sublime mission d'être leurs intercesseurs auprès de l'Eternel (1) ! du pied de son trône, vous veillerez encore à la félicité de vos sujets ; vous obtiendrez pour eux d'autant plus de bonheur, vous en jouirez d'autant plus vous-mêmes, que vous leur en aurez fait goûter davantage sur cette terre où vous leur commandiez.

» Et vous tous mortels, quelques soient vos rangs, unissez-vous ! formez des phalanges d'amis pour résister avec plus de force aux agens d'Ahrimane ! Si chacun de vous prétend lutter seul contre eux, il sera bientôt anéanti. »

La Bienfaisance et la Compassion parcourent

---

(1) Mort de Saint Louis.

le globe , entrent dans les chaumières des pauvres , dans les prisons des malheureux esclaves , dans les asiles des victimes des Maladies dévorantes : elles adoucissent les maux de tous les infortunés , raniment leurs forces abattues, dissipent leurs inquiétudes, réveillent leurs espérances ; et s'il n'en est plus pour eux sur la terre , si la Raison est pour eux impuissante , elles les remettent à la Religion qui leur ouvre les Cieux.

LIVRE XXI.

LA RAISON.

Parmi les Anges protecteurs qui descendirent du séjour de l'Eternel sur la terre pour défendre les humains contre Ahrimane et ses agens, l'un des plus puissans est la Raison : elle emploie toute la force d'une douce persuasion pour les engager à la suivre.

Les sages mortels, hélas ! toujours trop peu nombreux, qui écoutent sa voix, sont étonnés de voir se dissiper le prestige dont les Passions, agens d'Ahrimane, avoient fasciné leurs yeux : le Bonheur dont ces monstres avoient pris les traits pour les égarer, marche en souriant à leurs côtés, toujours entouré du cortége des vrais Plaisirs. L'aimable Raison leur fait connoître tout le prix des biens que ces Génies peuvent leur prodiguer : lorsque les Passions cherchent à les séduire encore, elle leur dit avec douceur :

« N'écoutez pas ces enchanteresses ! toutes
» cachent, sous des déhors séduisans, d'atroces
» perfidies : la Mort et tous les Maux qui la pré-
» cèdent, les Soucis dévorans, l'affreuse Misère,
» les Chagrins, les Maladies et la Douleur forment
» derrière elles un cortége redoutable que leurs
» voiles rians cachent à vos yeux ! elles vous li-
» vreront à lui dès qu'attirés par leurs invitations
» trompeuses, vous vous serez jetés dans leurs

» bras perfides. Seule je puis vous tracer la meil-
» leure combinaison de principes et d'actions
» pour être heureux. »

La Raison dit à l'homme avide de plaisirs :
« Toi qui étudies l'art de posséder toutes les
» jouissances, comment peux-tu négliger le
» moyen le plus sûr, le plus facile de te procurer
» les plus vives ou les plus pures ? il te suffit de
» goûter, sans nuire à tes semblables, à toi-
» même, celles que peuvent te donner, dans le
» moment, tes sens, ton esprit ou ton cœur :
» ces sages jouissances du moment formeront le
» tissu de la vie heureuse. Interroge tous tes
» semblables ! en est-il un seul qui n'ait vu s'en-
» voler tous les Plaisirs, à l'instant où il s'écarta
» de la Vertu, ma compagne fidelle.

» Vois le froid égoïste, odieux à ses sembla-
» bles, mourir abandonné sur une couche soli-
» taire. Vois les dissipateurs devenir la proie de
» la Misère et l'objet du mépris, des insultes de
» ceux même avec lesquels ils dissipoient leurs
» trésors.

» Les amans de la Volupté sont bientôt abrutis
» par ses perfides faveurs. Vieillis avant l'âge
» mûr, ils n'ont d'autre cortége que l'hideuse
» Crapule souillée de fange, la stupide Lubricité,
» les Maladies aux morsures aiguës ! ils n'ont de
» désir et d'espoir que dans l'anéantissement ! ils
» sont au-dessous des animaux : la Corruption
» les dissout avant qu'ils soient dans la tombe ; ce
» sont des cadavres souffrans ! déchirés de plus
» de supplices, pendant une longue agonie,
» qu'ils ne purent éprouver de voluptés dans
» tout le cours de leurs excès, ils n'imaginent pas
» qu'il puisse y avoir aux Enfers de plus cruelles
» tortures.

» L'avare a cru que son or lui tiendroit lieu
» de tout; cet or lui a tout ravi! plus de parens,
» plus d'amis; et tout autour lui d'avides ravis-
» seurs! Si l'Imagination lui offre le tableau des
» plaisirs qu'il peut acheter avec cet or, l'Avarice
» lui défend d'ôter pour se les procurer, une
» seule pièce du monceau sacré!

» Les ambitieux, parvenus au faîte de la puis-
» sance qu'ils croyoient le terme de leurs désirs,
» se sentent brûlés d'une soif plus ardente : à
» ces Désirs que pourroient-ils donner pour ali-
» mens? ils ont tout dévoré! la terre obéit à
» leurs lois! mais il s'est formé dans leur ame
» comme un abyme; le globe ne pourroit le
» combler! assis sur les trônes du monde, ils
» s'écrient *n'est-ce que cela?* ils ambitionnent
» les cieux (1). Ils voudroient commander à la
» Nature, et la forcer à les élever au rang des
» Dieux! la Nature méconnoît leur empire, et
» leur montre sur cette terre un seul point, la
» tombe, étroite mais juste mesure de leur
» grandeur.

» Le meurtrier, toujours poursuivi par le
» spectre de sa victime, voit ce spectre assis à sa
» table, auprès de son foyer, aux pieds de sa
» couche; il lui montre sa plaie sanglante, et
» l'ajourne à l'heure du dernier jugement! Pour
» lui, plus de sommeil! les Supplices infernaux
» le déchirent dans ses songes : ce ne sont pas
» des songes! l'Enfer est dans son cœur! il n'ose
» se délivrer des horreurs de la vie, dans la
» crainte de la Mort qui l'abandonneroit peut-
» être à ces tourmens dont la non-existence ne

______

(1) Alexandre.

» lui est pas démontrée ! Ses plaisirs achetés par
» les larmes et le sang ne furent que d'un instant,
» l'horreur qu'il inspire , ses remords sont de
» toute la vie. Vivant, il triomphoit dans le crime;
» il disoit à ses victimes , avec le sourire de
» l'ironie : « Vous le voyez ! je vous écrase im-
» punément : il n'existe pas de Dieu vengeur ! »
» Il oublioit que le Ciel ne daigne corriger par
» des revers que les hommes plus foibles que
» méchans, et qu'il défend au Malheur de frapper
» les scélérats, afin qu'ils n'évitent pas les Enfers!
» mourant, il sent que cette justice qui distribua
» sur le globe terrestre les récompenses et les
» peines , peut exister hors de ce globe ; que le
» pouvoir inconnu qui créa le monde , théâtre
» de ses jouissances et de ses crimes, peut créer
» un autre monde , théâtre de ses supplices. Ses
» derniers momens, agités par la douleur , de-
» viennent une longue et douloureuse agonie
» plus vive dans ses agitations , plus durable dans
» sa lenteur que ne le furent tous ses plaisirs.
    » Ce Meurtrier a-t-il pu rendre son cœur in-
» sensible à ces Remords, il le rend incapable
» d'aimer ! Non , non , jamais un mortel ne peut
» baser sa félicité sur l'infortune de ses sem-
« blables. Tous ceux qui ont enfreint les lois de la
» Nature ou de la Société , tôt ou tard abandon-
» nés par elles, retombent sous la main du Mal-
» heur ! la redoutable Opinion, cette reine des
» rois, leur propre conscience, leur répètent sans
» cesse leurs jugemens d'exécration ou d'infâmie ;
» ils les entendent retentir dans la solitude de
» leurs cœurs.
    » Mortel qui recherche le Bonheur, pourrois-
» tu n'être pas frappé de l'exemple des sages il-
» lustrés par leurs vertus : ils ne dédaignoient

» pas le Bonheur ; ils n'étoient pas moins habiles
» que les méchans à se le procurer, et s'ils ont
» constamment évité le vice, c'est parce que la
» rectitude de leur jugement leur démontroit
» que ce vice feroit tomber sur leurs têtes la
» honte et le malheur ; c'est parce que la Vertu
» les rapprochoit des Dieux. Riches de tout
» ce qui leur étoit inutile, ils usèrent sans en
» abuser des plaisirs que leur offroient leur si-
» tuation, et ne firent pas d'efforts pour les ac-
» croître : le calme, dans l'absence des plaisirs,
» suffisoit à leur félicité : ils trouvoient le plus
» grand bien où il y avoit le moins de mal.
» Soumis avec résignation aux maux inséparables
» de la nature humaine, pour eux ne pas souffrir
» étoit un état heureux (1). Ils ne sollicitèrent
» pas trop ardemment les faveurs de la Fortune,
» dans la crainte de ses perfidies, et lorsqu'un
» malheur vint les frapper, ils s'écrièrent : Mal-
» heur, sois le bien-venu, si tu viens seul (2).
» Ils savoient que chaque mortel, quelles que
» soient sa naissance, sa situation, ses richesses,
» a sa portion de peines et de plaisirs ; qu'il dé-
» pend de lui plutôt que de la fortune d'en fixer
» la mesure par sa conduite et ses réflexions. Ne
» connoissant pas la chaîne des événemens qui
» devoient remplir leurs destinées, ils en aban-
» donnoient le cours à la volonté des Dieux : ils
» avoient vu souvent des nuages sombres qui
» obscurcissoient l'horizon et menaçoient de la
» tempête, s'éclaircir en s'étendant sous la voûte

---

(1) Epicure fait consister le Bonheur dans l'absence
du mal.

(2) Mot des Athéniens.

» du ciel, et l'ouragan dévastateur s'élancer d'un
» point nébuleux isolé dans le firmament. Ils ne
» firent point de grandes tentatives pour améliorer
» leur sort, dans la crainte qu'elles ne causassent
» une plus grande infortune : ils espéroient que
» le Bonheur pourroit naître d'un événement
» appelé malheureux.

» Ils laissèrent le Temps suivre sa marche
» rapide : car le torrent des jours, des heures,
» des instans heureux ou malheureux s'écoule
» également vîte : à chaque jour suffissent sa
» peine et ses plaisirs : pourquoi s'inquiéter du
» lendemain ? sera-t-il à nous ! se disoient-ils ?
» savons-nous de quelles peines, de quels plaisirs
» il sera rempli ?

» Le Bonheur laisse passer devant lui ceux qui
» le poursuivent avec trop d'ardeur : l'impétuo-
» sité, l'éclat, le luxe, la multitude l'épou-
» vantent ; il s'arrête près des mortels sages et
» vertueux qui, contens de sa présence, n'em-
» ploient jamais la violence pour l'enchaîner,
» et lui donnent pour compagne, dans leur re-
» traite, l'aimable Vertu qu'il adore.

» Soutenus par la douce Insouciance, ces sages
» étoient calmes dans leur asile : soumis aux lois
» de la Nature et de l'ordre social, peu leur im-
» portoit le mode de partage du monde : ils
» voyoient les flots de ses tourbillons qui en-
» traînent, agitent, submergent tous les mortels,
» mourir à la porte de leur retraite. Si la Fortune
» avoit pour eux des rigueurs, ils se consoloient
» en pensant que la privation donne de la vivacité
» aux jouissances retrouvées, du prix à des
» biens jusqu'alors méconnus : trop de bonheur
» énerve l'ame ; quelques peines sont nécessaires
» pour assaisonner la vie ; l'ombre rend la

» lumière plus vive ; les nuages embellissent les
» cieux.

» Ces sages ne furent jamais victimes des Sol-
» citudes dévorantes, bourreaux de l'ambitieux ;
» des Désirs dont la soif ardente brûle l'amant
» de la Volupté ; des Terreurs, de la Vengeance,
» des Remords, escorte fidelle du Crime : ils
» étoient délivrés des plus grands maux ; ils pos-
» sédoient les plus grands biens, l'estime de
» leurs semblables, le calme d'un esprit sain et
» le sentiment d'une bonne conscience ! Leur vie
» ne fut qu'une suite de douces jouissances pour
» leurs esprits et pour leurs cœurs ; leur ame
» étoit plongée dans une délicieuse quiétude :
» si la Fortune leur sourioit, ils profitoient de
» ses faveurs en les faisant partager à ceux qui
» les entouroient : ils ne craignoient pas son
» inconstance ; leur richesse étoit de ne pas la
» désirer. Dédaignant les grandeurs, les trônes,
» ils étoient plus grands, plus souverains que
» ceux qui les ambitionnent : ils voyoient le Luxe
» et les Plaisirs faire périr plus de mortels que le
» Travail et la Misère. Si le Sort venoit les frap-
» per, ils étoient calmes, soutenus, consolés par
» le sentiment de leur innocence : heureux ou
» malheureux, ils inspiroient du respect et de
» l'amour à leurs semblables, de l'intérêt aux
» Dieux.

» Mortel attentif à ma voix, tous les objets
» qui peuvent te causer de la douleur ou te pro-
» curer les jouisances dont se compose la félicité,
» te présentent deux faces, l'une désagréable,
» l'autre riante ! tes yeux sont trop foibles pour
» les considérer toutes deux à-la-fois, et les
» Passions te montrent l'une ou l'autre au gré de
» leurs caprices : si tu les écoute, jouet tour-à-

» tour de l'Enthousiasme ou du Dégoût, du
» Désespoir ou de la folle Espérance, tu em-
» brasseras avec ardeur les agens d'Ahrimane
» déguisés sous les traits des Plaisirs; tu éloi-
» gneras de toi les Anges protecteurs! Contemple
» ces objets dans le miroir de la Vérité! lui seul
» peut te les montrer avec tous leurs charmes et
» toutes leurs difformités! lui seul peut te faire
» voir une exacte perspective du monde! tu pour-
» ras choisir alors et sans erreur: tu verras tes
» semblables tels que les a créés la Nature, avec
» des imperfections qui sont le contraste ou l'ex-
» cès de leurs vertus : tu ne dédaigneras pas en
» eux leurs bonnes qualités pour ne voir que
» leurs défauts, et ces défauts ne seront point à
» tes yeux cachés par leurs vertus: tu n'en atten-
» dras pas plus de bien qu'ils ne peuvent t'en
» faire; tu n'en craindras pas plus de mal qu'il
» n'est en leur pouvoir de t'en causer! tu sauras
» toujours distinguer en eux l'esprit qui souvent
» les égare, les dénature, du cœur qui, si rare-
» ment en eux, est méchant : cette alliance, ce
» contraste de l'esprit et du cœur t'expliquera
» l'énigme de l'homme double, objet de la mé-
» ditation du sage! Toujours tu seras porté pour
» tes semblables à l'indulgence, persuadé qu'il
» n'en est aucun qui ne soit doué de quelque
» qualité, de quelque talent qui puisse racheter
» ses imperfections. Tu écouteras la voix de la
» douce Tolérance qui, sans t'y soumettre, t'en-
» gage à respecter leurs opinions! s'ils ont at-
» taché leur bonheur à ces opinions, fusssent-
» elles fausses, pourquoi les heurter? peux-tu
» leur en offrir qui leur conviennent mieux?
» N'attaque même pas avec fanatisme leurs pré-
» jugés et leurs erreurs! toutes les connoissances

» sont des préjugés pour l'homme qui peut par
» lui-même s'instruire de si peu de choses! les
» plus folles erreurs sont souvent appuyées
» sur des notions obscurcies par le Temps : la
» vraie Science écarte les ténèbres qui les en-
» tourent, et s'étonne de les retrouver posées par
» la Nature même sur les bases de l'Univers.

» Les Passions placent sur les yeux de chaque
» mortel un prisme de formes, de couleurs di-
» verses ; chaque état les met dans un point de
» vue différent : se peut-il qu'ils voient tous les
» objets sous les mêmes couleurs; qu'ils aient
» tous les mêmes perspectives du monde? Le
» Temps et la Fortune changent ces prismes et
» ces points de vues; faut-il s'étonner qu'ils ne
» puissent s'accorder entre eux ; qu'ils soient en
» contradiction avec eux-mêmes? mais cette dis-
» corde, cette inconséquence doit-elle enfanter
» les haînes ou le mépris ? Ne dois-tu pas , avant
» de blâmer la conduite de l'un d'entre eux ,
» te placer dans sa situation et voir si, tel que
» tu es , tu n'aurois pas fait plus mal que lui.

» Quelles que soient tes opinions, respecte
» toujours les Dieux, leurs temples et leurs au-
» tels ! les lieux où tes semblables se réunissent
» pour obtenir le Bonheur, les images des êtres,
» même fantastiques, auxquels ils le demandent,
» te doivent être sacrées ! tu t'arrête pour en-
» tendre le concert des oiseaux qui saluent le
» soleil, et tu dédaignerois les chants de tes sem-
» blables infortunés qui invoquent les Cieux : il
» est si difficile aux mortels de se procurer le
» Bonheur ! tous les moyens qu'ils emploient
» doivent être respectables aux yeux de l'homme
» sage et sensible.

» Mais si tu crois pouvoir obtenir cette féli-

» cité sans le secours des Dieux, tu ne peux
» mépriser mes conseils : il n'y a que moi qui
» puisse t'indiquer la route du Bonheur ; il n'y a
» que moi qui te dise :

» N'ajournes pas sans cesse tes jouissances en
» renouvelant le but de tes désirs : le temps
» n'approchera que trop promptement ce but,
» n'amortira que trop promptement ces désirs !
» et comment atteindras-tu le Bonheur que tu
» poursuis , si tu recules sans cesse le moment
» où tu crois pouvoir le saisir ? il est auprès
» de toi , tu dis : demain je le connoîtrai ! ce
» demain arrive et le Bonheur a fui. Savoure
» dans le moment les plaisirs que peuvent goûter
» tes sens , ton esprit et ton cœur : jouis du
» passé dans ton imagination, en la reportant
» sur ce qui t'a donné du plaisir ! ne sacrifies
» du présent que la portion nécessaire au travail
» qui te procurera les plus douces jouissances !
» ne t'occupes de l'avenir que pour jouir , par un
» doux espoir , des biens qu'il te promet , et
» t'opposer , par une sage prévoyance , à ce
» que la Misère ou les Remords ne viennent un
» jour interrompre cette suite fortunée de plaisirs
» du moment qui forment le cours d'une vie
» fortunée.

» Si tu ne peux vivre sans fournir un ali-
» ment à ton ame ardente , occupe-toi de tra-
» vaux utiles et glorieux ! qu'ils remplissent ta
» vie : ne crains pas de la risquer ; si souvent
» on la perd obscurément sans l'avoir exposée !
» Mais quelque soient tes succès , n'écoute pas
» la voix de l'Orgueil qui te feroit mépriser tes
» semblables ! Tu ne t'es pas donné ces qualités
» qui t'illustrent : tu ris du pauvre qui s'énor-
» gueillit d'une aumône plus forte que celles

» distribuées à ses compagnons de misère : tous
» les mortels sont à l'aumône des cieux ! Il n'y
» a pour eux de mérite réel que dans les bonnes
» actions faites contre leur intérêt ou leurs incli-
» nations.

» Surtout ne te laisses jamais aller à cette im-
» pulsion du moment, à ce mouvement ma-
» chinal, imprimé par les passions, qui te con-
» fond avec les animaux, et cause toutes tes
» fautes, tous tes crimes : réfléchis sur tes dis-
» cours, tes actions ; règles-les sur le respect
» pour les Dieux, l'amour de tes semblables et
» l'estime de toi-même.

» Si des calamités publiques viennent faire
» autour de toi de nombreuses victimes, si la
» Mort aveugle décime tes concitoyens, du
» moins, aidés par mes sages conseils, sauras-tu
» retirer de ces malheurs le seul bien qu'ils
» puissent te procurer, la Résignation ! L'aspect
» de tant de maux qui frappent tes semblables
» devra te consoler de tes propres douleurs : ton
» sort ne pourroit-il pas être plus malheureux ?
» par quelle faveur des Dieux n'es-tu pas au
» nombre des infortunés que dévore la san-
» glante Anarchie ; du nombre des braves qui
» expirent, mutilés, dans les contorsions de la
» douleur, sur un champ de bataille ; du nombre
» des habitans de cette ville incendiée, boule-
» versée par le volcan, détruite par les foudres
» de la guerre, ravagée par des furieux ? pour-
» quoi n'es-tu pas le malheureux tremblant de
» froid aux pieds de la colonne du temple, et
» dont la voix plaintive frappe inutilement les
» oreilles des riches insensibles à sa misère ?

» Tu es assis, paisible auprès de ton foyer ;
» ta table est couverte de mets, ton corps de

» vêtemens, et tu te plains ! promènes tes re-
» gards sur le globe ! à l'instant où tu profères
» ces plaintes, combien n'est-il pas d'infortunés
» qui doivent envier ton sort ? Pourquoi ton
» imagination si prompte à te représenter les
» biens dont tu es privé, ne te peindroit-elle
» pas aussi vivement les maux que tu n'éprouves
» pas ? Vois l'humanité gémissante écrasée sous
» les coups d'Ahrimane ! la terre est comme un
» vaste échafaud sur lequel ce Génie féroce tor-
» ture l'humanité ! le seul point que tu occupes
» n'est pas mouillé de larmes ou de sang ! tu
» oses te plaindre ! Homme paisible, homme
» fortuné, tant qu'il existe sur la terre un seul
» mortel plus malheureux que toi, le désespoir
» t'est défendu ! pourquoi n'es-tu pas ce mor-
» tel ? Mais s'il te faut trop de choses pour être
» heureux, l'Éternel doit-il te sacrifier tes sem-
» blables, troubler le grand ordre des choses,
» ébranler l'Univers pour te donner le bonheur ?
» Et sans porter au loin tes regards sur ce
» globe, vois si parmi tous ceux qui t'entourent,
» il n'en est pas un seul qui puisse désirer ton
» sort et te demander de lui céder ta place
» dans l'ordre social ? s'il n'en est pas un seul
» à qui le peu que tu possèdes paroît un trésor !
» consulte ce mortel qui t'envie ! personne mieux
» que lui ne peut t'indiquer ce qu'il faut faire,
» dans ta situation, pour goûter le bonheur.
» Ton égoïsme se révolte et tu t'écries : — Mais
» pour quelques êtres plus malheureux que moi,
» combien n'en est-il pas de plus fortunés ? pour-
» quoi ne suis-je pas de ce nombre ? — Plus
» fortunés ! qui te l'a dit ? s'ils ne sont pas plus
» vertueux ! Quel est donc celui de tes semblables
» dont tu désires le sort ? — Le voilà ! c'est cet

» homme riche à qui tout prospère. — Tu le
» crois heureux ! mais avant d'envier son sort,
» écoute ce que t'en diront ses ennemis, et tu
» verras si tu voudrois encore être lui ! Peux-tu
» lire dans son cœur ? sais-tu de quel prix il
» paye les plaisirs que tu lui dispute ? sais-tu quel
» chagrin le déchire : quels sont ses dégoûts ;
» combien de douleurs, de remords il cache sous
» le masque d'un visage riant ? Sais-tu quel
» coup affreux le Destin lui prépare ? tu sors
» en murmurant de ta retraite ; tu rencontres sa
» pompe funèbre ; tu te dis : « Quoi ! cet homme
» riche, cet homme puissant vient d'être frappé
» par la Mort ! elle daigne m'épargner ! »

» Tu accuses la Fortune ! t'auroit-elle réduit
» à la misère ? elle ne t'auroit point enlevé
» toutes les jouissances ! il en est pour les situa-
» tions les plus pénibles : pour le pauvre comme
» pour les rois, la vie n'est qu'une suite de pri-
» vations et de jouissances ! Vois avec quelle
» affection ce pauvre caresse son chien fidelle !
» les puissans ont-ils des amis ? la Fortune
» ne ravit donc pas toutes les jouissances au
» pauvre ! non ! mais elle lui fait sentir plus
» vivement celles du cœur : nul homme n'aime
» comme le malheureux !

» Mais le Malheur n'accable que les ames
» foibles, pusillanimes ; l'homme fort, qui sait
» vouloir, lutte contre lui, le brave, le maî-
» trise ! Il sait que le bonheur de l'Homme ne
» réside réellement que dans ses pensées aux-
» quelles il peut donner une direction différente
» de celle que leur imprimoit le Chagrin ; il fixe
» son esprit sur des idées plus douces que celles
» que lui présente la Douleur : les regrets ne
» vivent que par sa mémoire, il en efface l'image

» de ce monde qui lui laissa de si déchirans
» souvenirs ; il se crée par la pensée un autre
» monde où il est moins malheureux ; il y jouit
» des plaisirs de l'Étude et de la Méditation :
» plaisirs si vifs que ceux qui possèdent l'art d'en
» jouir les préfèrent à tous les plaisirs ; plaisirs
» si purs qu'ils font les délices des hommes doués
» par la Nature de plus de facultés intellectuelles.
   » Mais ta pensée refuse de s'égarer dans le
» vaste empire des mondes intellectuels ! la Dou-
» leur, le Chagrin la retiennent attachée sur ton
» être, sur une seule et désespérante idée : eh
» bien ! sois donc malheureux, entièrement mal-
« heureux ! pleure sur tes cruelles destinées ; du
» moins verse tes larmes dans le sein d'un ami !
» — Je suis seul, abandonné sur la terre ! —
» Comment as-tu pu faire pour qu'il ne te reste
» pas un ami : n'as-tu donc à réclamer la recon-
» noissance de qui que ce soit ? — La Fortune
» m'a tout ravi ; elle n'a de constance que pour
» me persécuter ! des amis ingrats, épouvantés
» de mon infortune, se sont éloignés de moi ! —
» Tu es seul, personne ne t'aime ! ne peux-tu
» trouver personne que tu puisse aimer ? va te
» jeter dans l'asile du Malheur ! là tu trouveras
» des êtres souffrans à soulager ! là tu trouveras
» encore des cœurs sensibles qui s'attacheront à
» toi ! les tendres accens de la reconnoissance
» amolliront ton cœur ; tu connoîtras combien
» sont purs les plaisirs de la Bienfaisance ! oui ! si
» tous les mortels en connoissoient les délices,
» ils se les disputeroient ; il n'y auroit bientôt plus
» de moyens de l'exercer ! — Mes forces, minées
» par les Maladies et la Douleur, ne me per-
» mettent pas ce sacrifice de mon existence au
» soulagement des malheureux. — Eh bien alors,

» tu as le droit de demander au Créateur qu'il
» intervertisse l'ordre des choses, pour en établir
» un autre dans lequel l'Homme ne puisse éprou-
» ver les Maladies et la Douleur ! Mais cet ordre
» est-il possible pour les mortels éloignés de
» la Nature qui le leur offroit ?

» Tu as long-temps médité ! ton imagination
» est impuissante ! tu ne vois pas qu'il puisse y
» avoir, pour l'Homme social, un état meilleur ;
» le Mal est pour lui la Nécessité ! Soumets-toi
» donc avec résignation à cette Nécessité ! sou-
» mets tes destinées aux destinées de l'Univers !

» — Je le conçois, ce meilleur ordre de
» choses ! que l'Eternel désarme Ahrimane et
» ses féroces agens ! — Mortel fortuné ! avant toi
» le Très-Haut a conçu cet ordre que tu désires !
» plus de plaintes, plus de murmures ! prosterné
» à genoux, remercie l'Eternel, il t'ouvre les
» Cieux ! là les Destins ne doivent plus être
» cruels ; le Temps ne doit plus être pesant ;
» l'existence ne doit plus être importune ! là plus
» de larmes, plus de chagrins, plus de douleurs !
» ces mots n'y ont plus de sens ! tout y est
» plaisir, volupté !

» Mais à la terre se borne ma puissance :
» je ne puis que t'indiquer cette plus sage com-
» binaison de principes et d'actions conformes à
» la Vertu qui t'assurent le moindre mal sur la
» terre, et l'espérance d'un éternel Bonheur ! je
» ne puis élever mes regards vers le ciel ; son
» éclat éblouit mes foibles yeux ; je me perds
» dans le vide de l'immensité ; mon étroite intel-
» ligence saisit à peine la pensée du Très-Haut
» L'Amour se joue de moi ; d'un mot, d'un sou-
» rire, il réfute mes maximes ; d'un seul mouve-
» ment de ses ailes il dérange toute l'imposante

» majesté de mes ornemens ! ses mains folâtres
» effacent mes leçons que je suis réduite à tracer
» sur les tristes tombeaux où les mortels ne vont
» pas les étudier ; et celles de l'Amour sont ré-
» pétées par toutes les voix, elles sont écrites
» par toute la terre sur tous les objets, réalisées
» par tous les êtres ! je suis obligée de fuir pour
» n'être pas le jouet d'un enfant ! Les Passions ont
» toutes plus d'attraits, plus de force que moi !
» ce n'est que lorsqu'elles quittent l'Homme pour
» l'abandonner au Dégoût, à l'Infortune, aux
» Maladies, à la Vieillesse, qu'il écoute, mais
» trop tard, mes maximes ! je n'obtiens de
» lui qu'un encens dédaigné par ses idoles !

» Les malheureux humains, captifs sous la
» coupole des cieux, y sont le jouet et les vic-
» times des agens d'Ahrimane : c'est la voûte de
» cette prison qu'il leur faudroit franchir ! mais
» la matière les attache trop fortement à cette
» terre ; je ne suis point assez forte pour les aider
» à la rompre, à briser leurs chaînes, je n'ai
» point d'armes contre le Désespoir, délire de
» la douleur ! Cette vile matière me dompte,
» me subjugue ; je me perds dans les ténèbres
» dont elle m'entoure ! égarée, confondue, chan-
» celante, je suis quelquefois réduite à douter
» de tout et de moi-même !

» Mais l'Eternel envoie des Cieux un Ange
» plus puissant, la Religion consolante ! Mortels
» heureux ou malheureux, jetez-vous dans ses
» bras ! »

LIVRE XXII.

LA RELIGION.

LA Raison a reconnu son impuissance contre les Passions impétueuses, l'avilissante Misère et l'intolérable Douleur ; elle présente aux mortels pour protecteur un Ange plus puissant, la Religion, qu'elle charge de leur félicité : cet Ange, descendu des marches du trône de l'Eternel, vient au secours de l'Humanité gémissante accablée sous le joug d'Ahrimane et de ses agens : ils luttent en vain contre elle pour arracher de ses bras les mortels qui s'y sont réfugiés.

La Religion épure les mœurs des Nations, éloigne la Barbarie : elle resserre les liens toujours prêts à se rompre qui réunissent les membres du corps social, et mettant un frein aux Passions qui le bouleverseroient, elle ne leur laisse que l'activité nécessaire pour concourir au bien de tous : elle empêche le vil Egoïsme de dissoudre ce corps, pour en précipiter les membres dans les flots impétueux des tempêtes politiques qui les froissent, les heurtent, les brisent les uns contre les autres, les engloutissent et submergent les Peuples.

La Raison ne pouvoit parler qu'à l'esprit des mortels, la Religion s'adresse à leurs cœurs ! elle les émeut : ils raisonnent moins ; ils aiment davantage. Sage institutrice des Rois auxquels elle apprend à gouverner, elle attache les Peuples à leurs Souverains, ces Souverains à leurs Peuples, en les montrant les uns aux autres comme les délégués et les enfans du Très-Haut! Ses ministres seuls osent conduire la Vérité jusques aux pieds des trônes, faire retentir sa voix éloquente dans les palais, menacer les Rois et leurs courtisans de la vengeance du ciel! seuls ils osent leur parler de la Mort et les ajourner à l'heure du dernier jugement.

Avec la Religion, l'Homme est libre, même dans les fers; il ne reconnoît de maître suprême que l'Eternel. La Raison appuye ses maximes sur les plus heureuses combinaisons de l'Egoïsme; la Religion les appuie sur l'Amour: la Raison dicte de froides leçons; la Religion inspire de tendres sentimens; elle rédige le vrai code du Bonheur (1); elle inspire, élève, soutient le Génie dans les hauteurs des Cieux; elle lui dicta ces chants sublimes dans lesquels se retrouvent toutes les grandes images, toutes les nobles pensées, toutes les vérités sublimes; écrits divins, source de toutes les beautés poëtiques, qui commanderont à jamais l'admiration à tous les mortels et leur inspireront les sentimens les plus purs ou les plus tendres (2)!

Le soin que la Religion prend de la félicité de tous les mortels ne l'empêche pas de s'occuper avec tendresse du bonheur de chacun d'eux; elle prodigue ses consolations au plus foible comme au plus puissant, au plus humble comme au

______

(1) L'Evangile.
(2) L'Ancien Testament.

premier des hommes. L'Abjection, la Misère, le Vice même sont des titres à sa tendresse compatissante. Toujours vigilante, toujours active, elle s'empare de l'enfant dès le sein de sa mère, le revêt du bouclier qui doit le défendre contre tous les coups des agens d'Ahrimane et l'empêcher d'être entraîné par eux dans les Enfers. Dès les premiers instans du développement de ses facultés, elle imprime dans son esprit les opinions consolantes qui le protégeront contre le dur Athéisme dont le souffle glace les cœurs, contre la Superstition qui épouvante et fausse les esprits : elle lui apprend à balbutier, avec le tendre nom de sa mère, celui du Tout-Puissant ; nom sublime qu'il n'invoquera jamais en vain ! elle excite dans son ame une noble ambition, en lui montrant un but vers lequel il doit tendre de toutes ses forces, celui d'être utile à ses semblables et de plaire au Très-Haut : elle lui donne un guide céleste pour le diriger dans la route pénible de la vie, entre tous les précipices qui la bordent et communiquent aux Enfers : lorsque les efforts réunis des agens d'Ahrimane sont prêts à l'y faire tomber, elle accourt, le relève, lui montre le terme de sa route ; elle lui montre les Cieux !

Toujours indulgente, elle pardonne aux mortels un long oubli ; elle leur pardonne leur négligence, leurs dédains, même leurs outrages ! Lorsque tous les Anges protecteurs des mortels, écartés par les agens d'Ahrimane, ont laissé le Malheureux étendu sur une couche de douleur, luttant avec la Misère et la Mort, elle vient le secourir ; elle le distrait de ses maux en occupant son esprit des plus brillantes perspectives ; elle ranime dans son cœur les plus douces espérances, l'embrâse du plus tendre amour pour le Dieu qui l'a créé, qui va le recevoir dans son sein : elle l'accompagne à la tombe, le porte dans ses bras, jusqu'à ce navire dans lequel, quittant un lieu d'exil, il s'embarque pour son éternelle et véritable patrie.

C'est pour elle une inexprimable jouissance que d'arracher au Désespoir l'infortuné qui, victime des méchans et ne pouvant plus supporter le pénible fardeau d'une vie passée dans les douleurs, veut se détruire. Elle l'écoute avec une attention compatissante lorsqu'il lui dit : « Non! » il ne se peut qu'aucun mortel ait jamais été » plus malheureux que moi ! J'existai à l'une de » ces époques honteuses, affligeantes pour l'Humanité : moment du plus grand triomphe » d'Ahrimane, et du plus grand malheur » d'une Nation éveillée tout-à-coup du doux » sommeil d'une longue paix, par les bruits » précurseurs de sa ruine. Les jours de ma » jeunesse, qui devoient être les plus beaux » de ma vie, se sont écoulés pendant les jours » de la dévastation et du deuil de ma patrie! » j'ai vu s'ébouler un trône et ses colonnes antiques! un roi, sa famille, les hommes, honneurs de la nation, furent à mes yeux écrasés » sous ses ruines! Le Crime s'abandonnant à » la féroce énergie de sa méchanceté, déchira » sous mes yeux la Beauté, l'Innocence ! J'ai » souvent entendu les foudres de la Mort ébranler une cité populeuse : j'ai vu ses rues, ses » places publiques jonchées de cadavres, ruisselantes de sang ! j'ai vu l'Envie, la Vengeance, « la Haine traîner sous la hache de l'Anarchie » les sexes, les âges, les états confondus ! souvent mes pas furent arrêtés par le cortége de

» leurs pâles et stupéfaites victimes ; mes oreilles
» assourdies par les vociférations barbares d'une
» populace effrénée qui troubloit leurs tristes
» méditations de la Mort, applaudissoit à leur
» supplice ; comme si l'Abondance devoit éclore
» de leurs tombes ! Témoin de tant d'horreurs
» j'ai frémi ! mon ame attérée devint indiffé-
» rente à la Mort, indifférente à tout. J'ai douté
» d'une Providence ; j'aurois voulu douter de
» ma propre existence ; mais hélas ! j'avois trop
» à souffrir ! Souvent, fatigué de la vie, je voulus
» me livrer à mon indignation, aller provoquer
» par mes reproches la rage des bourreaux ! je
» me sentois assez de résignation pour me glisser
» sous leur hache sanglante ; ou plutôt je trou-
» vois la Mort plus douce que la Peur : mais je
» craignois qu'ils ne me refusassent le bienfait
» du trépas, et ne me fissent endurer une
» longue agonie, dans un cachot comblé
» de morts et de mourans. Sorti de dessous
» les décombres de l'édifice social, je ne me
» trouvai plus un cœur pour aimer mes sem-
» blables ; ils m'étoient odieux ! mais j'ai trouvé
» ce cœur encore sensible à la douleur. Mon
» visage flétri par le Chagrin ne pouvoit sourire
» à la renaissante aurore du Calme ; mon esprit
» assombri ne pouvoit plus y croire : ce jour
» auroit-il lui ? mes larmes auroient intercepté
» sa lumière ! Alors revenu de la Terreur qui
» m'avoit fait replier sur moi-même et vivre isolé,
» fuyant les amis, les parens comme des traîtres
» ou des dénonciateurs en possibilité, cette lueur
» m'a permis de compter mes pertes, de me-
» surer l'étendue de mes malheurs : plus de pa-
» rens, plus d'amis ! le Crime avoit fait de ma
» patrie un vaste désert sur lequel sont épars

» leurs tombeaux! il ne me reste plus un être
» sensible à presser sur mon cœur! Ainsi donc
» je ne puis me souvenir de toute ma vie que
» comme d'un songe affreux! parmi tant de
» jours écoulés, je ne puis me rappeler un jour
» heureux! A présent je passe mes longues nuits
» dans les larmes et les gémissemens; mes jours
» plus longs encore dans la solitude et le déses-
» poir! je hais à juste titre l'espèce humaine! je
» veux la fuir! je ne lui demande plus de toute
» cette terre ensanglantée qu'elle se dispute que
» l'espace de mon tombeau! Le Ciel qui m'a
» rendu la vie si pesante, pourroit-il me punir
» si je rejette le fardeau qui m'écrase, si j'étouffe
» avec moi l'intolérable Douleur? » La Religion
attendrie donne des larmes à son malheur : elle
lui dit en le pressant sur son cœur maternel :

« Tu veux attenter à tes jours! sais-tu dans
» quels abymes tu vas te plonger? ne sera-ce
» pas dans les Enfers? n'est-ce pas là que sont
» entassés les scélérats qui ont déchiré ta patrie?
» sont-ce bien là ceux que tu veux choisir en-
» core pour les éternels compagnons de ton
» immortalité? Vas plutôt retrouver dans les
» Cieux les malheureuses victimes du Crime;
» c'est-là que tu peux vivre pour jamais avec
» les hommes vertueux que tu regrettes; c'est-là
» que l'Eternel t'indemnisera de tes longues dou-
» leurs! Si tu ne peux que sourire à l'aurore nais-
» sante pour une génération épurée par le mal-
» heur, des funestes poisons de l'Athéisme, de
» la Corruption des mœurs; consacres tes der-
» niers instans à son bonheur, apprends-lui à
» profiter de la terrible leçon de ses pères; re-
» traces-lui le tableau des horreurs dont tu fus
» le témoin; qu'elle sente mieux les douceurs

» du Calme ; le prix de la Vertu , la nécessité
» d'un Dieu ! Donnes tes derniers jours à l'ado-
» ration de ce Dieu ; elle te distraira de tes
» maux ; t'assurera l'éternelle Félicité ! »

La Religion goûte une jouissance non moins
vive en rendant au Bonheur l'un de ces mortels insensés qui , dans le délire d'un fol orgueil, ou pour étouffer la voix des Remords,
s'écrient : « Dieu n'existe pas ! l'ame n'est pas
» immortelle ! » Elle attend avec patience le moment où l'Infortune, les Maladies, les Remords
domptent son orgueil ; alors elle s'approche de
lui sous le voile de l'Amitié : douce, insinuante,
les imprécations, les blasphêmes ne peuvent la
rebuter ! assise auprès de sa couche de douleur,
elle s'adresse tour-à-tour à son esprit, à son
cœur : elle se sert contre lui-même de cette soif
toujours ardente du bonheur ou de la gloire,
qui ne s'éteint qu'avec la vie , de cet orgueil qui
l'égara , qui le soutient encore ; elle lui dit :

« Lorsque la Fortune te sourioit ; lorsque la
» santé faisoit circuler dans tes veines ce feu qui
» répandoit dans toute ta substance le bien-être
» avec la vie, tu frappois orgueilleusement du
» pied la terre, et la tête haute, promenant
» tes regards sur toute la Nature, les reportant
» avec fierté sur les cieux, tu disois : « Ici je
» suis roi ! c'est pour moi que tous ces astres
» étincellent, que cette terre se couvre de ver-
» dure, que ces animaux travaillent ! il n'est
» point d'être supérieur qui puisse m'en disputer
» l'empire ! » Tout-à-coup la Maladie t'a frappé ;
» le sceptre de la terre échappa de tes mains, tu
» roulas défaillant sur les marches de ton trône,
» pour être porté sur ce lit de douleur ! Tu re-
» gardes tristement tes membres décharnés : la

» Mort presse tes joues de ses doigts glacés, et
» modèle lentement avec ton corps le squelette
» hideux qui va bientôt remplir une étroite
» tombe : l'Incertitude trouble la sérénité de ton
» ame ; tu dis d'une voix défaillante : « Je quitte
» la vie sans crainte, (non sans regrets, tu ne
» possédois qu'elle ;) je n'ai point fait de mal à
» mes semblables. » Tu n'as pas fait de mal !
» mais que doit t'importer le mal ou le bien que
» tu as fait, s'il n'existe pas un Dieu vengeur ou
» rénumérateur ? Tu n'as pas fait de mal ! à qui
» l'affirmes-tu ? entrevois-tu dans les ténèbres de
» l'avenir un juge auquel tu vas rendre compte de
» tes actions. Vigoureux et triomphant, tu sou-
» riois de dédain à ces mots : éternels supplices !
» leur image qui frappa l'esprit de tant de grands
» hommes, que tu ne peux appeler pusillani-
» mes, se représente à toi plus terrible à l'ap-
» proche de la mort : cette terreur commence
» pour toi leur redoutable réalité (1). Ton orgueil
» t'empêche de l'avouer ! mais tu sens une main
» supérieure qui te ferme l'Univers. Tu voudrois
» te rattacher à la vie pour terminer ces nobles
» travaux qui doivent assurer à ta mémoire l'im-
» mortalité parmi les mortels ! mais hélas ! ta
» main affoiblie ne peut plus conduire cette
» plume avec laquelle tu te jouas si légèrement
» des Dieux ! Tu cherches un être qui puisse
» t'aider à lutter contre cette force qui te traîne
» à la tombe, te donner encore une petite portion
» de ce temps rapide ! qui imploreras-tu pour

______

(1) Je n'ai jamais connu d'homme, dit Cicéron, qui
eût plus de peur qu'Epicure de deux choses dont il disoit
qu'il falloit ne point avoir peur, de la Mort et des Dieux.

» l'obtenir ? L'un de tes semblables te prodigue
» inutilement ses soins ; tes yeux éteints le lisent
» dans ses yeux, il n'y a plus d'espoir ! inutilement
» il extrait pour toi de cette Matière, ton idole,
» tous les esprits qui pourroient soutenir ton
» corps abattu : tu la sens se décomposer en toi ;
» elle entraîne lentement avec elle ton génie
» sublime dans la fange infecte ; ton ame s'écoule
» insensiblement avec elle dans les cloaques (1) !
» Qui pourra te secourir ? sera-ce la Nature ?
» mais cette Nature est la Matière. Quoi ! dans
» l'accès de ta douleur, tu élèves tes regards
» vers les cieux ; la matière ne t'avoit jamais
» prononcé le nom de leur Souverain, la Douleur
» te l'arrache ! mais là, dans les cieux, tout y
» est encore pour toi cette Matière impuissante !
» Invoqueras - tu ces astres nombreux que tu
» comptois naguère avec orgueil, comme les
» conquêtes de ton audacieuse industrie ? mais
» ces astres sont moins éclatans que l'astre du
» jour ! Invoqueras-tu cet Astre lui-même ? il
» n'est que matière et soumis comme elle à l'em-
» pire de la Destruction : tu as vu des taches le
» ternir : d'autres plus brillans que lui roulent
» dans l'immensité ; tu lui dis : « Tu ne peux
» être mon protecteur ! » Auquel de ces corps
» célestes adresseras-tu tes prières ? peuvent-ils
» te secourir ? y a-t-il quelque chose de commun
» entre eux et ton cœur ? Cependant tu t'éteins
» et tu ne les vois pas diminuer d'éclat ! tu péris,
» et ils subsistent ! l'espèce humaine périroit, ils
» brilleroient encore ; l'Univers ne s'apercevroit
» pas de son absence ! ils n'existoient donc pas pour

____

(1) Conséquences du matérialisme.

» les hommes seuls? il peut donc y avoir des
» êtres supérieurs à toi qui jouissent comme toi
» de leur clarté? il peut exister des Intelligences
» qui les dirigent comme tu dirigeois ce corps
» qui t'abandonne; il peut y avoir une ame uni-
» verselle, un Dieu! il t'a créé; seul il peut te
» créer encore en t'arrachant à la Destruction.

» Tu avois dis dans ta démence : « Pourquoi
» fatiguer mon esprit de l'idée d'un Dieu qui
» humilie mon orgueil? la Matière a des forces
» inhérentes qui suffisent à son mouvement, à
» son organisation! il faut reléguer cet être
» parmi les enfans de l'Espérance ou de la Peur! »
» Après que l'Eternel eut créé l'Univers, dans
» ton ingratitude, tu t'emparas de son ouvrage,
» tu prétendis en être le maître et tu rejetas
» l'ouvrier! trouve-lui donc un autre auteur
» qui te puisse secourir! Qui nommeras-tu
» l'auteur de cet Univers? sera-ce le Hasard?
» aimeras-tu mieux prendre cet être bizarre
» pour protecteur et pour objet de ton culte,
» qu'un Être intelligent, suprême Ordonnateur
» des mondes? non! Tu ne fus jamais assez in-
» conséquent pour abandonner à ce Hasard le
» soin de ta félicité : tu employas toute ton in-
» telligence à tout disposer pour te procurer
» plus de bonheur; tu plaças toute cette matière
» qui t'entouroit dans l'ordre nécessaire pour te
» donner plus de jouissances! et tu ne voudrois
» pas qu'un Être souverainement intelligent,
» tout-puissant et bon eût fait pour toi, dans
» l'Univers, ce que tu fis toi-même dans le petit
» monde dont tu étois le centre!

» Quoi! tu te dis un être composé prodigieux
» de matière et d'intelligence! tu penses, tu agis!
» et l'Univers dans lequel tu n'es qu'un atome

» seroit dirigé par le Hasard ! toi seul, dans ce
» vaste Univers, auroit le don de la pensée !
» l'Univers n'auroit pas d'ame !

» Ce Hasard est-il autre chose qu'un être
» fantastique, fils de ton imagination ? ces
» faits extraordinaires que tu lui attribues,
» sont-ils autre chose que le résultat néces-
» saire du concours de causes inconnues ou
» d'événemens antérieurs ? un grain de pous-
» sière voltige-t-il vers tel point dans les airs,
» sans obéir aux lois de l'Univers ? Si ce Ha-
» sard étoit ton Dieu, la matière ton mobile
» et ton but, renonce à la Liberté, à la Gloire,
» à la Renommée ! tu ne fus qu'une machine :
» tes semblables ne doivent pas l'admirer; elle
» se mut malgré elle ! Non ! tu n'as pu recevoir
» que d'une suprême Intelligence les talens, les
» vertus qui te méritèrent les applaudissemens
» et la reconnoissance de tes semblables ? tu es
» le chef-d'œuvre d'un Dieu ! Tu laissois à ce que
» tu nommes peuple l'idée de ce Dieu, comme le
» lien le plus fort pour l'attacher au joug social !
» mais oserois-tu faire le choix parmi le reste des
» hommes de ceux qui, pour être vertueux, n'ont
» pas besoin de cette idée d'un Dieu ? n'y a-t-il
» pas parmi les doctes, les grands de la terre, un
» peuple à maintenir ? Si Dieu est nécessaire pour
» quelques parties de ton monde, ne l'est-il pas
» pour toutes ? Si tout ce qui est nécessaire y
» existe, cette nécessité d'un Dieu ne démon-
» tre-t-elle pas qu'il existe dans l'Univers ? Que
» ce Dieu confonde sa substance avec celle de
» l'Univers ou l'en sépare, qu'il en soit l'ame ou
» le créateur, qu'importe à l'Humanité, pourvu
» qu'il existe, suprême et bienfaisant Ordon-
» nateur ?

» Tu ne pouvois faire le sacrifice de ta raison
» pour croire à l'existence d'un être que tu ne
» concevois pas ! mais qu'est donc cette Raison
» que tu vantes ? ce mot a-t-il un sens déter-
» miné ? Si tu supprimes l'Eternel de l'Univers,
» sur quelles bases immuables reposera cette
» Raison versatile au gré de l'intérêt des Nations
» peu d'accord sur ses principes et leur applica-
» tion (1) ? mais la Raison universelle reconnoît
» un Dieu ! toutes les Nations éteintes léguèrent
» à leur postérité cette première tradition des
» anciens jours !

» Tu ne reconnois pas l'Eternel que tu ne conçois
» pas ! conçois donc la Matière que tu nommes ton
» souverain et ton Dieu ! conçois que dans son
» mouvement elle s'arrête à l'instant où il amè-
» neroit le désordre ? que dans la reproduction
» des êtres animés, elle s'arrête avant que leur
» multitude ne fourmille sur toute la terre et
» comble l'océan ? conçois que dans le dévelop-
» pement des corps organisés, elle s'arrête avant
» qu'ils atteignent des formes monstrueuses ?
» quelle main fixe à la Matière le terme de l'ac-
» tion des forces qui la meuvent ?

» Supprime dans ton imagination tous les
» hommes qui ont existé, pour interroger le
» premier des humains ; demande-lui d'où il
» vient ! te répondra-t-il que la Matière en mou-
» vement l'a formé ? pourquoi n'en reproduit-
» elle plus spontanément ? Doit-il son origine
» à l'animal le plus parfait après lui ? pourquoi
» les animaux n'enfantent-ils pas encore des

____

(1) Tant que l'unité et les attributs de Dieu ne seront
point des notions populaires, la morale reposera sur des
bases fragiles. SOCRATE.

» hommes au milieu des forêts ? Ne rougirois-tu
» pas de retrouver tes aïeux et tes frères dans ces
» êtres stupides auxquels tu commandes ?
» Les qualités que tu supposes inhérentes à la
» Matière lui appartiennent-elles essentiellement ?
» ton imagination plus puissante et plus active
» ne peut-elle les lui ravir ? ne peut-elle lui ôter
» le mouvement, l'adhésion ? ne peut-elle lui ôter
» la solidité, la fluidité, l'attraction ou la répul-
» sion ? ne peut-elle éteindre les célestes flam-
» beaux ; glacer ou évaporer les ondes ; suppri-
» mer l'un des élémens ; rendre solide l'océan
» ou liquéfier la terre ? Tu anéantis ainsi la Ma-
» tière ; elle s'évanouit et tu restes avec ta pensée
» dans l'Univers ! elle en est la souveraine, le Dieu ;
» mais cette pensée n'est-elle pas l'émanation de
» la grande pensée de l'Univers, de l'Eternel ?
» Ton imagination ne garde de ce qu'elle a connu
» que le Temps que tu ne peux arrêter ; que
» l'Espace auquel tu ne vois pas de limites ; que
» la Pensée, seule faculté qui reste à ta débilité :
» ce Temps, cet Espace, cette Pensée sont la
» vie, l'habitation, la substance de l'Eternel : tu
» ne peux anéantir ces élémens, tu ne peux
» anéantir l'Eternel, souverain de l'Espace et de
» l'Eternité, source de toutes les Pensées, Intelli-
» gence des Intelligences, ame de l'Univers ! De
» deux êtres, du périssable ou de l'impérissable,
» de la Matière ou de l'Eternel, lequel invo-
» queras-tu ?
» Je la rends à ton imagination cette Matière,
» objet de tes hommages, quoiqu'elle n'existe
» que par tes sens qui peuvent te tromper ; cette
» Matière que tu rêves peut-être, et qui doit
» mourir avec toi : tu nie l'Eternel, parce qu'il
» est au-dessus de ton intelligence : dis com-

» ment cette Matière , inerte par elle-même,
» a cependant un principe d'activité qui la
» prive de l'immobilité , seul état auquel elle
» tende de toute sa pesanteur ! Pour mouvoir les
» astres, tu as recours à deux forces contraires
» créées par ton imagination ! mais conçois cette
» Matière qui veut et ne veut pas se mouvoir et
» se reposer, dont toutes les parties tendent
» toutes au repos, dont l'ensemble s'agite tou-
» jours ? Quel est le bras qui sépare, meut et
» fait tournoyer ces tourbillons d'atomes qui se
» cherchent avec avidité, se pressent, s'attachent,
» adhèrent l'un à l'autre de toutes leurs forces
» pour ne former qu'un seul corps capable de
» résister au mouvement qu'ils abhorent ? quelle
» main peut leur ôter ce repos ? Où est la source
» de ce fleuve immense de fluide subtile qui
» entraîne dans ses flots les tourbillons, les sys-
» tèmes célestes, les myriades d'étoiles, et les
» fait circuler avec lui dans l'immensité de l'es-
» pace et des temps (1) ? dans quel plus vaste
» océan va-t-il se jeter ? coule-t-il éternellement
» sur lui-même ? sa source n'est-elle pas dans la
» main de l'Eternel ?

» Pourquoi chaque atome de la Matière ne
» reste-t-il pas où il doit être de toute éternité,
» s'il n'a pas de souverain qui lui ordonne le
» mouvement ? Ces atomes ont-ils ordonné
» l'Univers ? Si nul des êtres qui t'entourent;
» si ces mortels audacieux qui calculent les
» myriades d'étoiles disséminées dans l'espace
» ne peuvent te le dire, demande-le à ce Soleil
» que tu ne peux reconnoître pour ton Dieu ?
» dis-lui : « Est-ce de ton propre mouvement

____

(1) Système de Delaplace.

» que tu parcoures les cieux ? quel est ton but ?
» pourquoi cette éternelle rapidité ? qui t'oblige
» à rouler toujours dans le même orbite, loin du
» centre qui t'attire ? » Demande-le aux Astres,
» à la Terre ! demande-le à ces Comètes vaga-
» bondes qui viennent t'apparoître de l'immense
» profondeur des cieux, et s'y replongent aussi-
» tôt : demande-leur d'où elles viennent, où elles
» vont ? qui leur commande d'errer éternellement
» dans l'immensité de l'espace : à quelle sphère
» elles appartiennent ; à quel but elles viennent
» se montrer sur les limites de notre monde ?
» Ces corps célestes te répondront : « Nous ab-
» horrons le mouvement ! nous tendons tous, et
» de toute notre pesanteur, vers un point de re-
» pos ? toutes nos masses dispersées dans l'espace,
» se réuniroient, se presseroient l'une sur l'autre
» à ce même point, pour n'y former qu'un tout
» incommensurable, si la main du Très-Haut ne
» nous dispersoit, ne nous imprimoit le mouve-
» ment ! Mortel fortuné, la plupart d'entre nous
» ne restons immobiles que pour tracer éternelle-
» ment à tes regards, sur la voûte azurée du fir-
» mament, le nom de Jéhovah ! d'autres Astres
» ne parcourent éternellement le même orbite
» que pour te faire jouir de ses bienfaits : les
» Comètes ne viennent briller un instant sous la
» coupole de ton ciel, que pour t'annoncer qu'il
» est d'autres cieux ! Ne t'aurions-nous donc
» éclairé que pour te conduire au néant ? avois-tu
» besoin de tant de clartés pour te précipiter
» dans son abyme ? »
    » Mais n'y a-t-il que la voix des corps célestes
» qui te prononcent le nom du Très-Haut ?
» tout ne le redit-il pas autour de toi ? N'as-tu
» jamais pénétré dans ces forêts majestueuses

» dont les arbres antiques, colonnes imposantes,
» soutiennent des dômes de verdure et forment
» des temples où résident, au milieu des ténèbres,
» le majestueux Silence et la douce Paix? cette
» superbe architecture ne te parut-elle pas sou-
» tenue par la Nature pour te rendre témoignage
» de son auteur? L'homme sensible peut-il se
» défendre d'un sentiment d'admiration, de re-
» grets et de désirs d'une autre patrie, au milieu
» de ces solitudes immenses où seul, parmi les
» êtres animés qui y vivent en propriétaires,
» il semble un roi dans l'exil.

» N'as-tu jamais franchi ces alpes altières qui
» dominent le globe? à l'aspect des audacieuses
» pyramides de cristal qui éblouissent les regards
» d'un mortel, à l'aspect des précipices ténébreux
» ouverts à ses pieds, des masses informes de
» granit suspendues sur sa tête, à la vue d'une
» Nature belle de sublimes horreurs, il est frappé
» de la sublime idée du Très-Haut! son ame
» est pénétrée de respect et d'admiration!

» Là, souverain de la terre, majestueusement
» assis sur son trône, l'Homme voit tous les
» astres s'empresser de lui envoyer leurs rayons
» pour lui parler de l'Eternel! C'est-là qu'il doit
» aller méditer sur l'existence de son créateur:
» y pourroit-il écouter encore les clameurs des
» insensés qui le nient? A la vue des ruines im-
» posantes de ces villes superbes qui embellis-
» soient la terre, il ne pouvoit nier l'exis-
» tence d'un peuple de grands hommes dont le
» siècle remplit de son éclat l'éternité! toute la
» majestueuse antiquité ressuscitoit pour son ima-
» gination étonnée! à la vue de ces monts, de
» ces glaciers qui soutiennent la voûte céleste,
» osera-t-il nier un Dieu?

« De ce trône de la terre, son imagination
» prend son vol et s'égare dans les mers de l'im-
» mensité : elle y voit nager des astres lumineux ;
» elles les voit traversées par des torrens de feux,
» des tourbillons de corps immenses, embrâsés !
» il ne peut croire que cette terre, inaperçue parmi
» la foule des astres, soit la seule qui promène
» dans l'espace des êtres animés ; il ne peut croire
» que les mortels qui n'habitent qu'une petite por-
» tion de ce grain de poussière perdu dans l'im-
» mensité parmi des myriades de soleils, soient les
» seules intelligences de l'Univers ; que ces étoiles
» innumérables ne soient attachées à la voûte cé-
» leste que pour l'illuminer à leurs yeux ; que la
» marche éternelle, invariable des astres n'ait de
» but que celui d'amuser ses calculs ! Si l'Homme
» après avoir, au flambeau des Sciences, cherché
» par toute la terre, n'y a pas trouvé les traces
» d'un Dieu ni celles d'autres Intelligences que lui-
» même ; il n'a pas pénétré dans les profondeurs de
» l'immensité ; il n'a pas parcouru tout l'Univers :
» il ne peut affirmer que ces Intelligences, ce
» Dieu n'y sont pas ! il seroit plus insensé que
» les animalcules qui fourmillent dans une
» goutte d'eau, s'ils nioient la population de
» l'Océan : l'homme ne peut limiter ainsi la po-
» pulation de l'Univers.

» Sur la terre, il voit au-dessus de lui des
» hommes doués de plus d'intelligence, de con-
» ceptions plus vastes, d'un génie plus élevé : il
» conçoit aisément une nation où ces mortels
» supérieurs ne composeroient que le vulgaire,
» et seroient dominés par de grands hommes
» dont les facultés et la puissance approcheroient
» de celles des célestes Intelligences ! mais la terre
» devenant trop étroite pour eux, il les place

» dans des astres lumineux : là son imagination
» fonde de vastes et sublimes empires où tout est
» perfection et félicité : son orgueil lui fournit
» ainsi l'idée de la Divinité : il croit l'Homme
» perfectible à l'infini ; l'Homme, s'il atteint à
» cette perfection, ne se rapproche-t-il pas
» d'un Dieu ?

» Si des mortels, êtres foibles, relégués dans
» l'espace sur un point invisible, peuvent y
» exercer leur empire sur les élémens, désarmer
» la foudre, diriger la lumière et le feu, pétrir
» et décomposer la matière, dompter l'océan ;
» les habitans de ces astres plus volumineux et
» plus brillans, entourés d'élémens plus actifs et
» plus purs qui les mettent en rapport avec
» l'Univers, exercent leur empire sur ces élé-
» mens : leurs sens, leurs facultés y sont en rap-
» port avec des objets plus sublimes et mieux
» ordonnés pour le bonheur ; leurs pensées sont
» à la hauteur des Cieux qu'ils occupent dan
» l'immensité. Après avoir élevé son imagination
» hardie jusqu'à ces corps éthérés, peuplés d'êtres
» qui ne sont que pensée, jusques à des célestes
» Intelligences, l'Homme approche enfin de l'astre
» des astres, foyer de la lumière qui se répand
» dans l'Univers, habité par l'Etre des êtres, In-
» telligence des intelligences, ame de l'Univers ;
» il approche de l'Eternel !

» Si l'Eternel n'existoit pas ; s'il étoit le fils de
» l'imagination de l'homme qui l'a conçue,
» l'Homme, chef-d'œuvre de la matière, est
» Dieu ! le plus grand et le plus parfait d'entre
» les mortels est le premier des êtres ! c'est à lui
» que le reste des humains doit dresser des autels !
» c'est lui qu'il faut que l'Univers adore ! par
» la force de la pensée, il a créé l'idée de l'être

» le plus puissant, il a créé l'Eternel ; il est lui-
» même plus qu'un Dieu ! la créature est au-
» dessous du créateur. Mortels ! adorez celui de
» vos semblables dont le vaste génie conçoit cette
» idée d'un Dieu ! prosternez-vous à ses pieds !
» demandez-lui ce Bonheur après lequel vous
» soupirez tous ! demandez-lui des armes contre
» la Douleur ! demandez-lui le silence des Re-
» mords ! O Terre, et vous tous Êtres qui l'ha-
» bitez ! ô Cieux, et vous tous Astres qui les rem-
» plissez de torrens de lumière, rendez hommage
» à ce Mortel ; célébrez ses louanges dans un
» hymne éternel ! vous n'étiez que vile matière,
» et cet homme vous donne une ame ; il vous
» donne un Dieu ! Mais quoi ! l'incendie, la
» submersion des continens ont anéanti l'Huma-
» nité ! l'Homme, ce roi de l'Univers, est mort !
» les Astres étonnés et reconnoissans n'ont pu
» qu'un instant lui envoyer leur céleste clarté !
» tous les êtres n'ont pu l'adorer qu'un moment !
» il laisse la Nature veuve d'un Dieu ! mais il
» lègue à l'Univers cette idée d'un Être tout-
» puissant qu'il doit implorer ! où tous les êtres
» en adoration le trouveront-ils ? l'Homme
» anéanti, que leur reste-t-il ? Le voilà ! ce Dieu
» que vous cherchiez ! Astres qui étincelez dans
» les cieux et vous Êtres qui habitez la terre,
» prosternez-vous ! adorez le Hasard ! Vous ne
» m'écoutez pas ? eh bien ! adorez Ahrimane,
» le puissant Génie du mal, qui a détruit cette
» race des Dieux ! seul il reste à votre hommage
» avec la Mort et le Néant. A ce nom d'Ahri-
» mane, vous vous agitez dans vos orbites !
» Terre ! tu trembles jusques dans tes plus pro-
» fons abymes ! Nature, tu frémis ! est-ce de
» terreur ? est-il votre souverain ? est-ce d'indi-

» gnation, et vous révoltez-vous contre son em-
» pire? Oui! j'entends vos voix s'écrier : « Ahri-
» mane veut nous anéantir, nous les œuvres
» du Très-Haut dont il est jaloux, et c'est
» du moins un hommage qu'il rend à sa puis-
» sance! vil esclave d'Ahrimane et plus orgueil-
» leux que lui, l'Homme seul ose dire : « l'Éter-
» nel n'existe pas ! »

» Mais pourquoi chercher loin de toi l'idée
» de l'Eternel? tu es comme enveloppé de son
» auguste présence! partout où tu vois une
» combinaison de choses ou d'idées, tu reconnois
» une Intelligence ; partout où tu vois cette In-
» telligence, tu retrouve l'émanation d'un Dieu,
» suprême Intelligence.

» Un rayon de joie ranime ton pâle visage!
» tes yeux brillent! un trait de feu céleste vient
» d'éclairer ton esprit! Adore! adore! fortuné
» mortel! tu entrevois le Tout-Puissant! c'est
» ce Dieu qui se révèle à toi : tu le conçois,
» donc il existe ! Ecrie-toi, dans l'enthousiasme
» de l'admiration et de la reconnoissance : « L'i-
» dée de ton existence, ô Souverain être, est
» trop sublime pour être créée par l'imagination
» des mortels! toi seul a pu te révéler à eux (1)!
» je ne puis avoir de pensée de toi que parce que
» tu es! et quand tu ne multiplierois pas autour
» de moi tes prodiges ; je me prosternerois de-
» vant la pensée de ton être comme devant une
» émanation de toi-même. Cette idée de ton
» existence est la plus belle, la plus grande, la

____

(1) Il est probable qu'en établissant sur la terre un être
aussi foible que l'homme, Dieu lui a fait de lui-même
quelque révélation particulière. Socrate.

» plus consolante de toutes les idées; elle ex-
» plique, elle soutient l'Univers! Ahrimane peut
» empoisonner toutes les autres pensées des
» mortels; ta pensée est inaltérable comme toi!
» Infortuné! tu avois écarté de ton esprit cette
» sublime idée d'un Dieu, et tout autour de toi
» s'étoit revêtu des tristes couleurs de la Mort!
» tu fus entouré de ténèbres! la Nature ne t'offrit
» plus que corruption et néant! la vie te devint
» odieuse; elle te conduisoit à la Mort par une
» route noyée de larmes et de sang! Tu fus pour
» toi-même un être inconcevable: tes facultés
» étoient trop étendues pour tes destinées; tes
» idées trop vastes pour cette terre que tu ha-
» bites; tes désirs, tes espérances trop illimitées
» pour cette Matière qui ne pouvoit les satis-
» faire; ton existence trop courte pour l'éternité;
» ton être matériel trop petit pour l'immensité;
» ton esprit trop grand pour l'étroite tombe : tu
» n'étois qu'erreur, misère et douleur! tu en-
» viois le sort de la brute qui n'a pas d'intelli-
» gence pour concevoir l'horreur de la mort et
» du néant! Après avoir épuisé les trésors des
» Sciences et des Arts inutiles contre le malheur,
» végéter insensible, te paroissoit devoir être
» la félicité suprême (1)! une fatale expérience
» t'avoit appris que sentir c'étoit souffrir, jouir
» c'étoit se préparer des regrets; que s'instruire
» c'étoit accroître l'étendue de ses tristes pensées;
» qu'aimer c'étoit faire un pacte avec la Douleur!
» tout, sur la terre, te paroissoit ordonné par

____

(1) Voyez les *Méditations sur l'homme primitif;* lisez
ensuite les *Etudes de la Nature,* le *Génie du Christia-
nisme,* et comparez!

» Ahrimane pour ta plus grande infortune ! tu
» admets un Dieu et tu retrouves partout dans
» cet Univers les vastes conceptions du grand
» Architecte qui l'ordonna pour ta demeure,
» les sublimes desseins du Sculpteur céleste qui
» modela toutes les formes pour te plaire, du
» Peintre divin qui revêtit tous les êtres des plus
» riantes couleurs pour charmer tes regards, du
» bienveillant Ordonnateur qui disposa tous les
» êtres pour les faire concourir à ton bonheur :
» sa volonté de te rendre heureux t'explique les
» merveilles de la Nature, l'énigme de ton exis-
» tence ; elle t'explique l'Univers.

» Redevenu le roi de la terre, tu y commandes
» au nom du Dieu qui t'en donna l'empire !
» Dans les grandes catastrophes du monde, ton
» ame ne connoît plus le Désespoir : tu remets tes
» destinées entre les mains de l'Eternel, et tu
» éprouve le sentiment d'une résignation coura-
» geuse, d'une noble indépendance ! La certitude
» de tes sublimes destinées rehaussent ton ame ;
» un légitime orgueil élève ton esprit, dilate ton
» cœur ! l'amour de tes semblables suffit à ses
» tendres sentimens ; les hommes sont dignes de
» lui ; ils sont l'œuvre impérissable d'un Dieu !

» Tu admets un Dieu, le rayon de lumière
» émané de son sein dissipe les ténèbres de
» l'Erreur, de la Mélancolie, des tombeaux ; il
» illumine à tes yeux l'Univers ! la Mort fuit,
» l'Eternité commence ! l'Espace se développe
» devant toi ! tu vis pour l'immortalité ! ton ame
» est en rapport avec l'Univers ! Tu te connois
» enfin toi-même : tu tiens à la terre par ta pe-
» titesse, à la divinité par ta grandeur ! ton corps
» t'attache à la Matière ; ton ame à l'Eternel.

» Lorsque tu niois l'existence d'un Dieu, tu

» avois pour dieux les Richesses, la Gloire, une
» femme, un roi ; tous périssoient, tous te lais-
» soient à la douleur : tu adores à-présent l'Im-
» périssable, il te destine l'éternelle Félicité !
» Lorsque tu supprimas l'Eternel, tu vis épou-
» vanté, le monde social, vieilli, s'écrouler autour
» de toi, t'écraser entre ses débris : tu reconnois
» un Dieu, et tu vois l'Univers s'organisant de
» nouveau former pour l'Humanité le temple de
» l'éternel Eden ! »

LIVRE XXIII.

L'IMMORTALITÉ.

LA Religion, satisfaite d'un premier triomphe, veut donner à celui qu'elle a convaincu de l'existence d'un Dieu, la certitude de l'Immortalité de l'ame ; elle lui dit :

« Un voile sombre s'étend à tes yeux ; il écarte
» les doux rayons de l'Espérance : tu doutes
» encore ! — L'idée d'un être supérieur a pé-
» nétré mon esprit ; mais l'Immortalité de mon
» ame m'étonne, me paroît impossible : l'éter-
» nelle félicité ne me semble qu'une illusion ;
» son attente une erreur. — Des illusions : une
» erreur ! ta vie fut-elle autre chose ? avois-tu de
» plus pures jouissances que l'espoir de jouir ?

» Puisque ton esprit ne peut éviter l'erreur,
» choisit la plus riante, celle qui t'ouvre l'entrée
» des vastes empires de la Félicité ! rejette l'er-
» reur désespérante du Néant : elle éteint l'Ima-
» gination, glace le cœur : elle fait des brutes,
» des criminels ou des désespésés. Athée, tu
» n'étois qu'un fol atrabilaire qui voyoit sur toute
» la Nature les teintes livides de la Mort ; tu
» marchois sur des cadavres, dans une fange
» ensanglantée ! homme religieux, tu seras du
» moins un fol heureux qui fixe ses regards vers
» le Ciel, lui sourit, s'élance dans l'espace pour
» atteindre au séjour de la Félicité ! Il y a de

» l'une à l'autre folie la différence des Ténèbres
» à la Lumière, du Désespoir à l'Espérance,
» du Néant à l'Immortalité. En examinant tout
» au flambeau de la Raison, tu es parvenu à
» douter de tout : le doute est la science du sage !
» doute donc aussi de cette prétendue vérité,
» qee ton ame n'est pas immortelle ! Du doute,
» laisse-toi conduire à la croyance qui t'amène
» la riante Espérance, le Bonheur !
» Tu ne conçois pas l'union d'une ame im-
» mortelle à la Matière ! la Matière intelligente,
» des fluides, un corps qui pensent, est-ce
» quelque chose de plus facile à concevoir ? Pour-
» quoi toute la Matière, ou du moins toute
» la Matière organisée, ne pense-t-elle pas ?
» pourquoi dans toi-même toutes les parties de
» ton corps ne sont-elles pas douées de la pensée ?
» pourquoi ces végétaux dont les élémens sont
» les mêmes que les tiens, puisque tu en fais
» toute ta substance, n'ont-ils pas, comme toi,
» cette pensée ? quelle main a séparé la Matière
» en deux parties, l'une inerte, l'autre intel-
» ligente ? de qui la Matière reçoit-elle l'intel-
» ligence lorsqu'elle entre dans la composition
» de ton être ? Des idées sublimes, émanées du
» génie des plus illustres mortels ont traversé
» les siècles sur les ailes du Temps pour parvenir
» jusques à toi ! la cause de ces pensées immor-
» telles, l'ame périroit-elle ? Une cause péris-
» sable produiroit-elle un effet immortel ? non !
» la Pensée est essentiellement distincte de la
» Matière ; elle n'adhère point à ses parties ; elle
» ne résulte pas de leur combinaison, de leur
» mouvement ; un intervalle immense les sépare !
» fille de l'Éternel, ou plutôt sa substance, elle
» émane de son sein, il a pu seul unir cette

» Pensée à la Matière, en faire aux humains le
» don précieux, et ce don, cette Pensée est im-
» périssable; l'ame qui la produit est immortelle !
  » Que tu es inconséquent ! tu travaillas péni-
» blement toute ta vie pour obtenir l'immorta-
» lité de ton nom, et tu veux l'anéantissement
» de l'objet que ce nom représente ! Qu'est donc
» la gloire, si l'ame n'est que matière ? un vain
» bruit, un souffle, un néant ! Qu'importeroit
» à tes neveux le vain assemblage des lettres
» de ton nom, s'il ne désignoit qu'un amas d'os-
» semens ? l'honoreroient-ils, s'il ne rappeloit pas
» à leur pensée ton ame habitante des Cieux ?
» Tu confias la conservation de ce nom à la
» mémoire des générations futures, à la péris-
» sable Matière sur laquelle tu le gravas ; tu fis
» tout pour imprégner une partie de cette
» Matière de quelque chose de toi ; tu la
» fis pétrir sur ton modèle ; et tu renonces à
» l'Immortalité de ton ame, seule portion de
» toi qui puisse échapper à la Destruction ! L'idée
» seule que ces pensées sublimes, que ces images
» imposantes tracées par ton imagination, que
» ces conceptions de ton génie pourroient être
» oubliées, fut affreuse pour toi ! que n'aurois-
» tu pas fait pour que tes chants pussent être
» éternellement, et dans toutes les langues, ré-
» pétés par la postérité ! tu consens à ce que
» ton ame, qui créa ces pensées, soit anéantie !
» vivant, tu voulois que tout l'Univers fût oc-
» cupé de toi ; mort, tu veux disparoître et
» te soustraire à son hommage ! tu ne laisses
» à son admiration qu'un cadavre. Malgré les
» sophismes de l'orgueilleuse abnégation de toi-
» même, tu as la conscience de l'immortalité :
» à l'aspect des travaux des grands hommes dont

» s'énorgueillit la terre ; lorsque tu errois parmi
» les ruines des édifices qu'ils habitoient , tu
» sentis l'auguste présence de leurs mânes, tu
» frémis d'une religieuse terreur , et ne pus croire
» que ces grands hommes fussent entièrement
» évanouis , qu'il ne restât d'eux qu'un vain
» nom ; que toute cette majestueuse Antiquité
» dont tu admiras les travaux , les pensées, que
» ces illustres mortels, honneur éternel de leur
» espèce , fussent à jamais anéantis !

» Ose entreprendre le voyage des Cieux ! là tu
» vivras avec ces grands hommes, parmi des Intel-
» ligences qui écouteront avec intérêt les récits
» que tu leur feras de la terre, qui s'étonneront
» de la sublimité de tes pensées ! là tu trouveras
» l'immortalité de la Renommée ! Sur la terre tu
» ne demandois que l'admiration des mortels les
» plus instruits : va captiver celle des Anges qui
» dirigent l'Univers ! ils peuvent comprendre
» éternellement ton nom dans les hymnes qu'ils
» chantent en l'honneur du Très-Haut.

» Insensé, tu consacras ta vie à la poursuite
» du Bonheur que tu ne pus jamais atteindre :
» tu tremblois devant les mortels arbitres et dé-
» positaires de ta renommée ! ton ame ardente ,
» insatiable cherchoit l'Infini ; de toutes parts
» entourée de limites , elle cherchoit à les fran-
» chir pour y pénétrer ! arrivé sur les bords
» de la tombe , à cette dernière limite , je te
» dis : « Fais un pas de plus et tu deviens pos-
» sesseur de l'Infini, tu entres dans l'éternité ;
» le vrai Bonheur, la véritable Gloire sont là ! »
» tu t'arrêtes ; tu hésites à cet étroit passage !
» tu dédaignes la voix des célestes Intelligences
» qui t'appellent ; tu refuses des hommages au
» Roi des rois qui t'offre une éternelle Félicité !

» tu te précipites dans l'abyme du Néant pour
» fuir l'Eternité !

» Toute ta vie ton imagination active , sti-
» mulée par les Désirs, égarée par l'Espérance,
» se créa des mondes fantastiques : elle y erroit
» parmi des beautés idéales ; elle y élevoit
» des temples au Bonheur : à présent que ces
» images même vont t'échapper, tu fermes à ton
» imagination l'entrée du temple de la Félicité,
» séjour de l'Eternel ! Tu cherchois par la médi-
» tation , le poëtique délire, ou les impressions
» de la musique ravissante, a élever cette ima-
» gination dans l'immensité de l'Espace et du
» Temps ; de ces hauteurs célestes tu dédaignois
» tes semblables occupés de la vile Matière : à
» présent tu écrases ton imagination sous le poids
» de cette inerte Matière ; tu la noies dans ces
» flots corrompus ; tu lui ravis l'Univers et l'en-
» fermes toute vive avec les vers et la corrup-
» tion dans la tombe !

» Mais cette Imagination puissante entrevit
» l'Eternel ; elle s'élance dans les Cieux pour y
» rencontrer cet Être supérieur et lui demander
» le Bonheur ! elle abhorre le néant ; elle abhore
» la solitude de l'espace ; elle veut l'immensité
» de l'étendue ; elle y veut des objets qui puissent
» l'occuper ; elle veut l'Univers, le Bonheur,
» l'Eternité ! Après avoir contemplé ces astres
» étincelans qui illuminent l'espace, il seroit
» affreux pour elle de voir la Mort éteindre ces
» flambleaux ! il seroit affreux pour elle de se
» voir chassée pour jamais de ce sublime Univers
» dont elle admira les merveilles !

» Pour échapper à ton despotisme, elle se
» pose sur cet astre que tu as découvert, et qui
» promène éternellement ton nom et ta gloire

» dans l'immensité des Cieux ; elle va contempler
» de plus près les mondes nouveaux : elle les
» voit rouler comme des tourbillons de pous-
» sière lumineuse autour du temple du Très-
» Haut, source de la lumière qui inonde l'Uni-
» vers. Placée dans la hauteur des Cieux, elle y
» saisit, elle y admire cet Univers, pensée de
» l'Eternel : après avoir eu des rapports avec lui
» par son admiration, et par les biens qu'elle en
» a reçus, elle se sent immortelle ! la pure ma-
» tière auroit-elle l'idée d'un Dieu, son amour
» et sa présence !

» L'Immortalité de ton ame n'est point une
» illusion ! les preuves en sont écrites sur les
» tombeaux dans lesquels tous les peuples de
» la terre gardent avec respect les ossemens
» de leurs parens, de leurs amis ! En déposant
» dans la tombe ceux qu'ils aimoient, ils les re-
» mirent aux mains de l'Eternel ; ils firent avec
» avec lui l'échange d'un cadavre contre un être
» éthéré, contre un intercesseur auprès de lui !
» l'anéantissement de l'ame de leur ami leur
» parut impossible ! tous ont fait des tombeaux
» les portes de l'Eternité ! Les hommes de la
» Nature y déposent les armes, les objets que
» possédoit leur ami, afin qu'il puisse s'en servir
» dans un plus riant séjour : l'homme à demi-
» civilisé fait accompagner le mort de ses ser-
» viteurs, de son épouse pour qu'ils l'aiment en-
» core dans ces pays fortunés : l'homme civilisé
» fait graver sur la tombe l'énumération des
» belles qualités du mort, le récit de ses belles
» actions ! n'est-ce que pour en retracer le sou-
» venir aux vivans qui ne liront pas ces épita-
» phes, ou bien à la Postérité qui ne s'y intéres-
» sera pas ? n'est-ce pas plutôt pour la présenter

» au Juge suprême, le jour du dernier juge-
» ment?

» Tous les hommes de la Nature entendent
» dans le silence de la nuit la voix solennelle des
» ames de leurs parens! l'espace est tout autour
» d'eux rempli de ces ombres dont ils sentent
» l'auguste présence! elles retiennent leurs mains
» coupables, applaudissent à leurs belles actions,
» les encouragent à s'avancer vers les lieux for-
» tunés où leurs ames seront à jamais réunies
» pour le Bonheur. Est-ce la Matière qui donne
» à la Matière cette conscience trompeuse de
» l'Immortalité? n'est-elle pas une certitude?
» peut-elle venir d'ailleurs que des Cieux?

» Entends la voix de toutes les nations éteintes,
» elles te disent : « Il existe un Dieu, l'ame est
» immortelle! » Ce témoignage universel te pa-
» roît-il moins imposant que l'assertion de quel-
» ques orgueilleux insensés qui ne rejettent l'E-
» ternel de l'Univers que pour laisser un champ
» libre aux agens d'Ahrimane, et disparoître
» avec leurs crimes dans le néant! Telle qu'un
» torrent de lumière, cette opinion de l'im-
» mortalité de l'ame traverse l'océan des siècles;
» elle pénétre les esprits de tous les mortels!
» en vain l'Athéisme veut l'éteindre dans les
» ténèbres de la Matière, elle les dissipe, elle
» embellit l'Univers!

» N'as-tu jamais entendu parler la voix de
» ces moniteurs célestes qui font pressentir les
» grands événemens de la vie? leur voix ne
» s'est-elle pas fait entendre à des grands hom-
» mes, à d'intrépides guerriers qui frémirent,
» avertis par ces messagers de la Mort? ne s'est-
» elle pas fait entendre parmi les cris de la
» Nature menacée de sa ruine, à des nations

» entières qui tremblèrent , épouvantées par
» d'horribles présages? cette voix est-elle celle
» de la Matière en mouvement? peut-elle être
» entendue par cette Matière ? ne vient-elle
» pas des cieux? ne s'adresse-t-elle pas à des
» intelligences ?

» La Douleur t'arrache des cris! Pourquoi
» cette Douleur, si ton ame n'est pas immortelle?
» pourquoi, toi qui adores la Matière, ne lui
» dis-tu pas : « Barbare ou stupide Matière qui
» m'as créé! puisque je suis en toi, puisque tu
» es en moi; pourquoi te condamner toi-même
» à souffrir en moi? pourquoi cette longue
» agonie de la mort? ce souffle que tu m'as
» donné, ne pouvois-tu me l'ôter sans torturer
» tout mon être dans les horribles convulsions
» de la Douleur? » L'impuissante Matière est
» sourde à ta voix; elle n'a pas le sentiment de
» la pitié : tu ne peux implorer qu'un Dieu.

» Si tu es incrédule pour toi, ne le sois pas
» pour ton épouse! entends-là te dire : « O mon
» ami! tu m'annonces ta perte; tu m'encourages
» à la supporter! et tu veux que ce soit en vain
» qu'un jour prosternée sur ta tombe, j'y vienne
» épuiser mes larmes, user ma douleur, et que,
» dégoûtée de la vie par la perte de ce que
» j'avois de plus cher, je veuille inutilement
» m'élancer auprès de toi dans l'éternité! tu mets
» un marbre glacé entre ton ame et mon cœur!
» tu ne me lègues pour consolation, pour der-
» nier bien, qu'une tombe, un cadavre! Toi qui
» fus mon seul bien! toi dont la vie fut mon
» existence, tu veux qu'après ta mort, il ne me
» reste plus rien de toi, rien à quoi puisse se
» réunir cette flamme qui m'anime! tu veux que
» je ne puisse plus rien chérir qu'un souvenir

» désespérant, une image fugitive ! tu me défends
» d'écouter, dans le silence de la nuit, le bruit
» léger de ton ombre voltigeant autour de
» moi ! tu me défends de l'entendre ! tu me dé-
» fends d'être sensible à sa présence ! Tous les
» objets qui m'entourent seront encore impré-
» gnés de toi, tous me parleront de toi, en tout
» je ne chercherai que toi ; tu ne veux pas que
» j'y retrouve la moindre trace de ton ame ! Mais
» son entier anéantissement est impossible ! elle
» doit m'aimer encore : lorsque nous nous ju-
» râmes un éternel amour , nous avions le pres-
» sentiment de l'Immortalité ! pour des ames
» fidelles , ce seroit trop peu de la vie , leur amour
» peut durer pendant toute l'éternité. Ne puis-je
» concevoir un état plus heureux dans l'avenir
» pour toi qui étois si vertueux et si bon ;
» pour toi que j'ai vu traîner dans les souf-
» frances une longue et pénible existence ; pour
» toi qui consacras toute ta vie à des bienfaits !
» Non , non ! une voix secrète, éloquente me
» dit : « L'ame de ton époux étoit trop belle et
» trop pure pour n'être pas immortelle ! son
» anéantissement seroit une perte pour l'Univers,
» une honte pour les Cieux ! » Sublime élan
» d'un cœur tendre et malheureux vers un être
» supérieur pour en obtenir la félicité de celui
» qu'il aime, ne serois-tu qu'un délire ? Si je
» conçois l'immortalité de son ame , si je con-
» çois que sa pensée puisse être dans les Cieux,
» s'y occuper de moi , pourquoi n'y existeroit-
» elle pas ? mon imagination embrasée par mes
» désirs et mon amour, seroit-elle plus puissante
» que l'Eternel ? Ah ! plutôt, lorsque je viendrai
» dans le silence de la nuit gémir sur ta tombe,
» laisse ton ame se revêtir à mes yeux d'une

» forme éthérée ! laisse-la me consoler en me
» parlant du bonheur dont tu jouis dans l'éternel
» Eden ! »

» Chaque nuit tu lui apparoîtras sous des formes
» célestes : elle te verra ! elle te sentira la pres-
» sant doucement dans tes bras, et la soulevant
» légèrement pour l'enlever dans les cieux ; elle
» verra la pesante Matière qui enveloppoit son
» ame se dissoudre, se séparer d'elle et fuir au
» loin dans l'espace ! son ame éthérée s'élancera
» sur tes ailes dans les cieux où les ames de ceux
» qu'elle aimoit viendront l'entourer en souriant,
» en agitant autour d'elle une atmosphère vo-
» luptueuse ; ils imprimeront à tout son être des
» délices plus pures mille fois que ceux de tes
» douces étreintes ! ces Songes, ces Anges conso-
» lateurs ne seront-ils pas pour elle une preuve
» irrésistible de l'Immortalité de ton ame.

» L'esprit encore frappé de ces songes, elle
» s'écrie : « Ombre de mon époux, tu viens de
» m'apparoître dans toute la réalité de ton exis-
» tence : c'étoit toi ! tu es venu revivre avec moi
» quelques instans ; à mon réveil, tu es mort
» une seconde fois ! n'est-ce que pour renouveler
» mes regrets ? ou plutôt ne viens-tu pas me dire
» que tu m'attends dans l'éternel Eden où tu
» reçois la récompense de tes belles actions,
» l'indemnité de tes douleurs ? »

» Hélas ! si l'ame n'étoit pas immortelle ; si
» l'homme étoit dupe de la Vertu ; il ne lui res-
» teroit pour forcer les Plaisirs à l'aider, à le
» distraire dans la route pénible de la vie, que
» la ressource du crime et l'art de le cacher aux
» regards de ses semblables ! les liens de la société
» seroient rompus ! l'homme devroit fuir dans
» les forêts, se rabaisser au rang de la brute !

» Qu'il se garde, s'il n'y a pas d'Eternité, de
» cultiver son esprit, de laisser amollir son cœur
» par les sentimens les plus tendres! la Raison,
» le savoir, la sensibilité ne le rendroient que
» plus apte à la douleur.

» Nou, l'homme n'est point le fils de la Ma-
» tière! il n'est point, après sa mort, jeté dans
» le néant! l'Eternel auroit-il créé des êtres sen-
» sibles et pensans, pour être inutilement expo-
» sés sur le globe à toutes les fureurs des agens
» d'Ahrimane, puis effacés de l'Univers? Quels
» plaisirs penses-tu que puisse trouver un Dieu
» à créer et jeter sur la terre des éphémères sen-
» sibles, proie de la Douleur et de la Mort? ne
» t'occupes-tu pas du bien-être des aimables
» enfans de la Nature, qui se soumettent à tes
» lois? et si tu pouvois créer des êtres, les ferois-tu
» souffrans? Au Génie du mal seul appartiendroit
» le plaisir de créer des malheureux. Non, non!
» ce ne peut être en vain qu'un homme vertueux
» et persécuté par le Sort, se traîne avec courage
» jusqu'à la fin de sa carrière; il ne peut y trouver
» le néant! ce ne peut être en vain que le cou-
» pable, déchiré par les Remords, vienne pleurer
» sur la tombe de sa victime et demander pour elle
» le bonheur de l'éternité; ses prières ne peuvent
» être inutiles! L'Eternel n'a pu faire connoître
» à l'homme la lumière, pour lui donner les té-
» nèbres; il n'a pu lui faire connoître l'Espace
» et le Temps pour le restreindre à un moment,
» le renfermer dans l'étroite tombe; il n'a pu
» lui laisser l'idée de l'éternelle Félicité pour le
» livrer au néant; il n'a pu lui donner l'idée de
» lui-même pour le priver à jamais de sa
» présence! A quoi bon auroit-il étendu sur sa
» tête la voûte étincelante des cieux, si son ame

» ne pouvoit s'y élever ? pourquoi la vie d'un
» instant, s'il falloit la mort pour l'éternité ? Le
» passage du néant à l'existence ne seroit-il pas
» moins étonnant que celui de l'existence au
» néant ? l'homme existe, donc il est immortel !
» Lors même que son ame ne seroit pas imma-
» térielle, mais une portion de fluide subtil,
» de pur éther, à laquelle adhéreroit la pensée ;
» pourquoi ces fluides impérissables se disper-
» seroient-ils ? où, dans quelle partie de l'Univers
» iroient-ils ? dans quels lieux placer le dépôt
» des fluides pensans, d'où viennent, où re-
» tournent toutes ces ames ? seroit-ce ailleurs que
» dans l'empirée ? le Dieu qui l'habite, la cause
» toute-puissante qui les a réunis, ne peut-il les
» retenir unis ensemble pour jamais, comme les
» feux qui composent les célestes flambeaux ?
» n'existe-t-il pas assez de corps célestes plus
» brillans et plus purs que la terre, où puissent
» se réfugier ces myriades d'ames qui l'ont ha-
» bitée ? Elles ont pris en naissant possession de
» l'Univers ; elles ne peuvent en être deshéritées !
» le souffle de la Mort ne peut éteindre éter--
» nellement pour elles les célestes flambeaux ; il
» ne peut éteindre en elles les flammes de l'Amour
» ou du Génie ; elle ne renferme pas dans la
» tombe les pensées qui embrassoient l'Univers,
» ni l'ame qui les a créées ; matérielle, ou pur
» esprit, cette substance éthérée, cette Intel-
» ligence est immortelle !
» La voix de la Mort qui t'appelle n'est plus
» effrayante ; elle n'est plus un squelette hideux
» qui t'entraîne au cercueil, c'est un Ange puis-
» sant qui te réveille du songe de la vie, pour
» te donner la véritable existence ! Telle que le
» sculpteur ingénieux qui brise le moule dont

» étoit recouvert la statue de bronze, chef-d'œu-
» vre de ses mains, elle dégage ton ame de la
» Matière qui l'enveloppoit, et la rend à l'Im-
» mortalité! la tombe n'est plus pour toi la porte
» du néant; elle te fait entrer dans des mondes
» nouveaux, et plus dignes de toi! le Temps y
» sera ta vie, l'Espace ton habitation, l'Univers
» ton domaine, la Pensée ta substance, le Bon-
» heur ta destinée! mortel, tu n'étois rien; im-
» mortel, tu deviens presque un Dieu!

» Mais l'heure de ton départ pour les Cieux
» n'est point arrivée? l'Eternel te permet de sa-
» tisfaire encore sur cette terre ton unique désir,
» celui d'être heureux; la Vertu t'en offre un
» moyen infaillible, sois juste, prudent, mo-
» déré (1)! l'Eternel n'exige de toi que de lui
» faire hommage de tes bonnes actions, de lui
» rendre grâces de ton bonheur (2)!

» Jouis, sans en abuser, de tous les présens
» de la Nature! goûtes toutes les jouissances que
» te donnent les sens, l'esprit ou le cœur! pos-
» sesseur de l'Eternité, tâches qu'il n'y ait de
» cette Eternité que le moins possible d'instans
» perdus pour le Bonheur! nourris ton cœur des
» plus tendres affections; mais que ces sentimens
» n'étouffent pas l'amour que te demande l'Eter-
» nel : occupes ton esprit de l'admiration de
» toutes les merveilles de la Nature et des Arts;
» parcours sans crainte les vastes domaines des

---

(1) On ne peut vivre heureux qu'en suivant la Pru-
dence, l'Honnêteté, la Justice ; on ne peut pratiquer ces
vertus sans être heureux. EPICURE.

(2) La Vertu fait la vraie félicité.

La Vertu a sans cesse devant les yeux ce vieux pro-
verbe : *suis Dieu !* SÉNÈQUE *le philosophe.*

» Sciences et de la Pensée ; mais vois toujours
» dans l'Univers une pensée de l'Eternel.

» Si le cruel Ahrimane vient t'attaquer, ap-
» pelles le Très-Haut à ton secours, et jamais tu
» n'invoqueras son nom en vain ! tu t'étonneras
» de trouver dans tes prières comme une force
» surnaturelle qui dirigera les événemens au gré
» de tes justes désirs ! cette force est la volonté
» du Tout-puissant qui t'exauce. Tu éprouveras
» combien il est consolant et doux de t'endormir
» chaque soir en berçant ton esprit de la riante
» pensée de l'Immortalité de l'ame, en abandon-
» nant ton cœur au sentiment de la reconnois-
» sance envers l'Eternel pour tous les biens dont
» il t'a comblé pendant le jour ; combien il est
» doux de te remettre, chaque matin en t'éveil-
» lant, sous sa garde puissante ; de pouvoir, par
» des invocations, lier à tes intérêts, associer à
» tes travaux un être bon et tout-puissant ! que
» de forces donne cette association divine !

» L'homme, sans le secours d'un Dieu, n'est
» point assez fort pour lutter contre Ahrimane et
» ses agens, les Passions, la Misère, la Douleur :
» avec un Dieu, l'homme brave les traits du
» Sort qui viennent se briser contre le tombeau,
» son dernier asile : les Maladies détachent son
» ame de la vile Matière qui la retenoit captive,
» et la faux de la Mort coupant le dernier de
» ses liens, elle s'élance vers la céleste patrie.

» N'écoute pas la voix menaçante de la Su-
» perstition qui tourmente l'esprit des mortels
» par de vaines terreurs et les égare ! n'écoute
» pas la voix du Fanatisme qui fait commettre
» des crimes pour réparer les fautes ! n'écoute
» pas la voix de leurs Ministres qui présentent
» la route des Cieux comme si difficile, que

» l'homme foible n'ose l'entreprendre ! ils don-
» nent leurs passions à l'Eternel impassible ! ils
» rempliroient ton ame d'inutiles et vives alarmes ;
» te disputeroient les moindres plaisirs ; t'entou-
» reroient de précipices ; rechercheroient en toi
» le Crime jusques dans les profondeurs de tes
» pensées, pour t'en faire obtenir le pardon par
» le sacrifice inutile au Ciel, utile pour eux, de
» tes richesses ! Cette Superstition, ce Fanatisme
» et leurs Ministres sont des agens d'Ahrimane :
» si tu suivois les pas de ces hommes d'Ahri-
» mane qui osent se dire les hommes de Dieu,
» esclave de la Peur, tu traînerois inutilement
» dans la poussière, revêtu d'un cilice, ta pro-
» fane existence ; tu mouillerois de larmes amères
» l'image d'un Dieu d'amour ; tu ferois couler
» ton sang avec des aiguillons acérés, pour bai-
» guer son image de ce sang qu'il abhorre ! le
» Fanatisme te rendroit odieux, dignes des éter-
» nels supplices, les mortels qui ne partageroient
» pas tes austérités !

» Si ta conscience te reproche un crime, ce
» n'est point en te déchirant de plaies, en ma-
» cérant ton corps, en t'enfermant dans un ca-
» chot, que tu le répareras ! de quoi serviroient
» tes tortures à l'Humanité que tu as offensée ?
» crois-tu que l'Eternel ait soif de tes larmes,
» de ton sang ? que peuvent ajouter tes souf-
» frances à sa félicité ? fais à tes semblables plus
» de bien que tes erreurs, tes fautes n'auront
» pu leur causer de mal : les foudres tomberont
» des mains du Dieu vengeur !

» Le Très-Haut ne t'a pas donné la raison pour
» que tu la soumettes à de vaines terreurs ! il
» ne t'a pas donné l'esprit pour que tu le fatigues
» de sombres méditations ! il ne t'a pas donné

» l'imagination pour que tu la fixes sur les éter-
» nelles tortures de l'Enfer ! il ne t'a pas donné
» ce cœur si sensible pour que tu n'aimes aucun
» de tes semblables ! il ne t'a pas donné des sens
» pour que tu te prives de toutes leurs jouis-
» sances ! Pourquoi cette terre si vaste et si
» belle, s'il te faut un désert ? pourquoi cette
» voûte azurée sur laquelle des vapeurs forment
» des perspectives imposantes, s'il te faut un
» cachot ? pourquoi tant de célestes flambeaux,
» s'il ne te faut que la lampe sépulcrale ?
» L'Homme, dévot orgueilleux, dédaigneroit-il
» donc les chefs-d'œuvres du Très-Haut ? pré-
» tendroit-il rendre la création inutile ?

» Les vrais Ministres du Très-Haut ne sont
» pas des hommes menaçans, impitoyables qui
» regardent l'espèce humaine comme le troupeau
» d'Ahrimane, tant la connoissance qu'ils ont
» de sa foiblesse, et la sévérité de leurs maximes,
» la rendent à leurs yeux vile et criminelle : ses
» Ministres sont des Anges auxquels il ordonna
» de revêtir des formes humaines pour conduire
» les mortels au temple du Bonheur ! ce sont
» des hommes de paix, de compassion, d'indul-
» gence et d'amour ! Toujours bons, toujours
» sensibles, ils placent délicatement le baume
» de l'Espérance sur les plaies du cœur ; ils
» parlent toujours du Très-Haut comme d'un
» père tendre qui ne demande que l'hommage
» des vertus qui rendent heureux, l'amour et
» l'admiration ; sentimens inutiles à sa félicité,
» qu'il n'exige de l'homme que pour son bonheur !

» L'Éternel est au-dessus des calculs humains :
» peu lui importent les offrandes pourvu qu'on
» l'adore ! peu lui importe dans quelle langue
» on lui parle, pourvu qu'on lui témoigne son

» amour ! un élan du cœur lui suffit ! les déli-
» cieuses extases de l'admiration qu'inspirent au
» Génie l'aspect de ses œuvres, les tendres émo-
» tions d'un cœur simple et reconnoissant sont
» également pour lui d'agréables hommages.

» L'Eternel ne fait pas acception des personnes:
» le héros et l'esclave, le savant et le mortel
» qui végète dans les ténèbres de l'Ignorance,
» l'intéressent également ; tous ont des droits à la
» félicité qu'il leur a promise ! s'il daigne, dans
» sa bonté , se communiquer à des hommes
» doués d'une foi plus ardente , il ne rejette
» pas l'hommage de ceux qui ne jouissent pas
» de cette faveur ! Parmi toutes les idoles objets
» du culte des mortels, la Gloire, l'Ambition,
» la Fortune, les Plaisirs, en est-il un moins
» exigeant que lui ?

» Encore moins voudroit-il que, pour réparer
» tes fautes , tu consacras ta vie toute entière à
» des pratiques minutieuses, ou que, rompant
» tous les nœuds qui t'unissent à tes semblables,
» tu ne t'occupas dans la solitude que de l'éter-
» nel Bonheur et du soin de te l'assurer ; que
» tu prétendis te vouer à la vie contemplative !
» oserois-tu donc, enflé d'un fol orgueil , te
» dire : « Sans cesse aux pieds des autels, j'exi-
» gerai que le Très-Haut prête toujours une
» oreille attentive à ma voix qui lui demande
» l'éternelle Félicité ! je m'élèverai sans cesse ,
» par la pensée, au-dessus des autres mortels !
» je fixerai sans cesse mes yeux sur le trône de
» de Jéhovah ! j'habiterai sans cesse en esprit
» avec les célestes Intelligences qui l'entourent ! »
» Le cœur de l'homme se glace sur les hauteurs
» de la pensée, et lorsqu'il en descend, il ne
» voit dans ses semblables que des êtres qui se

» traînent péniblement dans la fange, indignes
» de jamais prétendre aux Cieux ; il ne voit en
» eux que des victimes d'Ahrimane ! s'il daigne
» s'occuper de leur sort, ce n'est qu'avec des
» flammes qu'il croit pouvoir les purifier sur la
» terre, pour les empêcher d'être dévorés par
» le feu des Enfers. Mortel audacieux, préten-
» drois-tu forcer les portes de l'Eden ? De quel
» droit oserois-tu, solitaire ambitieux, résister
» aux décrets de l'Éternel, ne point entrer dans
» ses plans, ne point faire usage de toutes tes
» facultés pour y concourir ? Créature orgueil-
» leuse ! tu te révoltes contre ton créateur ! il
» t'a fait homme, et tu veux être Intelligence !
» Crois-tu que ceux qui s'embarquent sur l'océan
» orageux de l'ordre social ne lui consacrent
» point aussi leur existence ? ce sont des braves
» sans orgueil qui font au milieu des périls des
» prodiges de valeur perdus pour leur renommée !
» tu n'es qu'un lâche orgueilleux qui, de loin,
» contemple la mêlée.

» Par quelles actions aurois-tu mérité d'anti-
» ciper sur les célestes jouissances ? où sont les
» malheureux que tu as secourus ? quel tribut de
» reconnoissance as-tu payé à tes semblables
» auxquels tu dois ton existence et ces idées
» sublimes sur lesquelles tu poses les bases de la
» science céleste ? Renonce à tes inutiles médita-
» tions ! quitte ta retraite et travaille ! travailler,
» c'est adorer l'Éternel !

» Occupes-toi de la félicité de ceux que le
» sort a fait dépendre de toi : fais des heureux,
» lors même que tu devrois ne faire que des
» ingrats ! si tu ne donnes que pour éprouver la
» reconnoissance, le don n'est plus un bienfait ;
» c'est un échange avantageux pour toi ; ton or

» ne vaut pas un cœur reconnoissant ! Si tu veux
» employer plus sûrement cet or , place-le sur la
» tête du pauvre entre les mains du Très-Haut,
» il t'en payera généreusement les intérêts au
» grand jour du compte que les mortels auront
» à lui rendre de ses dons !

» Vas porter, au nom de l'Eternel, les conso-
» lations au malheureux expirant seul avec la
» Misère et la Douleur ! relève, par des idées
» tour-à-tour riantes ou sublimes, son esprit
» attéré par l'Infortune ! rappelle-lui qu'autant
» que les rois, il a droit aux célestes empires;
» dis-lui : « Les temps de l'épreuve et de l'avi-
» lissement sont finis : les instans du bonheur et
» de la gloire vont commencer pour toi ! » Lors-
» que tu auras consolé cet infortuné ; lorsque tu
» auras gravé dans un jeune cœur l'amour du
» Tout-Puissant; lorsque tu auras arraché une
» proie aux enfers , tu pourras dire : « J'ai dé-
» couvert une vérité sublime, intéressante pour
» tous les mortels ! il existe un malheureux de
» de moins sur la terre, un hôte de plus pour
» les cieux !

» Être privilégié parmi tous les êtres sur
» la terre , tu as reçu de l'Eternel un guide
» céleste pour le diriger et le défendre dans la
» route qui te mène au Bonheur : cette Intel-
» ligence a quitté pour toi les célestes empires;
» écoute sa voix ! l'Eternel a fait plus : lui-même
» il revêt une forme mortelle pour venir dicter
» aux humains le code du Bonheur (1); c'est à
» toi de le méditer dans le calme de ton esprit
» et de le suivre dans la simplicité de ton cœur ! »

(1) L'Evangile.

Ainsi parle la Religion à l'homme lorsque, menacé par la Mort, il reconnoît l'insuffisance d'une morale qui put lui apprendre à bien vivre, mais non à bien mourir.

Cet Ange protecteur parcourt la terre, il distribue à toutes les nations des armes pour se défendre contre les agens d'Ahrimane. A côté de lui marchent la douce Consolation, la riante Espérance, le Courage puissant, la Résignation patiente; ils entourent la Vertu, le Bonheur. La Religion redit à tous les mortels le nom ineffable du Très-Haut; il le trace à leurs yeux sur toute la terre, sur la voûte des cieux; il leur promet l'éternelle Félicité! Toutes les nations attentives écoutent sa voix; toutes rendent hommage à l'Être puissant dont il est l'envoyé; toutes l'implorent à leur manière et dans leur langue! Lorsque les grandes catastrophes de la Nature les épouvantent, lorsque des fléaux destructeurs les frappent, toutes à genoux, prosternées, la tête dans la poussière, reconnoissant leur foiblesse, implorent son secours. La voix de la Religion relève ces nations attérées par le Malheur! elle leur apprend à retirer de tant de maux le seul avantage qui puisse en résulter, la haîne du Crime et de l'Erreur, l'amour de la Vérité, de la Vertu qui leur assurent les Cieux.

LIVRE XXIV.

DESTINÉES DE L'AME.

LA Nature, témoin des secours que prodiguent aux mortels les Anges protecteurs envoyés par le Très-Haut, revient au pied de son trône lui exprimer sa reconnoissance. Ce n'est plus cette mère gémissante, attérée par la Douleur et traçant d'une voix entre-coupée par les sanglots, l'effrayante peinture de l'incendie de la terre, de sa submersion, des maux qui accablent l'humanité; une douce alégresse respire dans ses traits : cependant les célestes Intelligences ne voient point en elle les signes de la satisfaction complète d'une mère qui croit le bonheur de ses enfans assuré pour jamais : le sourire paternel du Très-Haut lui inspirant la confiance, elle dit avec émotion :

« O Jéhovah ! puissant auteur et souverain
» de l'Univers; parmi tous les Anges protecteurs
» que tu daignas envoyer aux mortels, j'ai vu
» l'Espérance, la Raison consolatrice, la Reli-
» gion accompagnées de la Vertu, mais je n'ai
» pas trouvé le vrai Bonheur ! et c'est lui, c'est lui
» seul que mes enfans me demandent à grands
» cris ! c'est lui qu'ils cherchent en tous temps et
» par toute la terre ! c'est lui dont l'inconstante
» Fortune, la vaine et fugitive Gloire, la Volupté
» perfide prennent les traits pour attirer sur leurs
» pas ces mortels et les faire tomber dans les

» serres de la Douleur ! ils les suivent avec em-
» pressement, et bientôt, reconnoissant l'erreur,
» ils gémissent et se plaignent de leurs destinées.
» En vain j'embellis la terre des charmes des
» saisons ; en vain je la couvre des plus riches
» présens, cette terre ne leur semble qu'un lieu
» d'exil ! ils la parcourent inquiets ; s'agitent, se
» fatiguent sans jouir, et meurent sans avoir
» vécu ! ils ne savent pas s'arrêter dans un site
» agréable et se dire : « Ici j'attendrai le Bon-
» heur ! » ils ne peuvent se contenter de mes
» dons.

» Depuis les astres jusques aux insectes ; depuis
» le Soleil jusques au moindre morceau de ma-
» tière ; de l'un à l'autre des pôles du monde ; de
» la cime des montagnes jusques aux plus pro-
» fonds abymes ; des rives de l'océan jusques à
» l'extrémité de ses plaines immenses ; de la
» surface , jusqu'aux entrailles de la terre, il
» n'est pas un lieu, pas un objet qui ne devienne
» le but de leurs désirs, de leurs méditations, de
» leurs soins, de leur amour ; il n'en est pas un
» qui ne leur promette le Bonheur ! ils se hâtent
» de donner à tous ces objets un nom, comme
» pour s'en assurer la propriété ; mais il n'en est
» pas un qui satisfasse leurs insatiables désirs ! il
» n'en est pas un qui leur donne ce Bonheur !
» dans tous les lieux , sur tous les objets , ils n'en
» ont vu que l'ombre fugitive ; la réalité n'y est
» pas !

» Souvent , indignée de l'ingratitude de mes
» enfans , je les prive de tous mes biens pour les
» leur rendre plus précieux. Je permets aux
» Tempêtes de déchirer l'atmosphère, aux Fou-
» dres de l'embrâser, aux Ouragans de boule-
» verser la terre, aux Volcans de l'ébranler pour

» qu'ils sentent mieux les douceurs du calme !
» cette ruse de mon amour est inutile ; je n'ai
» qu'à rougir de leur foiblesse, à souffrir de leurs
» plaintes : ils m'accusent de cruauté ! Touchée
» de leurs maux, je rétablis le calme , je leur
» rends tous mes dons : perdus, ils les pleuroient;
» retrouvés, ils les dédaignent encore ! frappés
» par ma main, ils étoient immobiles, tremblans;
» au premier sourire du pardon , la même in-
» quiétude les tourmente, les mêmes désirs les
» consument. Ils n'attachent pas plus de prix à ce
» qu'ils pouvoient perdre; ils ne profitent pas de
» la leçon du Malheur. Mère tendre , mère sé-
» vère , ils me méconnoissent et murmurent tou-
» jours ! Ce qu'ils possèdent n'est pas ce qu'ils
» veulent ; ils attendent quelque chose de l'a-
» venir ; le présent n'est rien pour eux, il n'est
» qu'un passage à cet avenir qui devient à son
» tour le présent qu'ils dédaignent encore , pour
» aspirer à un autre futur : leur vie se passe à
» désirer la vie. Ils la perdent et se plaignent de
» ne pas vivre ; ils abusent de tout et se plai-
» gnent de ne pas jouir ! Quelques-uns , enve-
» loppés de cette matière qu'ils croyent le seul
» être existant, te méconnoissent, ô Jéhovah!
» ils me révèrent comme la suprême ordonna-
» trice de tout ce qui est; et parce que je ne puis
» les soustraire à la Douleur , ils m'appellent
» marâtre : dans leur désespoir ils invoquent la
» Mort, ma plus cruelle ennemie ; ils la con-
» jurent de les livrer au néant !
» Lorsque je prodigue à l'un de ces mortels
» le plus de facultés, il jouit du sentiment de ses
» forces, il se dit : « Je veux être heureux ! je
» vais m'employer tout entier à me procurer le
» Bonheur ! ». Il croit que les richesses pourront

» le lui assurer ; il travaille avec zèle , et la For-
» tune , pressée par ses violences , lui accorde
» ses faveurs : ses trésors n'ont pas comblé le
» vide de son ame ; elle est encore dévorée d'une
» faim insatiable ! Ce mortel se dit : « Les Sciences
» me procureront le Bonheur. » Il emploie toutes
» ses facultés à tout étudier : je lui révèle mes
» plus secrets mystères : je le laisse pénétrer dans
» le sanctuaire où je travaille à mes prodiges !
» les Sciences étalent à ses yeux leurs vastes sys-
» tèmes : sa mémoire a tout retenu ; son intelli-
» gence a tout compris ; son génie a tout em-
» brassé , les détails et leur ensemble , les con-
» trastes et les harmonies , les rapports les plus
» voisins et les plus éloignés ; il voit tout, il
» embrasse l'Univers ! le terme de tant de con-
» noissances est de s'étonner de ce que la chose
» la plus importante lui reste à savoir : ce qu'il
» est ; ce qu'il veut ! il n'a pas acquis la première
» de toutes les sciences , celle du Bonheur ! dans
» toutes ces causes il n'a pas entrevu celle qu'il
» se hâteroit d'employer à se procurer le Bon-
» heur ; il n'a pas joui de cet effet qu'il préfère ,
» du Bonheur ! il est comme le captif qui compte
» à la foible lueur de sa lampe funèbre les pierres
» de son cachot, les anneaux de ses chaînes.

» L'Homme , au terme du Savoir, se dit : « Je
» ne suis point heureux ! pour l'être, il faut que ,
» dans l'avenir, mon nom passant de générations
» en générations , soit répété par tous les peuples
» étonnés de ma gloire. » Il fait des actions hé-
» roïques ! il trace de sublimes pensées ! il pétrit
» la matière et crée des chefs-d'œuvres ! la Terre
» célèbre ses louanges ; il reconnoît qu'il ne
» jouit réellement que des éloges de quelques
» hommes qui l'entourent , et que bientôt il dé-

» daigne ; il reconnoît que, pour sa propre
» jouissance, les cent voix de la Renommée ne
» forment qu'un fugitif concert ; il sait qu'elles
» ne pénétreront pas les ais de son cercueil,
» n'égayeront pas le morne silence des tombeaux !
» voudroit-il donc être admiré des Cieux ?

« Je vais, dit-il, quitter ces cités populeuses,
» séjour de tous les Vices ! le Bonheur ne peut y
» habiter. » Il se retire dans un asile champêtre :
» il y trouvera le calme ; la douce Agriculture
» amusera ses loisirs. Il sourit au printemps ; il
» sourit à la verdure naissante, aux fleurs nou-
» velles ! les premiers chants des oiseaux le ra-
» vissent ! comme tout est riant et frais autour
» de lui ! le Bonheur est à ses côtés ! Mais hélas !
» les brûlantes ardeurs de l'été flétrissent bientôt
» tant de charmes ; elles affaissent son ame : il erre
» tristement au milieu de mes domaines ; mes
» beautés s'affadissent à ses yeux ; il regrette ses
» semblables qu'il avoit fui, cet étourdissement
» qui l'avoit fatigué ! Le soir même du plus beau
» jour, lui ramène les heures de la Mélancolie !
» son cœur se gonfle et palpite ; il se trouve
» comme captif dans cette solitude ; il vague çà et
» là pour en trouver l'issue ! Un charme secret
» l'attire et le retient auprès des tombeaux que
» je cherche à lui dérober sous des touffes de
» verdure : il lui semble que la tombe soit la
» porte d'un autre monde ; il y frappe comme
» à l'entrée d'un séjour inconnu ! il se plonge près
» d'elle dans de profondes méditations ; son cœur
» s'attendrit ; il verse des larmes de désir et de re-
» gret ! il envie le sort de celui qui laissa dans cette
» tombe sa froide dépouille, pour aller dans l'es-
» pace, posséder pour un temps illimité quelque
» chose d'incompréhensible, mais d'immense !

» tout est néant autour de lui! son ame s'élance
» dans des contrées imaginaires! ses regards se
» perdent sur le voile de la nuit; et lorsque le
» disque de la Lune vient briller sur l'horizon,
» il croit voir s'ouvrir l'entrée du Ciel : ses
» yeux suivent cette habitante de l'espace; son
» imagination s'y élance avec elle, s'y égare;
» il oublie tout, il m'oublie! voudroit-il donc
» habiter les Cieux ?

» En vain je l'entoure des plus riantes perspec‑
» tives; en vain je fais entrer dans mes magiques
» tableaux les objets les plus agréables, les plus
» imposans, ou d'une plus belle horreur ; les
» fleuves, les prairies, les forêts, les montagnes,
» les cascades, les volcans, les abymes, la masse
» de l'océan étincelante des rayons du Soleil, ou
» bouleversée par les tempêtes; en vain je groupe
» les nuages pour terminer ces riantes ou sublimes
» scènes! ses yeux percent la toile immense sur
» laquelle je trace ces tableaux; ils fuient dans
» l'espace pour y entrevoir d'autres perspectives;
» il se dit : « Qu'y a-t-il dans ces vastes profon‑
» deurs? qu'y a-t-il dans les Cieux? »

» Lorsque le Soleil embrâse de ses premiers
» feux la cime des monts, il se dit : « Je vais
» m'élever sur le point le plus haut de la terre ;
» de-là je dominerai le reste du monde! un air
» pur, les perspectives imposantes et variées
» du globe, le spectacle des cieux, me donne‑
» ront la Félicité! les traits de la Douleur ne
» pourront m'y atteindre! il n'y aura que les
» Plaisirs aux ailes légères, que les pensées su‑
» blimes qui pourront s'élever jusqu'à moi; j'y
» trouverai le Bonheur! » Il y monte et s'étonne
» de ce que sur ce point le plus élevé du globe,
» il est à peine au-dessus de la poussière ! il

» s'étonne de n'être pas plus près des cieux !
» l'aspect de tant de beautés qui d'abord lui avoient
» procuré les extases de l'admiration , fatigue
» son ame : il désire rentrer dans son humble
» retraite, pour y retrouver tous ces riens dont
» il étoit dégoûté : il y revient ; le Bonheur
» n'est pas de retour avec lui.

» Il descend de ce trône de la terre ; il s'en-
» sevelit dans une solitude profonde et dit : « Ici
» je méditerai paisiblement sur l'Univers et sur
» moi-même ! libre de la matière , je trouverai
» le Bonheur dans l'empire de la pensée ! qui
» pourroit me le ravir ? » Il est seul ; il jouit
» quelques instans des délices de l'Étude et de
» la Méditation ; mais ce calme n'étoit venu que
» de l'affoiblissement de ses facultés : le feu des
» Désirs couvoit dans son cœur ; ils se réveillent
» et la Mélancolie s'assied à ses côtés ! la Passion
» infatigable de l'action se ranime plus forte ,
» plus active ; le pesant Ennui l'accable de tout
» son poids ! une secrète mais puissante inquié-
» tude le rejette dans le tourbillon de la vie.

» Un de ces mortels a connu ses propres
» forces : il a cette inflexible énergie de volonté ,
» cette froide audace , cette étendue de vues et de
» moyens qui embrassent et maîtrisent la Terre ;
» il se dit : « Je puis la gouverner ! » Il monte
» sur l'un de ses trônes , et tout-à-coup il se
» voit entouré d'un cortége nombreux d'hommes
» qui lui demandent le Bonheur : pourroit-il
» le leur donner ? il ne l'a pas ! Les couronnes
» amoncelées sur sa tête ne peuvent enceindre
» ses vastes pensées : son ame ardente a tout
» saisi ! richesses , honneurs , gloire , cou-
» ronnes, empires, tout s'engloutit dans l'abyme
» de cette ame insatiable ! elle absorberoit la

» Terre, et la Terre ne la combleroit pas (1) ! Il
» possède enfin toute cette Terre, il s'y trouve
» à l'étroit, et regarde les Cieux ! il y cherche
» un autre astre où la gloire soit plus pure,
» dont les nobles habitans soient plus dignes de sa
» grande ame.

» Tous les mortels ont le sentiment et le désir
» de l'Infini : ils aiment à prolonger leurs regards
» dans l'immensité de l'espace et du Temps ;
» leurs ténébreuses profondeurs ont pour eux
» des charmes : ce qu'ils ne conçoivent pas leur
» en impose ; le vague de l'Infini leur plaît :
» mais tout autour d'eux se trouve borné par
» des limites étroites : où pouroient-ils, sur la
» terre, trouver cet Infini qu'ils croient le Bon-
» heur ? L'ame des mortels, captive sous la
» coupole de cieux, veut fuir dans l'espace vers
» les sources de la lumière, retenue par la
» matière elle retombe sur le marbre glacé des
» tombeaux.

» Cependant cette ardente ambition de l'Infini
» qu'ils ne peuvent posséder les égare, les per-
» vertit : la plupart sont criminels au moins par
» leurs désirs ! tous sont malheureux ; tous se
» meuvent, s'agitent, se tourmentent, forment
» des projets pour un terme plus éloigné. Lors-
» que la Mort, se présentant à l'improviste, leur
» dit : « Suis-moi ! » ils sont stupéfaits, atterrés :
» il leur semble qu'ils ne devoient pas mourir ;
» que si leur corps s'affoiblissoit, leur ame pou-
» voit avoir toujours des pensées : ils ont un
» sentiment intime d'une existence idéale, infinie,
» que je ne puis leur donner.

---

(1) Sévère, parvenu à l'empire du monde, dit : *Omnia
fui et nihil expedit :* J'ai été tout, et rien ne m'est utile.

» Que pourrai-je faire de plus pour leur procu-
» rer le Bonheur? n'ai-je pas prodigué tous les
» trésors? ne leur ai-je pas permis de s'éloi-
» gner de moi, de se former à eux-mêmes un
» ordre social dans lequel ils vivent, au milieu
» d'immenses édifices amoncelées avec art, sous
» des règles contraires à mes lois?

» Les Anges protecteurs que tu leur en-
» voyas pour les défendre contre les fureurs
» d'Ahrimane, les éloignent eux-mêmes de moi.
» La raison les détache de la Matière périssable
» qui les soumet à la Douleur ; elle leur fait
» parcourir les vastes domaines des Sciences,
» les empires de la Pensée, loin de cette Ma-
» tière qu'ils dédaignent et qui n'a rien de com-
» mun avec ces sublimes empires : alors je n'existe
» plus pour eux ; leurs sens restent inactifs ;
» leur esprit seul s'occupe de méditations pro-
» fondes ! mais ces Arts, ces Sciences ne les dé-
» fendent pas contre le Despotisme et le Malheur !
» elles élèvent l'ame, mais ne rompent pas ses
» liens, et la laissent retomber de plus haut dans
» la fange et la misère. La Religion, plus puis-
» sante et plus riche en promesses, leur rend
» odieuse cette terre que j'embellis ! ils ne la
» voyent que comme un lieu d'exil et leurs
» regards se tiennent fixés vers les Cieux.

» Daigne, ô Tout-Puissant, faire rentrer mes
» enfans sous mon empire ! ce n'est que là qu'ils
» peuvent être moins malheureux ! Si toute ma
» tendresse ne peut les rendre satisfaits, daigne
» leur accorder cet Infini qu'ils désirent ! daigne
» leur accorder le Bonheur ! »

La Nature dit, et par les ordres de l'Eternel
l'une des sublimes Intelligences qui siégent sur
les marches de son trône lui répond :

» Les mortels, ô tendre Nature, ne sont sur
» la Terre, d'après les impénétrables décrets
» du Très-Haut, que comme dans un lieu d'exil !
» toute ta tendresse, toute la prodigalité de
» tes bienfaits peuvent embellir pour eux ce sé-
» jour ; mais tu ne peux en faire leur éternelle
» patrie ! Les célestes Intelligences descendues
» des Cieux pour les protéger contre les fureurs
» des agens d'Ahrimane, peuvent leur faire en-
» trevoir le Bonheur ; le vrai Bonheur lui-même
» n'est point avec elles : il réside auprès du trône
» du Tout-Puissant ! ce n'est qu'après être ren-
» trées dans ce séjour, que les Intelligences, au-
» paravant unies à la matière, connoîtront la
» suprême Félicité. Ces agitations, ces désirs dé-
» vorans, ces regrets, ces dégoûts qui tour-
» mentent tes enfans, naissent en eux du sen-
» timent de leur immortalité. L'homme veut
» toujours passer du connu à l'inconnu : dé-
» goûté, par le mal, du monde réel où son
» corps n'éprouve que douleur, il soupire après
» un monde idéal ! cet inconnu, c'est l'Eternel ;
» son temple est ce monde idéal, empire du
» Bonheur.

» L'homme sent qu'il peut être plus parfait
» et plus heureux : élevé sur les ailes de la Mé-
» ditation, son ame se dégage de la matière et
» veut s'élancer dans les Cieux : l'immensité est
» le seul séjour qui lui convienne ; l'Infini la
» seule perspective qui puisse satisfaire ses re-
» gards ; l'amour des célestes Intelligences et de
» l'Eternel, le seul qui puisse suffire à son amour !
» Ce désir n'est point un vain désir : il retrou-
» vera dans ce séjour l'Infini, l'Eternel et le
» Bonheur : il atteindra le terme de sa perfec-
» tibilité dans les Cieux. Dans l'état le plus

» pénible, le plus abject où le réduit Ahrimane,
» il doit lui rester le sentiment de l'excellence
» de sa condition, la pensée de son immorta-
» lité ; il doit élever ses regards vers les célestes
» demeures, et se dire : « J'en viens et j'y retour-
» nerai ! Il n'y a rien pour moi sur cette terre
» d'exil ! je ne puis y posséder que mon dénue-
» ment et ma misère ; y apprendre que mon
» ignorance ; y ressentir que la douleur ! je
» saurai tout ; je retrouverai tout ; je jouirai
» de tout dans les Cieux ! »

» La Terre est une colonie des Cieux ! si l'E-
» ternel y donne à tes enfans un des instans de
» l'éternité, un des points de l'espace , une
» perspective de l'Univers , une idée de lui-
» même , c'est qu'il voulut leur donner toute
» cette éternité de temps, toute cette immen-
» sité de l'espace ; c'est qu'il voulut, en les
» rappelant à lui, leur donner la suprême Fé-
» licité. L'Eternel ne leur a pas fait entre-
» voir la lumière pour les replonger dans
» les ténèbres ; il ne les a pas tirés du néant
» pour les y faire rentrer ! dès l'instant qu'ils
» sont sortis de son abyme, il se referme der-
» rière eux et pour jamais ! le Temps a com-
» mencé pour eux sa carrière ; il ne s'arrêtera
» plus , et les mène à l'éternité qui devient leur
» vie ! ils ont entrevu l'Univers, l'Univers est
» leur domaine ! ils ont eu l'idée du Très-Haut,
» le Très-Haut est pour toujours leur père !
» l'éternelle Volupté qu'ils ont imaginée devient
» leur existence.

» L'Homme soumis à l'empire de la Matière
» ne conçoit pas de quel bonheur il pourra
» jouir lorsqu'il en sera séparé ! il veut l'Infini,
» l'Univers, l'Eternité ! l'Infini l'étonne ; l'Eter-

» nité l'effraye ; les immensités de l'Univers l'é-
» pouvantent ! il n'y voit rien qui puisse oc-
» cuper son esprit ; il n'y voit aucun objet que
» puisse aimer son cœur ! que fera-t-il, qui
» aimera-t-il pendant toute cette éternité ? Dans
» cette obscurité même que le ciel a laissée dans
» l'esprit de tes enfans sur leurs futures desti-
» nées, reconnois un de ses bienfaits ! si l'Homme
» pouvoit concevoir une plus vive image de
» l'éternel Eden, elle le dégoûteroit de la Terre ;
» elle fermeroit son cœur à la pitié pour la
» mort de ses semblables !

» Heureuse mère de ces heureux enfans ! con-
» nois leurs destinées sublimes et bénis, dans
» des hymnes éternels, la main puissante qui
» les tira du néant pour les leur accorder ! Dé-
» ploye tes ailes ! oses t'élancer avec moi dans
» les plaines des Cieux ! parcourons les célestes
» séjours habités par les ames humaines dégagées
» de la Matière ! viens reconnoître avec moi
» leur véritable patrie. »

LIVRE XXV.

LES CIEUX.

L'ANGE consolateur a pris son vol dans les célestes empires ; la Nature le suit avec l'impatient empressement d'une mère qui va retrouver, dans les bras du Bonheur, les enfans que le sort lui avoit ravis. Les deux Génies s'arrêtent sur un astre entouré d'une lumière plus douce, plus pure et plus variée dans ses nuances que celle qui entoure le globe sublunaire : c'est une atmosphère comme celle du printemps, et qu'il suffit de respirer pour être pénétré de volupté ! La Nature s'étonne d'y retrouver une imitation fidelle, mais perfectionnée, du globe et de toutes les merveilles dont elle l'embellit : il lui semble que la terre et ses beautés ne sont qu'une informe copie du séjour qu'elle parcourt et des ornemens qui le décorent. Là plus de volcans, plus de montagnes informes et pelées, plus de glaces éternelles, plus d'immenses et brûlans déserts, plus de torrens qui ravagent les contrées les plus fécondes ! là plus de foudres redoutables, de grêle, de frimats ; plus de tempêtes, plus d'ouragans ! ou s'ils y existent encore, ils y sont dégagés de tout ce qu'il y avoit d'effrayant dans leurs horreurs ; ils n'en ont conservé que l'imposant et le sublime : elles donnent plus de charmes à la sécurité des heureux témoins de leurs magnifiques scènes, elles ne les épouvantent, ne les frappent jamais ! Les mouvemens de l'atmosphère ne produisent que des sons harmonieux. L'air est plus suave que les plus doux parfums ; il imprime le bien-être et la gaieté. Des fluides éthérés, une flamme rapide exercent leur action sur une matière épurée qu'elles animent et ne changent que pour lui donner toujours des formes, une teinte plus agréables : tout y est moins matériel et plus parfait ; il ne s'y trouve que des charmes ou des merveilles !

La terre s'y voit dans sa primitive beauté, telle qu'elle étoit avant que le Temps destructeur eût ravagé sa surface ; avant que les travaux indiscrets des mortels l'eussent altérée : elle s'y voit plus belle qu'elle n'est encore dans les îles enchantées où les Plaisirs de l'âge d'or se sont réfugiés.

A l'aspect de cette imitation fidelle de la terre perfectionnée, la Nature sourit : son cœur tressaille d'alégresse en voyant ces rians et délicieux paysages habités par les ames vertueuses de ceux d'entre les mortels qui vécurent sous ses lois, ne connurent que ses dons et ses plaisirs ! Elle y reconnoît les ames du premier navigateur et de sa famille, celles d'Adul et de son épouse, la belle Zulma, cause innocente de leur infortune : elle y revoit celles de Sélima, l'épouse de Tubal, et de ses enfans ; celle de Tubal lui-même, épurée par de longues douleurs, et qui répare par sa vive tendresse les maux qu'il leur a fait souffrir ! Les deux frères, les deux familles y forment un groupe d'immortels amis ! ils y sont avec leurs nombreuses postérités : elles sont composées de ces peuples de cultivateurs ver-

tueux et bons, qui conservèrent, malgré le
torrent des siècles, les mœurs et la simplicité
de l'âge d'or : cet âge n'y est plus un beau
rêve , mais une délicieuse réalité ! Là sont,
plus heureux et doués de toute l'intelligence,
ces mortels infortunés qu'Ahrimane avoit revêtus de ses sombres livrées pour en faire la
proie de l'Esclavage ; et leurs orgueilleux persécuteurs n'y sont pas ! ils y jouissent d'un
éternel et délicieux repos, seul bien qu'ils dé-
désiroient , juste indemnité de leurs pénibles
travaux ! tous ces êtres , jadis malheureux ,
éprouvent autant de plaisirs qu'ils éprouvèrent
de douleurs. Là sont heureux tous ceux qui,
renfermés dans les cités , regrettèrent toute leur
vie de ne pas exister au milieu des domaines
de la Nature. Tous s'y livrent à leurs goûts ;
tous y retrouvent les objets tant regrettés de
leur affection ; tous y sont indemnisés , par
d'ineffables plaisirs, de leurs longues privations,
de leurs douleurs ! Si, sur la terre, les agens
d'Ahrimane ne purent les empêcher de goûter
encore les douceurs de l'Amour et de l'Amitié,
combien elles éprouvent de sentimens délicieux
sur ce globe céleste où les traits de la Douleur
ne peuvent atteindre , où le mot *mal* n'a plus
de sens , où l'Espérance n'est plus trompeuse,
la Liberté chimérique , l'Amour perfide , la
Fortune inconstante ! Ils n'éprouvent jamais le
chagrin de voir s'évanouir autour d'eux tout ce
qu'ils aimoient ; de voir s'anéantir les êtres qui
composoient le petit monde dont ils étoient le
centre, et de subsister seuls dans leur vieillesse,
avec un cœur déchiré de regrets , entourés de
tombeaux ! Les êtres inanimés, les arbres, les
arbustes, objets de leurs goûts, de leur pré-

férence ; les animaux, les oiseaux, objets de leurs affections, sont, comme eux, immortels! le Temps, la Douleur et la Mort n'ont plus d'empire sur ce monde d'êtres qu'ils chérissent, et dont ils reçoivent la félicité.

Toute cette vertueuse espèce humaine y a repris sa dignité, l'élévation des sentimens, la sublimité des pensées, la beauté primitive de ses formes. Là plus d'esclaves avilis, plus de corps informes, plus de hideux rebuts de l'humanité : ces ames paroissent comme une lumière éthérée qui n'a conservé de ce que nous appelons le beau idéal, que la forme et la couleur. Leur esprit est toujours occupé d'idées agréables, toujours rempli d'images riantes : leurs cœurs sont toujours embrâsés des plus tendres et des plus vifs sentimens ; leur substance, toujours pénétrée de plaisirs, ou plutôt leur existence, est l'alégresse, la volupté ! le sentiment leur en est plus pur, plus délicieux qu'il ne l'est pour le jeune homme qui, doué de tous les dons de la Nature, des Arts et de la Fortune, entre triomphant aux premiers jours de son printemps, dans la brillante, mais trompeuse carrière de la vie. L'Enfance n'y a plus sa foiblesse, la Jeunesse sa légèreté, l'Age mûr son ambition, la Vieillesse sa froideur qui les empêchoient de goûter la félicité : toutes y ont retrouvé l'aptitude au bonheur !

Les ames qui habitent ce séjour du Bonheur sont accompagnées de tous les Génies qui avoient quitté le temple de l'Eternel pour embellir la terre ; Génies bienfaisans dont la présence se fit sentir aux ames sensibles dans les riantes solitudes. Sur la terre, les mortels raisonneurs ou distraits nient leur existence, ou s'aperçoivent à peine de ses charmes ; dans ce séjour, elle suffiroit à leur félicité, lors même qu'elles n'auroient pas d'autres compagnes. Mais les ames vertueuses n'y sont point égarées parmi des myriades d'ames errantes avec elles dans ces vastes empires, y cherchant inutilement les objets de leurs affections ; elles y retrouvent, pour n'en plus être séparées, tous ceux dont la tendresse fit leur bonheur, dont la perte leur coûta des larmes ; elles y sont avec tous ceux qu'elles regrettèrent de n'avoir point assez aimés, lorsque la Mort vint les leur ravir : elles les indemnisent de leurs torts, de leurs froideurs par un pur, un véritablement éternel amour.

Toutes ces familles unies sur la terre par les liens les plus tendres, ces sociétés d'amans et d'amis que la Mort cruelle avoient dispersées, s'y retrouvent pour être ensemble éternellement heureuses : l'amante vertueuse avec l'amant fidelle dont elle arrosa si long-temps la tombe de ses pleurs ; l'épouse chaste avec son tendre époux ; le fils respectueux avec son père indulgent ; la mère avec sa fille chérie ! ils y vivent conformément à leurs mœurs : ils s'y entretiennent, dans leur langue maternelle, de leur félicité, des merveilles qu'ils admirent sur cette terre nouvelle, des causes premières, du mouvement, de l'existence de l'Univers : ils s'entretiennent de tous les plaisirs dont ils jouissent, et de l'espoir d'un bonheur plus parfait encore dans un astre plus pur, sous une forme plus éthérée ; mais cet espoir ne diminue pas les plaisirs du moment ! leurs siécles s'écoulent dans la félicité ! l'habitude de jouir n'affoiblit pas leurs jouissances ! la privation

n'y est pas nécessaire pour en faire mieux connoître le prix.

Si chaque nation y parle sa langue, il est, pour
toute cette Humanité vertueuse, une langue commune qui l'unit : cette langue céleste est la Musique. Elle est pour tous les mortels sur la terre
une langue touchante, mais mystérieuse et dont
ils n'ont pas le sens : elle émeut, agite, inquiète
l'ame, lui donne l'idée d'une volupté
céleste, mais non sa réalité : irritant l'ame, au
lieu de la satisfaire, elle lui fait éprouver des
sensations vives, délicieuses, pénétrantes, mais
toujours incomplètes ; elle lui fait goûter le
bonheur, mais ne l'en rassasie pas ; elle réveille des désirs vagues qu'elle ne peut combler ; elle fait entrevoir comme un monde idéal
et plus heureux qui s'évanouit avec ses sons enchanteurs : son action n'est entière que dans les
Cieux ! elle y élève les ames aux extases d'un
céleste, mais ineffable ravissement ! elle y nourrit, par ses tendres modulations, les sentimens
de l'éternel et vif amour qui embrâse ces êtres
fortunés. Cette langue universelle et divine
établit une communication entre ces peuples
d'êtres dont le bonheur de jouir, d'admirer et
d'aimer compose toute l'existence ! elle unit
ses charmes à ceux de la Poësie sublime, dont
elle accompagne et relève les pensées ! La
délicieuse exaltation qui exerce toutes les facultés de leurs ames, reçoit un nouveau charme
du plaisir de la partager avec ceux qu'ils aiment,
de se la peindre mutuellement par des discours
qui réunissent les extases de l'admiration aux
élans de la tendresse.

Hélas ! sur la terre les extases fugitives du
plus ardent amour fatiguent l'ame des mortels ;

ses flammes se dissipent et laissent les cœurs se refroidir sous les glaces de l'indifférence ; l'homme matériel n'a pas assez de force pour toujours aimer ! les flammes du céleste amour donnent à ces cœurs épurés une ardeur toujours nouvelle ; ils goûtent à chaque instant ces douces ou vives émotions de tendresse que l'entrevue après l'absence font éprouver aux ames sensibles. Dans ces séjours de félicité ils rereconnoissent que les jouissances du cœur sont les plus vives, les plus pures ! Ces émotions extatiques ne s'affoiblissent, ne cessent jamais ! ils goûtent toujours la douce ivresse de l'Amour sans ses emportemens ou ses froideurs.

Dans un autre séjour de la céleste Félicité, non moins belle imitation de la terre, la Nature retrouve l'image de ces illustres contrées où l'on ne peut faire un pas sans fouler aux pieds les dépouilles d'un grand homme ! elle les retrouve embellies de tous les majestueux édifices que le Temps avoit renversés dans la poussière : elle voit avec surprise ces contrées riantes ornées de temples, de cirques, d'amphithéâtres ! elle y retrouve la magnifique Babylone, orgueil de la terre ! elle y voit son temple, tour altière, surmontée, jusques audessus des nuages, par d'autres tours dont la dernière se perd dans l'azur des cieux ! De nombreux et vastes palais semblent ne faire qu'un tout avec ce temple majestueux : c'est toute une vaste cité composée d'édifices auprès desquels nos Panthéons seroient humbles comme la chaumière du pauvre appuyée contre leurs enceintes !

La Nature y revoit l'image de la belle Palmyre avec ses forêts de colonnes élégantes, ses entablemens majestueux, ses longues galeries, ses festons de frontispices imposans! elle y retrouve l'illustre Thèbes aux cent portes, antique séjour des demi-Dieux! elle y retrouve des contrées plus riches encore en merveilles; toute cette Grèce dont les récits paroissent fabuleux! Elle s'étonne d'y voir cette imposante cité, cette Rome, noble souveraine de la terre! elle la retrouve avec son Capitole, d'où les plus grands et les plus sages d'entre les mortels commandoient aux nations toujours étonnées de leur gloire, long-temps heureuses de leur empire. Elle y retrouve la Cité sainte, son temple majestueux et le divin sanctuaire où le Saint des Saints apparut à des mortels dans toute sa splendeur.

Cette Rome, cette Babylone, cette Palmyre, cette Thèbes, toute cette Grèce si imposante, cette Cité sainte tant regrettée, bravent désormais la faux du Temps! les édifices y sont d'une matière éthérée, indestructible, plus brillante et plus pure que l'albâtre et le porphyre. Ces cités majestueuses ne sont pas désertes : la Nature, en planant au-dessus d'elles, les voit avec étonnement toutes repeuplées des grands hommes qui les habitoient, de toute cette majestueuse Antiquité dont le souvenir excitoit ses larmes lorsque ses regards retomboient sur leurs postérités dégénérées.

La Nature tressaille d'alégresse à l'aspect de cette foule de Héros, de Grands hommes, d'Artistes, d'Écrivains illustres, de vrais Philosophes rendus à l'immortalité! elle observe avec ravissement les délicieuses occupations qui amusent les heureux loisirs de ces êtres éthérés vivans sous l'empire des Arts, des Sciences, des Talens, à l'abri des traits de la basse Jalousie, du Despotisme, de la Misère et de la Mort.

La Nature et son guide parcourent ensemble de pompeux édifices : tous ne sont pas encore terminés, tous ne sont pas décorés de tous leurs ornemens, de leurs statues, de leurs tableaux; mais ceux qui en ont tracé le plan sont délicieusement occupés à terminer ces chefs-d'œuvres ! ils jouissent du plaisir de modeler une matière plus pure, pour redonner l'existence à ces productions de leur génie qui firent long-temps l'admiration et le désespoir de leur postérité. Ils sont éternellement embrâsés par ce feu céleste qui, sur la terre, anime momentanément les grands artistes, les grands poëtes : ils réalisent le beau idéal qu'ils n'avoient fait qu'esquisser ! leurs admirateurs sont dignes de leurs ouvrages; ce sont tous les jeunes talens dont la mort précoce parut une erreur de la Nature, fut une perte pour l'Humanité. Les mots *gloire*, *immortalité*, ces mots qui émeuvent si puissamment les grandes ames, n'y sont plus vides de sens ; mais ceux de *mort* et *destruction* n'en ont plus.

Sous de vastes portiques se promènent les grands Orateurs qui défendirent la Vertu ; les Poëtes qui chantèrent, dans des vers sublimes, les belles actions qu'elle avoit inspirées : ils y sont entourés d'une foule innombrable d'admirateurs toute composée de cette masse d'hommes vertueux qui, sur la terre, se résignoient à d'obscures destinées, et venoient se délasser dans les fêtes publiques en écoutant les chants sublimes des Homère et des Virgile, les éloquentes oraisons des Cicéron et des Démosthène ! Leurs écrits, leurs discours et leurs chants sont épurés de toutes les erreurs : ils n'y louent plus les tyrans ! le divin Homère ne peint plus la Vertu gémissante, accablée sous les coups du Vice triomphant : il ne célèbre plus les crimes d'Immortels odieux, plus criminels que les humains dont ils revêtirent volontairement les foiblesses, imitèrent les crimes ; il ne chante plus que les grandes actions des hommes qui arrachèrent leur patrie des mains sanglantes de l'Anarchie, de la Guerre civile ! le poëte et le héros sont dignes l'un de l'autre. L'Imagination se formeroit une esquisse imparfaite de ses sublimes accens, en réunissant en un seul ouvrage les beautés éparses dans les ouvrages de nos plus grands hommes.

Parmi cette foule d'êtres éthérés sont aussi les Amans des Muses qui goûtèrent de si vifs plaisirs à la lecture des chefs-d'œuvres de l'Antiquité, consacrèrent leurs veilles à les créer une seconde fois pour faire jouir leurs contemporains des délices de l'admiration ! ils savourent l'inexprimable délice d'entendre ces Poëtes, ces Orateurs déclamer eux-mêmes les écrits que le Temps avoit épargnés, ceux qu'il avoit détruits et dont les fragmens épars leur faisoient si vivement regretter l'ensemble ! ils y retrouvent tracées en caractères désormais ineffaçables, sur une matière indestructible, toutes les idées riantes, douces ou sublimes qui occupèrent l'esprit de ces mortels depuis les anciens jours de la création, toutes les images tracées par des poëtes dont le Temps avoit effacé les noms et les vers ! ils y retrouvent l'immense et précieux dépôt des connoissances humaines. Là sont les hommes de génie qui firent les premiers pas dans la carrière des Sciences , en posèrent les principes et laissèrent à leur postérité le plaisir d'en achever l'édifice : ils y sont avec tous ceux qui suivirent leurs traces : ils se communiquent, par d'agréables et paisibles entretiens , leurs connoissances mutuelles ; ils écartent les erreurs et voyent avec délices se développer à leurs yeux le vaste système des Sciences dont ils n'avoient, sur la terre, entrevu que de foibles parties.

Si sur cette terre et pour l'homme doué des facultés intellectuelles les plus étendues , du génie le plus vaste, de l'imagination la plus ardente , il n'étoit pas d'occupation plus attachante que celle d'admirer les merveilles de la Nature ; s'il n'étoit pas d'étude plus intéressante que celle de ses lois ; de plaisir plus vif que celui de soulever un coin du voile dont elle enveloppe ses mystères ; si la vie de l'Homme suffisoit à peine pour entrevoir l'un de ses règnes , pour en esquisser un foible tableau ; de quelles inexprimables délices doivent être enivrées ces ames heureuses qui embrassent l'étendue de ses vastes plans , connoissent les nombreux moyens qu'elle fait concourir à l'exécution de ses immenses travaux ! Les ténèbres qui enveloppoient l'étroit horizon des connoissances humaines se dissipent ; elles embrassent d'un coup-d'œil cette longue suite de principes et de conséquences que le travail et les lumières des hommes de génie n'accumulèrent, après tant de siècles , que pour en former des systèmes , monumens , par leur étendue , de la supériorité de l'Homme sur les êtres animés qui l'entourent , et de sa foiblesse par les limites qu'il ne pouvoit franchir.

Rien n'y peut troubler leur félicité ! là plus
de rivalités entre les grands hommes, les grands
écrivains et les grands artistes ! une douce ému-
lation de gloire les anime sans les tourmenter
ou les diviser ! là plus de fatigues, plus de dégoûts ! les sens, l'esprit et le cœur sont toujours
actifs pour ces jouissances. Ces grands hommes
n'y ont plus de tribut à payer à l'Humanité ;
leurs ames épurées sont entièrement dégagées
de ces foiblesses qui nourrissoient la haine jalouse de leurs vils détracteurs. Leurs contemporains peuvent exprimer devant eux-mêmes
l'admiration qu'ils leur inspirent, sans craindre
de les enivrer par la fumée de l'encens, qui,
sur la terre, a fait tomber tant de grands hommes
en délire.

La Nature, témoin de la félicité que savourent sur cet astre ses heureux enfans libres d'une
partie du joug de la matière, verse des larmes
d'attendrissement et de plaisir ! le Génie souriant à son émotion, lui dit :

« De ces célestes séjours, les ames peuvent
» contempler la Terre, y reconnoître tous ceux
» qu'ils y laissèrent gémissans sous le voile
» épais de la matière qui dérobe à leurs yeux
» ces riantes et célestes perspectives ! elles s'in-
» téressent à leurs destinées, les regardent, avec
» attendrissement, marcher péniblement sur la
» route ardue de la vie ; elles applaudissent à
» leurs belles actions ! leur voix se mêle à la
» voix prudente de la Conscience, lorsqu'ils
» les voient prêts à succomber aux Passions :
» alors oubliant les délices de leur séjour, elles
» développent leurs ailes lumineuses, se pré-
» cipitent sur la Terre pour les avertir du péril,
» détourner le coup qui les menace, ou rele-

» ver le courage de ces amis abattus par la
» Malheur. »

Le Génie dit ; et déployant ses ailes rapides , il
vole avec la Nature dans l'espace , vers un astre
plus pur encore et plus lumineux , nouveau
séjour du Bonheur, où résident les ames qui ,
pendant des siècles fortunés , ont joui d'un
avant-goût de la Félicité suprême , dans les premiers portiques du temple dont le vaste ensemble , centre de l'Univers , est le divin sanctuaire où réside le Très-Haut.

La Nature y admire de pompeux édifices
dont l'imagination féconde et brillante de ces
poëtes qui élevèrent les palais d'or, de diamans
des fées puissantes , d'Armide , qui fondèrent
sur des astres les empires des Sylphes et des
Gnomes , ne pourroit tracer qu'une imparfaite image. Ils sont décorés d'immenses tableaux dans lesquels des Peintres, des Artistes,
jadis vertueux habitans de la Terre, ont représenté , non des scènes limitées , d'étroites perspectives , mais le mouvement des nations entières , mais des perspectives du globe , des vues
de l'Univers.

Dans cet heureux séjour, lieu de récompense
et d'indemnité , vivent au sein des délices
les vertueux infortunés qui ne connurent aucun plaisir sur la Terre , y souffrirent toutes
les douleurs ! tous les malheureux qui eurent à
dévorer pendant toute leur vie les affronts, les
injustices dont le pauvre est accablé par la Richesse orgueilleuse ou la cupide Avarice ! tous
les êtres vertueux et bons dont les affreuses
destinées ou la mort funeste firent douter de
la providence de l'Eternel ou de sa justice !
ceux qui traînèrent une douloureuse existence

dans l'abjection , les maladies et la misère !
toutes les déplorables victimes que le Despotisme domestique écrasa dans l'ombre , sous
l'égide des lois ; les épouses foibles et timides
qui gémirent toute leur vie dans les larmes ,
sous le joug de fer d'un époux , leur tyran ;
ceux qui traînèrent leur pénible existence dans
le perpétuel martyre d'une union mal assortie ;
ceux qui consumèrent les tristes restes de leurs
jours à pleurer sur le tombeau d'un être adoré ;
les victimes dont la longue et fatigante existence se consuma dans les indicibles ennuis d'un
cloître où l'orgueilleuse ambition de leurs parens les avoient ensevelies ; tous ceux qui , liés
par l'ordre social , gémirent toute leur vie dans
une situation contraire à leurs penchans.

Là sont aussi tous les personnages illustres
dont les Maladies ou la Mort suspendirent les
nobles travaux : libres désormais de toute en-
trave , ils s'y plaisent à les achever. L'historien
y termine à loisir les peintures des plus beaux
siècles : qu'elles sont imposantes et fidelles ! il
a sous les yeux toute cette foule de Grands
hommes , éternel honneur de leur patrie ! ils
y renouvellent leurs grandes et belles actions,
leurs chefs-d'œuvres sont sous ses yeux ; il les a
pour modèles , pour conseils et pour confidens !
il les peint d'après une Nature divine ! A mesure que ces tableaux sublimes s'étendent sous
sa main habile , il les montre à cette majestueuse Antiquité qu'ils rappellent : exempte de
la basse jalousie , elle sourit d'admiration au
récit de la gloire d'une postérité digne d'elle.

Pour ces ames fortunées , toute l'histoire des
générations éteintes et des générations à venir
ne forme qu'un vaste tableau : le théâtre s'en

retrouve sous leurs yeux ; les scènes se renouvellent ; ils vivent à-la-fois le passé, le présent,
l'avenir ! et, seul avantage que l'homme puisse
retirer du malheur, le triste passé leur rend
plus chers et plus vifs les plaisirs du moment,
ceux dont ils jouiront sans fin et sans satiété.
Les beaux siècles dont l'Histoire nous a conservé la peinture, y recommencent pour des
peuples fortunés : des rois bienfaisans réalisent
ces plans de félicité publique rêvés par de vrais
philosophes amis de l'Humanité. Les royaumes
de Félicité imaginaire, les heureux siècles d'une
Paix perpétuelle y sont réalisés par des souverains tout-puissans et bons ! Là, comme sur
la terre, ils ne sont pas réduits à faire supporter à leurs contemporains dégénérés, de
grands maux, cause, pour leur postérité, de
plus grands biens ! toutes les générations y
sont vertueuses et fortunées. Les peuples y
jouissent des douceurs de la Paix et de la Liberté depuis si long-temps chassées de la terre,
et les chefs qui les dirigent y trouvent plus de
véritable gloire, de vraie grandeur et de pures
jouissances dans l'exercice du pouvoir, puisque
par un heureux prodige, ils commandent à
des hommes libres et bons ! les rois et les
sujets, si ce terme est permis dans les Cieux,
sont dignes les uns des autres.

La Nature se mêle à cette troupe immortelle,
éthérée : son cœur palpite d'une vive émotion
en y reconnoissant tous les bienfaiteurs de l'Humanité, tous ceux qui bravèrent la haine des
passions comprimées pour assurer le bonheur de
leur patrie : ils y sont comblés de plus de biens,
de plus de jouissances qu'elle-même, dans
toute sa tendresse, ou que la Fortune, la Gran-

deur n'avoient pu leur en procurer sur la terre !
ils y sont dégagés de toutes leurs chaînes, libres
et délivrés de tous les soins qui les accabloient.

Une lumière douce et pure enveloppe ces
ames comme d'une auréole transparente ; elle
dessine les formes ravissantes et legères de leur
substance éthérée, comme on voit les nuages
brillans recevoir des formes élégantes des feux
de l'Aurore, du Crépuscule ou du Soleil étincelant : cette lumière s'unit à elles, forme leur
substance, leur sert d'aliment, les impregne
d'une extatique volupté ! elle coule comme un
torrent de délices dans leurs cœurs enivrés !
elle les embrâse des flammes d'un ardent
et délicieux amour ! elles sont toujours,
et sans fatigue, délicieusement animées de
sentimens aussi purs, aussi vifs que celui d'une
mère qui retrouve sa fille chérie, d'un mortel
qui arrache son semblable à la mort.

Cette pure lumière présente à leur esprit une
suite d'images enchanteresses ; elle leur offre
toutes les idées qui furent ajoutées par les plus
beaux génies à la masse d'idées que l'esprit de
l'homme pouvoit embrasser ; toutes, dégagées
de ténèbres, sont lumineuses comme les pensées
des célestes Intelligences. Pour ces ames, plus
d'incertitudes, plus d'erreurs, plus de mystères !
la Vérité, la belle et sublime Vérité brille dans
tout son éclat à leurs yeux qui, sur la terre,
ne pouvoient la soutenir : ils la redoutoient ;
elle éclairoit les ténèbres de leur ignorance ;
elle leur montroit leurs difformités ! maintenant elle éclaire à leurs yeux toute la sublimité
de leur être ; elle illumine l'Univers !

Les mortels, sur le globe, n'avoient entrevu
qu'une étroite perspective de cet Univers : le

génie le plus vaste ne pouvoit même embrasser les rapports entre tous les objets dont notre terre est formée : ce génie se trouvoit arrêté dans ses conceptions ! s'il pouvoit se représenter l'une des parties de cet immense Univers ! le reste étoit recouvert d'un voile impénétrable ; en voulant le replier, il l'épaississoit sur d'autres objets ! son imagination timide n'osoit quitter la terre ; il frémissoit en plongeant ses regards dans le vide de l'espace ! avoit-il osé s'élever jusqu'à la cime des plus hautes montagnes, il avoit cru sentir le globe mal assuré, chanceler sous ses pieds ! il l'avoit vu s'appetisser, prêt à le laisser retomber dans l'abyme ! si, dans le premier temple du Bonheur, les ames avoient pu contempler la terre, voir les grands phénomènes de la Nature, les autres empires de l'immensité leur étoient encore inconnus : dans ces lieux de délices et de lumière, leurs regards soutiennent toute la vivacité des feux des corps célestes qui circulent plus volumineux, plus éclatans et plus rapides autour de la coupole de ce sublime séjour.

Dans le premier temple du Bonheur les plus grands Ecrivains, les plus grands Artistes, les plus grands Poëtes pouvoient renouveler tous les chefs-d'œuvres qu'ils avoient créés, réaliser toutes les beautés que leur imagination, restreinte aux modèles terrestres, avoit conçues ; mais leurs travaux n'en présentoient que des imitations fidelles et dégagées de toutes les imperfections ! encore sous l'empire de la matière, elle étoit pour eux un frein qui enchaînoit leur génie ; leur imagination étoit captive sous un voile lumineux qu'elle ne pouvoit écarter ; ils n'étoient que des hommes éthérés et parfaits ! dans ce nouveau séjour, les ames tiennent plus aux célestes Intelligences ; elles ont plus de leur puissance ! aussi leurs délices sont-elles plus vives et plus pures, les chefs-d'œuvres dont elles occupent leurs heureux loisirs plus divins ! Sur la terre, ou sous les premiers portiques du temple de l'Eternel, les ames avoient le sentiment d'une perfectibilité possible, mais idéale ; dans ce temple ces êtres en ont la réalité.

L'Homère de ce monde sublime et ses chants méritent réellement le nom de divins : placé dans les hauteurs de l'immensité, la présence du Créateur, la beauté de ses œuvres l'inspirent ! le merveilleux de ses chants est le merveilleux de la création ; le lieu est l'Univers ; l'action, ce qui s'y passe ; sa durée, l'éternité : le héros, est le Tout-Puissant dans son ineffable grandeur, dans son inconcevable puissance, dans son étonnante majesté !

La Nature ravie prête une oreille attentive à ses sublimes accens. Elle est distraite par la voix de l'une de ces Intelligences qui garde encore sur son visage quelques traces de la douleur des mortels ; cette Intelligence s'approche des deux Génies, et leur dit :

« Célestes Intelligences, car je reconnois à
» votre éclat que vous n'avez jamais été ren-
» fermées comme moi dans une portion de
» matière pour l'animer ; votre substance est
» toute divine ! vous êtes des ministres du Très-
» Haut ! Peut-être avez-vous, en parcourant les
» Cieux, laissé tomber vos regards sur un point
» obscur de matière perdu parmi les myriades
» de soleils et d'étoiles dont il reçoit la lu-
» mière. Là des Intelligences sont, par une

» impénétrable volonté de Jéhovah, réunies à
» des portions de substance plus épaisse que ces
» fluides qui nous entourent : elles y donnent
» l'être à des Intelligences semblables à elles,
» et dont les générations se succèdent depuis
» des siècles. J'y reçus un corps matériel d'une
» infortunée reléguée par d'autres mortels dans
» les contrées·jadis brûlées par l'approche de
» l'un des astres qui éclairent ce globe : égarée
» par un ardent amour pour un être dont elle
» se croyoit aimée, elle avoit enfreint les lois
» dictées par l'Eternel et la Nature. Dans ces dé-
» serts une soif ardente consuma près d'elle le
» corps que j'étois chargée de mouvoir, et ma
» tendre mère expira sur lui de douleur ! Mais
» sans doute vous n'avez pas l'idée de la Douleur,
» sensation insupportable qui rend l'existence
» odieuse, et force quelquefois les ames unies
» à la matière de reprocher leur esclavage à
» l'Eternel, de briser la prison qui les ren-
» fermoit. Les malheurs de ma mère m'avoient
» fait murmurer contre les Cieux qui ne peu-
» vent pardonner un crime, même à l'ame la
» plus tendre, sans troubler l'harmonie de l'U-
» nivers ! Libre du poids de cette substance
» opaque qui m'a fait éprouver les douleurs,
» j'ai long-temps résidé dans l'un de ces corps
» célestes où mon ame s'est épurée de l'influence
» de la matière. J'y ai joui de plus de félicité
» que les ames n'en goûteront jamais sur la
» terre ! elle eut été plus vive encore, si ma
» mère y avoit été près de moi ! mais j'ai con-
» sumé toute cette portion de mon éternité de
» délices à la chercher, hélas ! inutilement !
» je n'ai pu la retrouver parmi les ames qui
» habitent avec moi ce séjour ! se pourroit-il

» que le Ciel sévère en eût pour jamais écarté
» ma malheureuse mère? n'avoit-elle pas encore
» éprouvée d'assez vives douleurs? Bientôt je
» me rapprocherai du séjour de l'Eternel dans
» dans un astre plus pur, où les delices sont
» plus vives : mais je ne crois pas pouvoir y
» être divinement heureuse si je n'y retrouve
» pas ma mère! Je vous étonne! vous n'avez
» pas habité cette terre, lieu d'exil des Cieux!
» vous ne connoissez pas tout le charme et
» tout l'empire de la tendresse qui peut y unir
» des ames! l'Eternel la leur a donnée pour
» les indemniser des douleurs inséparables de
» la matière! sans elle pourroit-on exister sur
» cette vallée de larmes? il peut en être de
» plus durable, de plus pure; mais il n'en est
» pas, du moins je le crois, de plus vive, de plus
» ardente dans les Cieux! Mais hélas! plus cette
» union peut donner de bonheur aux mortels,
» plus le Très-Haut est sévère à l'égard de ceux
» qui tendent par leurs actions à la détruire.
» Célestes Intelligences, vous pouvez approcher
» du trône de l'Eternel : daignez lui faire en-
» tendre mes prières, en obtenir la grâce de
» cette mère infortunée qui a tant souffert!
» Mais si la lumière nouvelle dont je suis pé-
» nétrée ne m'égare pas, vous êtes la Nature,
» cet Ange souverain protecteur des mortels!
» ma mère ne fut que trop soumise à vos lois:
» ah! daignez obtenir du Très-Haut qu'il l'ar-
» rache des mains du redoutable Ahrimane,
» qui sans doute en a fait sa proie. »

Au nom d'Ahrimane la Nature frémit! une
vive douleur pénètre toute sa divine substance
en pensant à la foule innombrable de ses enfans
auxquels le cruel Génie du mal et ses agens ont

ravi les Cieux pour les livrer à des supplices qu'elle croit éternels. Le ministre du Très-Haut, touché de son affliction, lui dit : « Console-toi,
» mère tendre et désespérée ! le Tout-Puissant
» ira lui-même briser les voûtes des Enfers et
» rendre à la félicité toutes les ames coupables
» épurées par la Douleur : il ne restera dans
» ce séjour des Remords et des Supplices que
» les ames des Scélérats, fléaux de l'Humanité.
» Mais ils n'étoient pas tes enfans, ils étoient
» des Anges rebelles revêtus par Ahrimane
» d'une forme mortelle pour égarer, persécu-
» ter, détruire les humains !

» Mais quoi ! les siècles des supplices et de
» l'épuration des ames sont écoulés ! elle est
» arrivée, l'heure de la délivrance, la première
» heure de l'éternelle Volupté ! le Très-Haut
» a rompu les voûtes des Enfers ! il ouvre les
» portes de son temple ; il y rappelle toutes les
» ames unies à la matière ! Vois tout l'espace
» éclairé par une nuée d'êtres brillans, épurés
» qui sortent avec précipitation des Enfers, et
» s'élancent vers les célestes séjours de la Fé-
» licité ? Entends le concert mélodieux de leurs
» voix reconnoissantes ! ne ressens-tu pas la
» voluptueuse impression des fleuves de délices
» qui les portent vers l'éternel séjour de l'inef-
» fable Volupté ? Quel jour de triomphe ! que
» d'alégresse ! que d'extases ! Unis ta voix à ces
» voix célestes, et chante un hymne de recon-
» noissance et d'amour envers le Tout-Puis-
» sant qui les créa pour l'éternelle Félicité. »

L'Ange dit ; et l'ame impatiente d'Eliza se mêle à cette foule d'Intelligences qui viennent habiter les Cieux ; elle y va retrouver sa mère. La Nature contemple avec ravissement

ces myriades d'ames qui viennent habiter le
séjour du Bonheur, et s'y plonger dans les délices !

L'Ange souriant à son alégresse, lui dit:
« Ne te reproches-tu pas à présent ton aveugle
» tendresse envers tes enfans? ne te reproches-
» tu pas la prodigalité de tes dons? ne te re-
» proches-tu pas de les avoir, par trop de liens,
» attachés trop fortement à cette matière dont
» le poids les retenoit captifs sur le globe ter-
» restre, et les empêchoit d'atteindre à ces sé-
» jours fortunés? Veux-tu te jeter encore aux
» pieds de l'Eternel et lui demander pour eux
» l'immortalité sur la terre d'exil? Regrette-tu
» que la Mort n'ait pas cessé de briser la couche
» épaisse de matière qui enveloppoit leur ame?
» Ahrimane et ses agens, qui sont continuel-
» lement occupés à les en chasser, te parois-
» sent-ils des êtres odieux, de si redoutables
» ennemis? A présent que toutes les nations
» ont quitté la terre pour savourer dans les
» Cieux les nuances inénarrables de l'éternelle
» Félicité, la haine du Génie du mal qui n'avoit
» d'empire sur elles que par la matière, est
» impuissante : l'Univers en est délivré !

» Mais nous n'avons pas encore parcouru tous
» les vastes empires de la Félicité. Vois ces
» astres innombrables qui roulent majestueu-
» sement pendant l'éternité autour d'un foyer
» immense de lumière qui te semble remplir
» l'espace et te fait oublier le reste de l'Univers !
» ce sont des séjours d'une Félicité dont les
» délices ineffables augmentent à mesure que
» ces corps célestes se rapprochent du foyer
» lumineux, sanctuaire du temple du Trés-
» Haut !

» Ces ames dont l'avidité pour les célestes
» délices, dont les facultés pour en jouir croî-
» tront à mesure des jouissances, y vivront des
» siècles dans ces extatiques jouissances dont
» un seul moment, un éclair anéantissoit les
» facultés des mortels. Avant d'en atteindre le
» terme, elles en parcoureront les degrés dans
» des astres toujours plus lumineux ! elles s'élè-
» veront successivement à ces demeures célestes
» sous des formes toujours plus épurées, en ap-
» prochant, dans le cours de l'éternité, des
» sources de la lumière et du Bonheur, sanc-
» tuaire de l'Eternel ! »

Il dit ; et les Génies abordent sur un corps
lumineux où les ames, presque dégagées des
dernières impressions de la matière, sont accompagnées par des êtres plus purs que la lumière. Si lorsqu'elles habitoient la terre, l'amour
d'une femme belle et vertueuse, ombre foiblement prononcée d'un être divin, put suffire
à leur félicité, de quels délices ne sont-elles
point enivrées par la présence de ces Génies qui
participent des qualités du Très-Haut ? Là sont
les anciennes et vertueuses victimes du Déluge
et de l'Incendie du globe, dont l'Eternel n'a-
voit permis la mort que pour leur donner une
portion plus étendue de l'éternelle Félicité. Les
ames, dans les premiers temples du Bonheur,
ont entrevu quelques perspectives de l'Univers !
dans ce séjour leurs regards se portent sur l'immense labyrinthe que les astres parcourent !
elles entendent l'harmonie des corps célestes !
guidées par des Intelligences filles de l'Eternel
et dépositaires de sa puissance, elles contemplent dans les ravissantes extases d'une admiration toujours plus vive, d'autres corps célestes

dirigés par des Génies supérieurs qui, disposant
à leur gré de la lumière et du feu, forment
de leur union d'autres astres qu'ils lancent dans
l'espace pour traverser avec eux l'immensité.
Lorsque ces Anges, ministres du Très-Haut,
parcourent ainsi l'Univers, les soleils sont les
roues rayonnantes de leurs chars étincelans ! les
comètes les entraînent au loin, annonçant à l'U-
nivers le bienfait de leur présence ! les étoiles
semées sur leurs pas laissent dans les cieux la
trace de leur passage.

La Nature et son guide abordent sur ces corps
qui traversent l'espace accompagnés d'un cortége
innombrables de planètes scintillantes d'une lumière plus pure que celle de l'astre du jour :
elles se rapprochent du centre des centres, séjour
du Très-Haut. Les ames libres enfin de toutes
les impressions de la matière, désormais pures
Intelligences, y sont devenues des Génies supérieurs dont les qualités ineffables et la félicité
ne pouvoient être soupçonnées par la timide
imagination des mortels. Pour ces êtres fortunés, l'existence est la gloire, la félicité.

Elles n'auroient besoin d'aucun objet hors
d'elles-mêmes pour être heureuses ; mais la contemplation des œuvres sublimes du Très-Haut
satisfait éternellement l'immensité des jouissances
de ces ames dont rien sur la terre ne pouvoit
rassasier la dévorante avidité. Les objets de leurs
ineffables plaisirs y sont immenses comme la
pensée du Très-Haut, illimitées comme l'Univers, infinies comme lui : leurs vastes conceptions renferment tout ce qui est, tout ce qui
peut être ; les délices de ces contemplations sublimes remplissent pour elles l'éternité.

Elles voyent passer respectueusement à l'entour

du sanctuaire du Très-Haut cette suite innombrable de corps célestes qui éclairent, embellissent l'espace ! le Soleil qui remplissoit toute l'étendue de sa lumière, disparoît ; il est perdu dans l'immensité lumineuse au sein de laquelle roulent majestueusement les astres, brillans ornemens du sanctuaire ! Elles approchent du trône du Tout-Puissant, source inépuisable d'où la Lumière et la Félicité s'écoulent par torrens dans l'immense Univers. Elles y sont entourées de Génies, ministres de l'Eternel, les premiers après lui dans l'ordre des célestes Intelligences : ils soutiennent dans l'ivresse de la suprême volupté, ces ames qui embrassent et saisissent toutes les ineffables beautés du séjour du Très-Haut. Lorsqu'elles se sont épurées à la flamme de ses regards, elles voient le Très-Haut lui-même dans toutes ses ineffables perfections ! elles sont embrâsées du plus vif amour ! elles sont plongées dans les délices de son existence ! Le cœur de la Nature est inondé de ces délices ! son esprit s'exalte dans les extases de l'admiration à l'aspect du Très-Haut ! elle unit sa voix aux sublimes accens des suprêmes Intelligences ; elles disent : « L'Univers est une pensée de l'Eternel ! il l'a » créé pour le peupler d'êtres éternellement » heureux ! »

FIN.

9 782329 355016